www.ingramcontent.com/pod-product-compliance
Lightning Source LLC
LaVergne TN
LVHW021235080526
838199LV00088B/4532
* 9 7 8 9 3 5 8 7 2 8 5 6 9 *

اردو ناول: کچھ نئے زاویے

(مضامین)

مرتبہ:

مکرم نیاز

© Taemeer Publications LLC

Urdu Novel : kuch naye zaaviye

by: Mukarram Niyaz

Edition: July '2024

Publisher :

Taemeer Publications LLC (Michigan, USA / Hyderabad, India)

ISBN 978-93-5872-856-9

مرتب یا ناشر کی پیشگی اجازت کے بغیر اس کتاب کا کوئی بھی حصہ کسی بھی شکل میں بشمول ویب سائٹ پر اَپ لوڈنگ کے لیے استعمال نہ کیا جائے۔ نیز اس کتاب پر کسی بھی قسم کے تنازع کو نمٹانے کا اختیار صرف حیدرآباد (تلنگانہ) کی عدلیہ کو ہو گا۔

© تعمیر پبلی کیشنز

کتاب	:	**اردو ناول: کچھ نئے زاویے**
مرتب	:	**مکرم نیاز**
صنف	:	تحقیق و تنقید
ماخذ	:	'قومی اردو کونسل' کے رسائل سے منتخب شدہ مقالے
ناشر	:	تعمیر پبلی کیشنز (حیدرآباد، انڈیا)
سالِ اشاعت	:	۲۰۲۴ء
صفحات	:	۲۰۴
سرورق ڈیزائن	:	تعمیر ویب ڈیزائن

فہرست

(۱) اردو ناول میں ثقافتی نوحہ گری	پروفیسر خالد اشرف	6
(۲) حیدرآباد میں اردو ناول ۱۹۰۰ تا ۲۰۱۴	عبدالمغنی صدیقی	18
(۳) تانیثیت اور خواتین ناول نگار	محمد یونس ٹھوکر	33
(۴) پختہ اور ناپختہ ناولوں میں فرق	پیغام آفاقی	44
(۵) اردو ناول میں اسلوب کے تجربے	شہناز رحمن	58
(۶) وجودیت اور اردو ناول	سفینہ بیگم	75
(۷) حیدرآباد کی چند اہم خواتین ناول نگار	جاوید شاہ آبادی	90
(۸) ناول آگ کا دریا اور قدیم ہندوستان کی معنویت	محمد عامر	100
(۹) مرزا رسوا کے ناول 'اختری بیگم' کے نسوانی کردار	ڈاکٹر محمد توحید خان	112
(۱۰) انور عظیم کا ناول دھواں دھواں سویرا	فیضان الحق	124
(۱۱) ناول 'کہانی کوئی سناؤ متاشا' کا تجزیاتی مطالعہ	صابرہ خاتون حنا	166
(۱۲) ہند اسلامی تہذیب و ثقافت اور فاروقی کا ناول	نورین علی حق	176
(۱۳) ابن صفی کا ناول وبائی ہیجان اور کورونا وائرس	حمیرا عالیہ	195

اردو ناول میں ثقافتی نوحہ گری

پروفیسر خالد اشرف

ناول کو اس کی وسعت، وضاحت اور جزئیات کی بنا پر ام الاصناف کہا جاسکتا ہے۔ اس لیے ڈی ایچ لارنس (۱۸۸۵-۱۹۳۰) نے کہا تھا کہ "چونکہ میں ایک ناول نگار ہوں، اس لیے میں اپنے آپ کو کسی سنت، کسی فلسفی، کسی سائنس داں اور کسی بھی شاعر سے برتر سمجھتا ہوں، جو انسان کے مختلف حصوں کے ماہر ہیں، مگر پورے انسان تک نہیں پہنچتے۔ ناول ایک ایسا ارتعاش ہے جو پورے زندہ انسان کے اندر لرزش پیدا کر سکتا ہے۔ یہ ایک ایسی تخلیق ہے جو شاعری، فلسفے، سائنس یا کسی اور کتاب کے بس کی بات نہیں ہے۔"

ناول کی وسعت کی بنا پر عموماً اس کو نفسیات سے زیادہ سماجیات کا آئینہ سمجھا جاتا ہے، کیونکہ ملکوں، خطوں، طبقوں اور قوموں کی زندگی کی آئینہ داری میں انسانی ذات کے گہرے داخلی، مسائل اس کی جنسی محرومی، اس کی تنہائی اور اس کے ارادوں کی شکستگی جیسے داخلی مسائل کہیں دنیاوی مسائل کے بالمقابل دب جاتے ہیں۔ تاہم ایسے کامیاب ناول کا تصور نہیں کیا جاسکتا جو صرف افراد کے بجائے اقوام اور طبقات پر مرکوز رہے اور فرد کی داخلی اتھل پتھل اور جنسی تبدیلیوں کو نظر انداز کر دے۔ یعنی ایک اچھے ناول کی اچھائی یہ ہے کہ علامت اور تجرید کے جنجال میں زیادہ ملوث ہوئے بغیر انسانی زندگی کے اطراف

اور داخل دونوں پر بھرپور روشنی ڈالے۔

یہاں ہم نسبتاً قریب کے زمانے کی اردو ناول نگاری کے چند شاہکاروں کا جائزہ لے کر کچھ نتائج اخذ کرنے کی کوشش کریں گے۔ ان قریبی زمانوں کا سب سے بڑا نام قرۃ العین حیدر کا ہے جنھوں نے تقسیم کے زمانے میں فکشن لکھنا شروع کیا تھا اور تقریباً پچاس برس تک لکھتی رہیں۔ ان کے تھیم زیادہ متنوع نہیں تھے اور وہ زیادہ تر مشترکہ ثقافت کے زوال، ہجرت سے پیدا شدہ جذباتی مسائل اور تاریخ کی بے رحم قوتوں کے آگے انسانی ارادوں کی بیچارگی وغیرہ کو موضوع بناتی رہیں۔ یہاں ان کے آخری دور کے ایک نمائندہ ناول 'گردش رنگ چمن' (۱۹۸۷) کا اجمالی جائزہ لیا جائے گا۔ یہاں پرانی اور مٹ چکی جاگیردارانہ تہذیب اور نودولتیوں کی چمک دار اور باآواز بلند تہذیب کے فرق کو سامنے رکھ کر کہانی تشکیل دی گئی ہے۔ کہانی کیا ہے، ماضی کی بازیافت بلکہ ماضی پرستی کی رام کتھا ہے جس کو شعری و شیریں زبان کے ذریعے بیان کیا گیا ہے۔ ایک طرف عندلیب بیگ، عنبریں بیگ، منصور کا شعری اور وکی میاں ہیں تو اسپیکٹرم کے دوسرے سرے پر صاحبزادی شہوار خانم، نگار خانم اور ان کے تاجر پیشہ بھائی ہیں۔ قرۃ العین حیدر کی ہمدردیاں مٹتے ہوئے مشترکہ کلچر کے نمائندوں کے ساتھ ہیں لیکن گھریلو ملازموں اور کھیت مزدوروں پر ڈھائے جانے والے ان کے مظالم کو وہ زیر بحث نہیں لاتی ہیں۔ یہاں تک کہ واجد علی شاہ جیسے نااہل حکمراں کا دفاع تک کرتی ہیں:

"آخری مغل بادشاہ اور اودھ کے فرمانروا اگر عیش پرست، ظالم اور لغو تھے، محمد شاہ محض رنگیلے اور واجد علی شاہ صرف ناچا گایا کرتے تھے تو سارے ہندوستان میں دولت اور تجارت کی یہ فراوانی کیسے رہی؟ سلطانِ عالم جب مٹیابرج لے جائے گئے تو اودھ کا بچہ بچہ اشکبار تھا۔ بھلا کوئی جابر اور نکمے بادشاہوں کے لیے روتا ہے؟"

(گردش رنگ چمن، دہلی ۱۹۸۷، ص ۵۲)

کچھ انہی نوعیت کی ثقافتی ناول نگاری انتظار حسین کیا کرتے تھے، ان کا ناول 'بستی' (۱۹۸۰) کافی حد تک ایک سیاسی قصہ تھا، لیکن قدیم ہند اسلامی ثقافت کی عکاسی کے ضمن میں ان کا تیسرا ناول نما قصہ 'تذکرہ' (۱۹۸۶) قدیم جاگیر داری ثقافت کی نوحہ گری میں قرۃ العین حیدر کو بھی پیچھے چھوڑ گیا تھا۔ 'تذکرہ' کی کہانی اس قدر ہے کہ اخلاق (یا انتظار حسین) مع اپنی والدہ بوجان یوپی کے ایک قصبے سے ہجرت کر کے لاہور آبستا ہے۔ ایک دن پرانے کاغذات میں اخلاق کو ایک تذکرہ ملتا ہے جس میں آبا واجداد کے حالات درج ہیں۔ چراغ حویلی کے یہ مکین اپنے رویوں میں قدیم جاگیر داری اقدار کو جان سے زیادہ عزیز رکھتے ہیں۔ ان کی زندگی کے تمام معمول معین اور سخت ہیں۔ پاکستان کے قیام کے ساتھ جو معاشرتی اتھل پتھل ہوئی، اس میں یہ بزرگ اپنی جامد زندگی کے طے شدہ اصولوں کو برقرار رکھنا چاہتے ہیں، لیکن وقت ان کا ساتھ نہیں دیتا:

"دنیا ناپائیدار ہے، یہاں کس چیز کو قرار ہے۔ ابھی تخت پر بیٹھے ہیں، ابھی تابوت میں لیٹے ہیں — یہ ہیچ پوچ چراغ علی اپنی مثال لاتا ہے۔ ان دو آنکھوں نے اس عمر میں کیا کیا کچھ دیکھ لیا۔ تیموری بساط کو لپیٹتے دیکھا، جہان آباد کو اجڑتے دیکھا۔ تایا حضور کو دار پر بلند ہوتے دیکھا اور اہلِ جہان آباد نے زیر آسمان کیا کیا دیکھا۔ جس بادشاہ کو تخت شاہی پر لباس شاہانہ میں رونق افروز دیکھا تھا، اسی کی ننگی لاش جمنا کی ریتی پر پڑی دیکھی۔ تایا حضور نے ایک روز یہ احوال بیان کیا اور اتنا روئے کہ ریش مبارک ان کی آنسوؤں سے تر ہو گئی۔ ایسا ان پر اثر ہوا کہ جینے سے جی سرد ہوا، رنگ چہرے کا زرد ہوا۔"

(تذکرہ، لاہور، ۱۹۸۷، ص ۱۸۷)

تقریباً یہی کیفیت بوجان کی بھی تھی، وہ اخلاق کے ساتھ مجبوراً پاکستان آ گئی تھیں،

لیکن یہاں آکر وہ اس بادشاہ کی طرح بے بس ہو جاتی ہیں، جس کی مملکت چھن گئی ہو کیونکہ چراغ حویلی والا تحکم اور دبدبہ لاہور میں ممکن نہ تھا۔ ان سبھی عزیزوں کا المیہ یہ تھا کہ وہ لاہور کے لیے کلچر کو اپنانے کے لیے قطعاً تیار نہیں تھے اور یوپی کے جاگیر دارانہ کلچر کی نام نہاد برتری کے احساس کا شکار تھے۔

یہی ثقافتی احساس برتری خدیجہ مستور کے ناول 'آنگن' (۱۹۶۲) کے کچھ کرداروں کے اطوار میں نظر آتا ہے، لیکن خود مصنفہ اس قسم کی ذہنیت کے خلاف ہیں۔ بڑے چچا کا متوسط مسلم گھرانہ قدیم جاگیرداری نظام کے زوال کا آئینہ دار ہونے کی بنا پر داخلی و خارجی سطح پر شدید انتشار کا شکار ہے۔ اسی آنگن میں تہمینہ کو ان سخت گیر اور انسان دشمن قدروں کی بھینٹ چڑھا دیا جاتا ہے، جب نجابت اور اعلیٰ نسبی کے نام پر اس کو صفدر جیسے ذہین انسان سے شادی کرنے سے روک دیا جاتا ہے۔ اسی جاگیرداری درجہ بندی کے شکار اسرار چچا ہیں جو ایک داشتہ کی اولاد ہونے کی بنا پر مردود ہیں۔ اسرار میاں زندگی بھر سارے کنبے کی خدمت کرتے رہے، لیکن اس کے صلے میں انھیں باسی روٹیاں اور جھوٹا سالن ملتا تھا۔ کچھ اسی نوعیت کی ظالمانہ صورت حال قاضی عبدالستار، کرشن چندر اور جیلانی بانو کے ناولوں میں بھی نظر آتی ہے، تاہم خدیجہ مستور، کرشن چندر اور جیلانی بانو کا پرانی تہذیبی اقدار کے بارے میں رویہ تنقیدی ہے، تحسین آمیز نہیں۔

لیکن جاگیرداری اقدار کی پیدا کردہ ثقافت کے تئیں قرۃ العین حیدر، انتظار حسین اور قاضی عبدالستار والا تحسینی رویہ نسبتاً دو نئے ناول نگاروں: شمس الرحمن فاروقی اور سید محمد اشرف کے یہاں بھی نظر آتا ہے جنھوں نے اکیسویں صدی میں ناول تصنیف کیے، لیکن قدیم جاگیردارانہ کلچر کو فراموش نہ کر سکے۔

قرۃ العین حیدر کے ناولوں بالخصوص 'گردش رنگ چمن' اور شمس الرحمن فاروقی

کے ضخیم ناول 'کئی چاند تھے سر آسماں' (۲۰۰۶) میں ثقافتی بوجھ (Cultural Load) اس قدر زیادہ ہے کہ ناول کی روانی مجروح ہوتی ہے۔ دراصل ہر ناول کسی نہ کسی حد تک اطلاعات (Informations) پر مبنی ہوتا ہے، مثال کے طور پر چارلس ڈکنس کے ناولوں کو پڑھ کر ہم وکٹورین عہد کے انگلینڈ کی عوامی زندگی کے بارے میں نہایت باریک تفصیلات سے آگاہ ہو سکتے ہیں۔ اسی طرح عزیز احمد کا ناول 'آگ' پڑھ کر تقسیم سے قبل کے کشمیر کے افلاس اور عوامی زندگی کی ذلتوں کی جیتی جاگتی تصویریں فراہم ہوتی ہیں، لیکن ناول، کسی بھی قسم کی اطلاعات کا بار ایک حد تک ہی برداشت کر سکتا ہے، ورنہ وہ معلومات کی خشک اور بھاری بھرکم کھتونی بن جاتا ہے۔ یہی گردش رنگ چمن کے ساتھ ہوا اور یہی انجام 'کئی چاند تھے سر آسماں' کا ہوا، لیکن چونکہ قدیم جاگیر داری کلچر کا ایک خوشنما پہلو اردو ثقافت بھی تھی، اس لیے ان دونوں ناولوں کی کمزوریوں کو عموماً زیر بحث نہیں لایا گیا۔ آیئے 'کئی چاند تھے سر آسماں' کے ثقافتی بوجھ کی کچھ جھلکیاں ملاحظہ کی جائیں۔

ناول کے ابتدائی چہارم میں فاروقی صاحب قاری کو بتاتے ہیں کہ اٹھارہویں صدی کے کالونیل ہندوستان میں قومِ انگریز کے لیے سب سے اعلیٰ نوکریاں تھیں:

"ریزیڈنٹی / پولیٹیکل ایجینٹی، پھر افواجِ مسلح میں افسری، پھر محاصل جن میں مالگذاریاں، کروڑ گیری پرمٹ Custom اور Excise وغیرہ۔ ریزیڈنٹی اور پولیٹکل ایجنٹی میں عموماً دس میں سے نو عہدے بہت چنیدہ فوجی افسروں سے اور باقی غیر فوجی محاصلات کے محکموں سے پر کیے جاتے تھے۔ اپنے اپنے ضلعوں میں افسرِ محاصل و دیوانی و فوجداری یعنی کلکٹر / ڈپٹی کمشنر کی شان سب سے اعلیٰ تھی۔ محنت کرنے اور ذمہ داری اٹھانے کے لیے ہمہ وقت مستعد رہنا اختیارات کا روزانہ استعمال، مشکل معاملات سے ہر

وقت نپٹنا اور کمپنی کی شان اور دبدبہ قائم رکھنا۔"

(کئی چاند تھے سر آسماں، دہلی، ۲۰۰۶، ص ۱۷۷)

فاروقی صاحب نے یقیناً یہ تمام تفصیلات ریسرچ کے ذریعے حاصل کی ہوں گی، جن کو قاری تک پہنچانا انھوں نے اس لیے ضروری سمجھا کہ قاری اٹھارہویں صدی کے سیاسی و سماجی پس منظر سے واقف ہو سکے۔

۱۸۲۹ کے کرسمس کا ذکر کرتے ہوئے فاروقی صاحب 'ڈالی' کے تحفے کی اصل بیان کرتے ہیں کہ ڈالی کا تعلق پھولوں یا پھلوں سے نہ تھا بلکہ ڈالی ان چھوٹی چھوٹی کشتیوں یا ٹوکریوں کو کہتے تھے جن میں پھل رکھ کر لائے جاتے تھے۔ عموماً دو کشتیوں یا ٹوکریوں کو ایک ساتھ باندھتے تھے اور ایک ڈالی میں ایک ہی طرح کا پھل ڈالتے تھے۔ انگریزوں کے یہاں تحفے میں پھل بھیجنے کا اتنا رواج تھا کہ آہستہ آہستہ 'ڈالی' کے معنی ہی 'پھلوں کا تحفہ' اور پھر 'تیوہاروں پر حکام کے یہاں بھیجنے کا تحفہ' ہو گئے۔" (کئی چاند تھے سر آسماں، ص ۱۹۶)

مزید معلومات کے ضمن میں فاروقی صاحب سواریوں کے بارے میں روشنی ڈالتے ہوئے لکھتے ہیں کہ بناوٹ کے لحاظ سے رتھ اور پالکی بہت مشابہ تھے، لیکن رتھ میں جگہ زیادہ ہوتی تھی اور وہ چار پہیوں کی سواری تھی جسے دو یا چار بیل کھینچتے تھے۔ اس کے برخلاف پالکی میں پہیے نہ تھے، پالکی کی طرح اسے بھی کہار اٹھاتے تھے جو عام طور پر آٹھ ہوتے تھے۔ پالکی کے ساتھ سونٹا سردار اور کبھی کبھی چوبدار بھی ہوتے۔ پالکی ایک رتھ کی طرح چھوٹا سا حجرہ ہوتی تھی اور اس کا دروازہ لکڑی کا ہوتا تھا۔" (کئی چاند تھے سر آسماں، ص ۲۳۴)

شمس الرحمن فاروقی اردو فارسی شعریات کے آخری بڑے اسکالر تھے۔ ان کا

مطالعہ وسیع اور علم وقیع تھا۔ وہ بنیادی طور پر اردو-فارسی کلچر کے پروردہ اور نقیب تھے۔ 'کئی چاند تھے سر آسماں' جیسا ضخیم اور Intense ناول ان کی تمام زندگی کی فارسی-اردو اور انگریزی علمیت کا نچوڑ تھا اور بلاشبہ وہ اپنی تمام تر علمیت کو کاغذ پر منتقل کر کے مستقبل کے لیے محفوظ کر دینے کی گہری خواہش رکھتے تھے۔ زیادہ سے زیادہ معلومات کو محفوظ کرنے کا یہی جذبہ ناول میں بھی اکثر نظر آتا ہے۔ مثال کے طور پر مولانا صہبائی کی عروض پر مہارت، میر شمس فقیر کی کتاب 'حدائق البلاغت' کا ترجمہ، فن معما پر ان کا ادق رسالہ 'گنجینۂ رموز' وغیرہ کا ذکر فاروقی صاحب نے مفصل کیا ہے۔

ایک مقام پر رفاعی سلسلے کے بارے میں فاروقی صاحب پھر معلومات کا دریا بہاتے ہیں:

"مولوی محمد نظیر رفاعی مجددی اصلاً دلی والے نہ تھے۔ وہ قوم کے شیخ فاروقی اور مولداً بڑودہ، گجرات کے تھے۔ ان کے والد شیخ دین محمد نے بڑودہ میں حضرت سید نورالدین سیف اللہ الرفاعی (وفات ۱۲۲۵ھ مطابق ۱۸۱۰) کے دست حق پرست پر بیعت کی اور ایک مدت انہی کے آستانے پر مراقب و معتکف رہے۔ رفاعی سلسلے کے بانی شیخ احمد الرفاعی (۱۱۰۶-۱۱۸۲) عربی النسل تھے، لیکن انھوں نے عمر کا بہت بڑا حصہ جنوبی عراق کے دلدلی علاقے کی ایک چھوٹی سی بستی بطائح میں گذارا۔ وہ خود قادری سلسلے میں بیعت تھے، لیکن ان کے ماموں شیخ منصور البطائحی نے انھیں سلسلۂ رفاعیہ یا بطائحیہ کا سجادہ اور شیخ مقرر کر دیا۔ ابن خلدون نے حضرت شیخ احمد الرفاعی کا مفصل ذکر کیا ہے۔ رفاعی سلسلے کی مقبولیت مالدیپ اور سراندیپ ہوتی ہوئی ملک دکن و ہند اور جزائر لکھن دیپ تک پہنچی۔ ابن بطوطہ نے مالدیپ کی رفاعی خانقاہوں اور اس سلسلے کے فقرا کا ذکر کیا ہے۔"

(کئی چاند تھے سر آسماں، ص ۷۴۲)

یہ اور اسی قسم کی بہت سی تاریخی اور ثقافتی معلومات سے ناول بھرا پڑا ہے۔ فاروقی صاحب نے فکشن نگاری کا آغاز افسانوی مجموعہ 'سوار' (۲۰۰۱) سے کیا تھا اور انجام ضخیم ریسرچ ناول 'کئی چاند تھے سر آسماں' (۲۰۰۶) پر کیا اور اپنی زندگی کا تمام مطالعہ 'زوال زدہ مغلیہ عہد کی تاریخ اور اردو-فارسی شاعری کے تغیرات کے انضمام سے کیا تھا لیکن یہاں فکشن کی روانی اور زبان کی توانائی مجروح ہوئی، کیونکہ فاروقی صاحب کی زبان تخلیقی کم، تنقیدی اور محققانہ زیادہ ثابت ہوئی۔ لطف کی بات یہ ہے کہ 'کئی چاند تھے سر آسماں' میں 'شب خون' کی مروجہ علامت نگاری اور تجرید یکسر غیر موجود ہے اور قصے کا سارا اسٹرکچر سادہ بیانیہ پر ٹکا ہوا ہے، جس کو وہ 'پریم چندی بیانیہ' کہہ کر مذمت کیا کرتے تھے، افسوس کہ 'کئی چاند تھے سر آسماں' میں وہی کمزوری حاوی رہی، جس کو فاروقی صاحب خود ناقابل تحسین قرار دے چکے تھے۔ الہ آباد کے ایک ادبی اجتماع میں خود انھوں نے شکایتاً کہا تھا کہ:

"آج اردو ناولوں کی دنیا سمٹ گئی ہے۔ اطلاعات پر زیادہ لکھا جا رہا ہے، لیکن اس سے بڑا سچ نہیں بنتا۔"

(بحوالہ پروفیسر علی احمد فاطمی، دہلی، ۲۰۱۶، ص ۵۰)

انتظار حسین، خدیجہ مستور، قرۃ العین حیدر، قاضی عبدالستار اور شمس الرحمن سبھی یوپی کے پرانے جاگیردارانہ اردو کلچر کے پروردہ تھے اور اسی لیے انھوں نے اہم کلچرل ناول تخلیق کیے۔ اسی کلچرل تخلیقیت کو اگلی نسل کے فکشن نگار سید محمد اشرف (پ: ۱۹۵۷) نے اپنے ناول 'آخری سواریاں' (۲۰۱۶) کے ذریعے آگے بڑھایا۔

کہانی کا راوی اپنی بیوی سے اپنے پر دادا کا روزنامچہ اور بیوہ کا ذکر کرتا ہے۔ اس

روزنامچے میں عہد وسطیٰ کی جنگی فتوحات اور بالخصوص مغل خاندان کے عروج کا عقیدت مندانہ تذکرہ کیا گیا ہے اور اس عہد کی گنگا جمنی ثقافت کے نمونے پیش کیے گئے ہیں۔ مثال کے طور پر:

"ہمارے ملک میں خوشبو کا شوق ہمیشہ سے ہے۔۔۔۔ جائفل، دار چینی، لونگ، بڑی الائچی، چھوٹی الائچی، یہ سب اشیائے خوردنی اپنے دیگر خواص کے ساتھ ساتھ خوشبو کا وصف بیش از بیش رکھتی ہیں۔ لگانے کی خوشبو یعنی عطر مختلف علاقوں کے ہوتے ہیں، مشک کشمیر اور دیگر پہاڑی علاقوں کے ہرن کے نافے سے حاصل ہوتا ہے۔ عود عربوں کو بہت پسند ہے۔ عنبر مچھلی سے حاصل ہوتا ہے اور ساحلی علاقوں سے ہمارے پاس آتا ہے۔ خس کی جھاڑی ہوتی ہے۔ کیوڑے کی بال ہوتی ہے۔ یہ سہسوان میں بہت ہوتا ہے۔ گلاب اصلاً ایران کا عطر ہے۔ عطر گل مٹی کے برتنوں کو ابال کر کشید کرتے ہیں۔ حنا لکھنؤ میں بہت اچھا بنتا ہے لیکن اس کے مصالحے ملک کے مختلف حصوں سے منگائے جاتے ہیں۔ اسی طرح شمامہ بھی مختلف مصالحوں سے مل کر بنتا ہے۔"

(آخری سواریاں، دہلی، ۲۰۱۶، ص ۱۵۷)

'آخری سواریاں' میں یوپی کے گاؤں کے بیرونی ہندو- مسلم کلچر کے انسانی مظاہر کے زیر سایہ ایک معصوم سی عشقیہ واردات بھی پہلو بہ پہلو چلتی ہے لیکن پرانی ثقافت کے جمالیاتی و انسانی پہلوؤں کے خاتمے اور اس معدوم ہوتی ہوئی ثقافت کے تحفظ کا جذبہ سید محمد اشرف کے یہاں بھی قرۃ العین حیدر اور شمس الرحمن فاروقی کے فن پاروں کی طرح ہی نظر آتا ہے۔ مثال کے طور پر انگریزوں کے رحم و کرم پر روز و شب بسر کرنے والے بے کس بادشاہ ظفر کی ہزیمت و ذلت کی وجوہات کا تجزیہ کرنے کے بجائے سید محمد اشرف بادشاہ کے دستر خوان کا منظر بیان کرتے ہیں:

کہاریاں، کشمیر میں دوڑیں، نعمت خانہ کھڑا کیا، خاصے والیوں نے پہلے سات گز لمبا، تین گز چوڑا، چمکیلا چمڑا بچھایا، اس پر سفید دستر خوان، خاصے کے خانے چوکی پہ لگائے گئے کھانا چنا گیا۔

چپاتیاں، پھلکے، روغنی، برئی، بیسنی، خمیری نان، شیر مال، گاؤدیدہ، کلچہ، باقرخانی، بادام، پستے، چاول، گاجر اور مصری کی روٹی، نان پنبہ، نانِ گلزار، نانِ قماش، نانِ تنکی، نان خطائی۔ یخنی پلاؤ، موتی پلاؤ، نور محلی پلاؤ، نرگس پلاؤ، سبزی پلاؤ، اناناس پلاؤ، نکُتی پلاؤ، فالسی پلاؤ، آبی پلاؤ، زمردی پلاؤ، زعفرانی پلاؤ، مُزعفر، طاہری، زردہ، سوئیاں، من و سلوا، یاقوتی، فرنی، بادام کی کھیر، کدو اور کنگھی کی کھیر، نمش، شاخیں، کھجلے، قتلے، دودھ کا دُلمہ، بینگن کا دُلمہ، بادشاہ پسند کریلے، بادشاہ پسند دال، کباب سیخ، شامی کباب، گولی کباب، تیتر، بٹیر، لوزات خطائی، حلوے، مربّے، بادام، پستے، خشخاش اور سونف کی نقل، موتی پاک، دُربہشت۔"

(آخری سواریاں، دہلی، ص ۱۹۳)

یہ اور اس قسم کی مزید کلچرل معلومات ہیں جنھوں نے کئی مقامات پر قصے کو بوجھل بنا دیا ہے اور واقعات کی روانی کو گزند پہنچائی ہے۔ اس قسم کی تفصیلات 'گزشتہ لکھنؤ' جیسی تاریخ کے لیے موزوں ہو سکتی ہیں، فکشن کے لیے نہیں۔

انیس اشفاق تنقید سے فکشن کی راہ پر آئے ہیں۔ ان کا کلچرل ناول 'خواب سراب' ۲۰۱۷ میں منظر عام پر آیا تھا۔ اس میں 'امراؤ جان ادا' (۱۸۹۹) کو بنیاد بنا کر پرانی لکھنوی ثقافت کی عکاسی کی گئی ہے۔ مثال کے طور پر لکھنؤ کے معروف حاجی مراد علی عرف ٹنڈے کبابی، اپنے کبابوں کے بارے میں تفصیلات فراہم کرتے ہیں۔ قصے میں محرم کی رسومات کا ذکر بھی بڑی وسعت کے ساتھ کیا گیا ہے، لیکن ہولی اور دیوالی یکسر ندارد ہیں۔

ایک مقام پر انیس اشفاق رقم طراز ہیں:

"میرے پاؤں اٹھتے رہے اور میں گومتی کے کنارے چلتا رہا۔ چلتے چلتے میں نے سوچا اسی طرف سے نجم النسا عرف امراؤ جان کے بابا کا بجرا دلکشا کی طرف جاتا ہو گا۔ جہاں میں تھا اسی کے آگے بیگم کوٹھی تھی، جس کے احاطے میں غدر سے کچھ پہلے شرف النسا نے ایک امام باڑہ اور مسجد بنوائی تھی۔ شرف النسا، نصیر الدین حیدر کی انگریز بلکہ ولایتی بیگم کی بڑی بہن تھیں۔ بیگم کوٹھی کے آگے دریا کے بالکل قریب سعادت علی خاں کی بنوائی ہوئی کوٹھی فرح بخش تھی۔ اسی نواح میں ان انگریز افسروں کی قیام گاہیں بھی تھیں جنھوں نے اودھ کی حکومت کو ٹھیک سے چلنے نہیں دیا تھا۔ ریزیڈنٹ نے جب ریڈنسی میں رہنا شروع کیا تو یہ تین منزلہ عمارت ریزیڈنسی کہلائی۔ یہاں طعام خانے، چوکیاں، توپ خانے اور ہسپتال، ڈاک خانہ، گرجاگھر، جیل خانہ اور مطبخ، جانور خانہ، باغات، فوارے اور بہت کچھ تھا۔ میں اس زمانے کے اس فرنگی شہر میں گھوم گھوم کر کھنڈر بن جانے والے حصوں کو دیکھتا رہا اور سوچتا رہا، غدر میں کیسا گھمسان کا رن پڑا ہو گا یہاں!"

(خواب سراب، لکھنؤ، ۲۰۱۷، ص ۲۰۲)

متذکرہ بالا پانچ ناولوں کی زمرہ بندی یہاں 'کلچرل ناول' کے طور پر کی گئی۔ لیکن مسئلہ یہ ہے کہ ہر اچھا ناول ایک گھنے جنگل کی طرح ہوتا ہے جس کی اندرونی ساخت کو سمجھنا، اس کے بنیادی تھیم تک پہنچنا اور کرداروں کی داخلی نفسیات کو پہچان پانا ایک دقت طلب اور تفصیل طلب مرحلہ ہے۔ ایک مختصر مقالے میں کسی اہم ناول کے ایک سے زیادہ پہلو کا احاطہ کرنا خاصا دشوار ہے۔ یہاں متذکرہ پانچ ناولوں میں پرانی جاگیردارانہ ثقافت کی نشاندہی کرنے کا مقصد صرف اس قدر ہے کہ ان کے مصنّفین پرانے کلچر کے تئیں ایک قسم کی ناسٹلجیا کے دباؤ میں تھے، جس کی بنا پر بار بار وہ معذرت آمیز لہجے میں

سنہرے ماضی Glorious Past کا سہارا لیتے ہیں۔ گویا:

ہمارے سر کی پھٹی ٹوپیوں پہ طنز نہ کر

ہمارے تاج عجائب گھروں میں رکھے ہیں

تاہم ان ناولوں کو صرف کلچرل ناول قرار دے کر مباحثے کو ختم کر دینا، ان مصنّفین کے ساتھ ناانصافی ہوگی کیونکہ یہ سبھی اردو کی نئی تخلیقیت کے نمائندہ شاہکار بھی ہیں اور پرانی ثقافت کے علاوہ پرانی اور نئی زندگی کے سیکڑوں گوشوں کو منور بھی کرتے ہیں اور ع

سفینہ چاہیے اس بحرِ بے کراں کے لیے

***

حیدر آباد میں اردو ناول ۱۹۰۰ تا ۲۰۱۴

ڈاکٹر عبدالمغنی صدیقی

اردو ناول نگاری کی ابتدا نذیر احمد کے ناول سے ہوتی ہے۔ کسی نئی صنف کی شروعات یا پھر اس میں ایک بڑی تبدیلی کا تعلق زمانہ ماضی کے ادب سے ضرور ہوتا ہے۔ داستان گوئی ایک ایسا فن تھا جو آگے چل کر عہد تغیر یعنی کہ صنعتی دور کے ابتدائی زمانے میں ناول کی تخلیق میں معاون ہوا۔ یہ کہنا بیجا نہ ہوگا کہ داستان کی کوکھ سے 'ناول' نے جنم لیا۔ناول کی تعریف کرتے ہوئے علی عباس حسینی لکھتے ہیں:

ناول نثری قصے کے ذریعے انسانی زندگی کی ترجمانی کرتا ہے وہ بجائے ایک شاعرانہ و جذباتی نظریۂ حیات کے ایک فلسفیانہ، سائنٹفک یا کم سے کم ایک ذہنی تنقید حیات پیش کرتا ہے، قصے کی کوئی کتاب اس وقت تک ناول نہ کہلائے گی جب تک وہ نثر میں نہ ہو حقیقی زندگی کی ہو بہو تصویر یا اس کے مانند کوئی چیز نہ ہو، اور ایک خاص ذہنی رجحان (نقطۂ نظر) کے زیر اثر اس میں ایک طرح کی یک رنگی و ربط نہ موجود ہو۔"

(علی عباس حسینی اردو ناول کی تاریخ اور تنقید، ایجوکیشنل بک ہاوس حیدر آباد، ۱۹۸۹، ص ۴۰)

ناول میں انسانی زندگی اور اس سے جڑے واقعات و حالات کو بیان کیا جاتا ہے۔ غور و فکر کے بعد ہی ناول نگار انسانی زندگی کو ناول میں پیش کرتا ہے۔

نورالحسن نقوی ناول کے لغوی معنی پر رقمطراز ہیں:

"ناول اطالوی زبان کے لفظ 'ناویلا' سے نکلا ہے جس کے معنی ہیں نیا۔ یہ نام اس لیے رکھا گیا کہ ناول ایک نئی چیز تھی۔"

(تاریخ ادب اُردو ایجوکیشنل پبلشر، دہلی ۲۰۰۱، ص ۳۰۱)

مندرجہ بالا اقتباس سے دو باتیں واضح ہو جاتی ہیں کہ ناول اُردو ادب میں انگریزی کے اثر سے داخل ہوا اور دوسرا 'لفظ ناویلا' کے معنی 'نیا' کے آتے ہیں۔ اُردو ناول بہت حد تک اُردو ادب اور سماجی حالات کے بدلتے رُجحانات کا مرکز بنا رہا اور انھیں حالات نے ناول کو اُردو ادب اور ہندوستانی سماج دونوں میں اپنی بنیاد گہرائی اور گیرائی سے ڈالنے میں کامیاب مساعی کی۔ دنیا میں ناول کے وجود میں آنے کی وجوہات بتاتے ہوئے ڈاکٹر احسن فاروقی لکھتے ہیں:

"ناول اس وقت وجود میں آیا جب ادبیات میں ایک نمایاں پختگی اور گہرائی آچکی تھی اور سوسائٹی تہذیب کا ایک اچھا خاصا معیار حاصل کر چکی تھی۔ یہی وجہ ہے کہ ناول کا مطالعہ ایک تفریحی چیز ہی نہیں، تہذیبی اور ذہنی مطالعہ بھی ہے"(ناول کیا ہے؟ نسیم بک ڈپو، لکھنؤ، ۱۹۸۳، ص ۵)

مندرجہ بالا اقتباس ناول کے وجود میں آنے کی طرف اشارہ کرتا ہے جس کا تعلق سماجی، سیاسی، اور مذہبی حالات سے گہراہوتا ہے۔

ناول کی ترقی و ترویج میں حیدرآباد ہر دور میں پیش پیش رہا۔ انیسویں صدی کے آخری دہے میں مہاراجہ کشن پرشاد شاد نے حیدرآباد میں ناول نگاری کی بنیاد رکھی۔ مہاراجہ، پنڈت رتن ناتھ سرشار، عبدالحلیم شرر اور ڈپٹی نذیر احمد کے ناولوں سے بہت متاثر تھے اور انھیں کے رنگ کو انھوں نے اپنے ناولوں میں اپنایا ہے، ناول نگاری کی

صنف میں جوہر آزمائے اور نثر کی چاشنی میں بے پناہ اضافہ کیا۔ مہاراجہ کے لیے ناولیں تخلیق کرنے کا ذریعہ اس وقت آسان ہو گیا جب ۱۸۹۵ میں ناول نگار رتن ناتھ سرشار حیدرآباد چلے آئے۔ ۱۸۹۷ میں سرشار نے دبدبہ آصفی کے نام سے رسالہ نکالا۔ اسی رسالے میں مہاراجہ کشن پرشاد شاد کے مضامین اور ناول قسط وار شائع ہوتے رہے۔

مہاراجہ کشن پرشاد کے تین ناول ملتے ہیں۔ (۱) مطلع خورشید ۱۹۰۰ میں شائع ہوا۔ (۲) چنچل نار ۱۹۰۳ جو سرشار کے ماہنامہ رسالہ 'دبدبہ آصفی' میں قسط وار شائع ہوا کرتا تھا۔ ۱۹۰۹ میں چنچل نار ناول کی شکل میں شائع کیا گیا۔ (۳) تیسرا ناول بزم خیال جو ۱۹۱۲ میں شائع ہوا۔ انیسویں صدی کے آخری دہے یعنی ۱۸۹۵ میں عبدالحلیم شرر نے بھی حیدرآباد کا رخ کیا۔ ۱۸۸۴ میں مولانا عبدالحلیم شرر پہلی بار وقار الملک کی خواہش پر حیدرآباد آئے تھے۔ پھر کئی دفعہ مختلف وجوہات کی بنا پر حیدرآباد سے لکھنؤ کا دورہ کرتے رہے۔ اپنے زورِ قلم سے عبدالحلیم شرر نے کُل ۴۲ ناولیں تحریر کیں جن میں معاشرتی، اصلاحی، تاریخی ناولیں شامل ہیں۔ ۱۹۰۸ تا ۱۹۱۰ کے درمیان عبدالحلیم شرر نے قیس و لبنیٰ، آغا صادق کی شادی، ماہ ملک جیسی تاریخی اور اصلاحی ناولیں حیدرآباد میں لکھیں۔ ۱۸۹۵ میں سرشار حیدرآباد چلے آئے۔ انیسویں صدی کے اختتام اور بیسویں صدی کی شروعات میں مہاراجہ کشن پرشاد شاد، عبدالحلیم شرر، عزیز احمد ناول نگاروں کی صف میں پیش پیش تھے۔

الغرض حیدرآباد میں ناول نگاری کی مستحکم بنیاد پڑ چکی تھی، جسے حیدرآبادی خاتون ناول نگاروں نے بھی مزید وسعت دی۔ صغرا ہمایوں مرزا، طیبہ بیگم بلگرامی حیدرآباد کی صف اول کی ناول نگاروں میں شمار ہوتی ہیں۔

طیبہ بیگم بلگرامی کے تین ناول ملتے ہیں۔ (۱) انوری بیگم (۲) حشمت النسا (۳)

احمدی بیگم۔ناول احمدی بیگم غیر مطبوعہ ناول ہے۔ صغرا ہمایوں مرزا نے اصلاحی ناولیں لکھی ہیں۔ جن میں (۱) مشیر نسواں (۲) موہنی (۳) سر گزشت ہاجرہ قابل ذکر ہیں۔ طیبہ بیگم اور صغرا ہمایوں مرزا نے جس عہد میں لکھنا شروع کیا اُس عہد میں خواتین کا پڑھنا لکھنا تو دور مسلم معاشرے کی روایت کے مطابق شریف زادیوں کا گھر سے باہر نکلنا بھی معیوب سمجھا جاتا تھا۔ ان ناولوں میں حیدر آباد کے معاشرتی حالات کی عکاسی کی گئی ہے جو انیسویں صدی کے اختتام اور بیسویں صدی کی ابتدا پر محیط ہے۔

ممتاز نثر نگار قاضی عبد الغفار نے ۱۹۳۲ اور ۱۹۳۴ میں ناول 'لیلیٰ کے خطوط' اور 'مجنوں کی ڈائری' تخلیق کیا۔ 'لیلیٰ کے خطوط مجنوں کی ڈائری' قاضی عبد الغفار کا خطوطی ٹکنیک پر لکھا جانے والا پہلا شاہکار تانیثی ناول ہے۔ ناول 'لیلیٰ کے خطوط' میں عورت کی مظلومیت، مذہبی ریاکاری کو اور سماج کے دوہرے معیار کو موضوع بنایا گیا ہے۔

دراصل لیلیٰ کو طوائف کے دہلیز پر پہنچانے والا اُس کا شوہر تھا جسے وہ دل و جان سے چاہتی تھی۔ اپنے شوہر کی غداری اور بے وفائی نے اُسے لفظ شوہر اور ازدواجی رشتے سے بے بہرا کر دیا۔ قاضی عبد الغفار نے لیلیٰ کے خطوط کے ذریعہ مذہبی ٹھیکے داروں کے خلاف آواز اُٹھائی ہے۔

لیلیٰ کے تمام خطوط میں طنز جھلکتا ہے سماج اور مذہب کے خلاف جو اپنے فوائد کے لیے بنائے گئے ہیں۔ الغرض قاضی عبد الغفار نے اپنے تصورات و خیالات کو اُس عہد کی عکاسی میں اِس ناول کے ذریعے پیش کیے ہیں۔

۱۹۳۰ کے بعد حیدرآباد میں شائع ہونے والے ناولوں کے فن میں ایک بڑی تبدیلی نظر آتی ہے۔ اس کی بڑی وجہ مغربی و مشرقی تہذیب کا ٹکراؤ، انسان کی داخلی و خارجی زندگی میں بے چینی و بے قراری، قدامت پرستی سے بیزاری اہم ہے۔ عزیز احمد کے زورِ

قلم سے پہلا ناول 'ہوس' ۱۹۳۲ میں شائع ہوا۔ حیدر آباد میں شائع ہونے والا یہ پہلا ناول تھا جس میں عزیز احمد نے کھل کر جنسی مسئلے پر لکھا۔ اس کے ایک سال بعد ۱۹۳۳ میں 'مرمر اور خون' شائع ہوا جس کے موضوع میں رومانی کہانی کے علاوہ نوجوان نسل کی ذہنی کیفیات اور نفسیات کو بے باک انداز میں پیش کیا گیا۔ زندگی کے بدلتے اقدار کو عزیز احمد نے اپنے شاہکار ناول 'گریز' میں پیش کیا ہے۔ یہ ناول حیدر آباد کی تنگ گلیوں سے شروع ہو کر کشمیر کی سرسبز وادیوں پر ختم ہوتا ہے۔ ناول کا مرکزی کردار 'نعیم حسن' اپنی زندگی کے ہر اہم معاملات سے گریز کرتا دکھائی دیتا ہے۔ وہ ایک یتیم ہے جو ابتدا میں خاندانی رشتے داروں سے قربت بڑھانے میں ناکام ہوتا ہے۔ آئی اے ایس میں کامیابی کے بعد ٹریننگ کے لیے وہ یورپ جاتا ہے اور وہاں کی آزاد زندگی بلکہ ہر قسم کی آزادی کا بھرپور لطف اُٹھاتا ہے۔ نعیم ایک تنگ ذہن ہندوستانی معاشرے سے نکل کر مغربی تہذیب کے روح رواں ملک یورپ جاتا ہے جہاں پر شراب پینا، اور کسی غیر لڑکی کے ساتھ ربط رکھنا کوئی معیوب بات نہیں تھی۔ عزیز احمد نے اس ناول میں ہندوستان اور یورپ کی اس زندگی کو پیش کیا ہے جو دوسری جنگ عظیم کے دوران عدم استحکام کا شکار تھی۔ اس ناول میں ہندوستان کے مسلم معاشرے کی فرسودہ ذہنیت، دوسری جنگ عظیم سے نبرد آزما یورپ اور ان سب کے درمیان تیزی سے بدلتی زندگی کے اقدار اور مشرقی تہذیب کی یلغار کو بے مثال کردار اور انوکھے موضوعات کے ذریعے پیش کیا ہے۔

۱۹۳۶ میں انجمن ترقی پسند مصنّفین کا قیام عمل میں آیا۔ جس کا اثر اُردو کی تمام اصناف پر پڑا۔ ناول نگار نے بھی ترقی پسند تحریک سے متاثر ہو کر اپنے ناولوں میں موضوعات میں تبدیلی اور حقیقت نگاری کی طرف توجہ کی۔ حیدر آباد میں ترقی پسند تحریک کے دور کے لکھنے والوں میں ابراہیم جلیس، عزیز احمد، جیلانی بانو، رفیعہ منظور الامین آتے

ہیں کچھ ناول نگار ترقی پسند تحریک سے جدیدیت اور مابعد جدیدیت تک بھی لکھتے رہے جن میں رفیعہ منظور الامین، عفت موہانی شامل ہیں۔

فکشن نگار ابراہیم جلیس نے حیدر آباد میں پہلا ترقی پسند ناول چور بازار ۱۹۴۶ءمیں تخلیق کیا جس میں ۱۹۲۰ءمیں آئے قحط بنگال کو موضوع بنایا گیا ہے۔ ناول میں ہندوستان کے دم توڑتے اقتصادی حالات، دو وقت کی روٹی کو ترستے کسان، اور ایک آنے کے لیے اپنی عزت کا سودا کرنے والے کسان کا کردار ملتا ہے۔ یہ کردار ہندوستان کے حقیقی چہرے تھے جنھیں ابراہیم جلیس نے بے نقاب کیا۔ ۴ دوستوں پر مشتمل اس ناول میں حیدر آباد کے معاشی اور سماجی مسائل کو پیش کیا گیا ہے۔ ایک اقتباس ملاحظہ ہو:

"ماں ایک مہینے سے بیمار تھی۔ بغیر کسی دوا اور دارو کے کھانس کھانس کر خون تھوک رہی تھی۔ چار پائی کے نیچے اس کے جہیز کا اگلدان خون سے بھرا تھا کیا جہیز میں پیک دان اسی لیے دیے جاتے ہیں کہ عورتیں اپنے رخساروں کا سارا خون ان میں تھوک دیں؟

ماں کو دوا کیوں نہیں دی گئی؟

روپیہ نہیں تھا

فاطمہ کے رخسار پیلے کیوں ہیں؟

وہ عرصے سے کنواری بیٹھی ہے؟

یہ بچے اتنے سوکھے مریل کیوں ہیں؟

انھیں بھوک لگی ہے۔

گاندھی نے برت کیوں رکھا؟

ہندوستان مانگتا ہے۔

جناح کیوں چیختا ہے ؟
پاکستان مانگتا ہے

سب ہاتھ پھیلائے کچھ نہ کچھ مانگ رہے ہیں۔ بھکاری اور میں جیسے خواب دیکھ رہا ہوں۔ ہندوستان راجاؤں مہاراجوں کا ملک ہے۔ عالیشان محلوں کی سرزمین ہے۔ سونے اور چاندی کا معدن ہے۔ ہیروں اور موتیوں کی کان ہے۔ میں خواب دیکھ رہا ہوں میں جرم کر رہا ہوں۔ نہ بہادر شاہ ظفر بزدل تھے اور نہ میر جعفر غدار تھا۔ بلکہ سارا قصور انہی خوابوں کا ہے جو ایک دوسرے سے منسلک ہو کر پورے سو سال سے نیند کی زنجیر لمبی ہی لمبی، کھینچتے جا رہے ہیں"

(ابراہیم جلیس، چور بازار ص ۲، اردو محل حیدر آباد دکن، حیدر آباد، ۱۹۴۶)

ابراہیم جلیس نے ایک ایسے ہندوستان کا نقشہ کھینچا ہے جو شمال سے لے کر جنوب تک، مشرق سے مغرب تک افلاس، بھوک مری، بے روز گاری کی چادر تلے لپٹا ہوا تھا اور پڑھا لکھا نوجوان بھی اس افلاس اور بھوک سے خود نکل سکتا تھا اور نہ ہی اپنے خاندان کو نجات دلا سکتا تھا۔ کیونکہ بے روز گاری اس نوجوان کا نصیب بن گئی تھی۔ موج مستی، پیٹ بھر کھانا صرف زمینداروں، امرا، سیٹھ ساہوکاروں کا مشغلہ تھا۔

دوسری جنگ عظیم کے اختتام پر ہندوستان میں بے روز گاری 'قحط اس حد تک پھیلی ہوئی تھی کہ بیشتر نوجوان 'بوڑھے اپنی بھوک و پیاس کو مٹانے کے لیے دلال بن رہے تھے۔ ہر مصیبت زدہ لڑکی حالات سے دوچار ان دلالوں کے ہاتھوں لُٹ رہی تھی۔ دلالوں کو اس پیشے سے ہرگز پشیمانی نہیں تھی۔ ابراہیم جلیس نے ۱۹۴۲ کے سماجی حالات کو پیش کیا ہے:

"دلال": ہمارا پیشہ بڑا تاریخی ہے۔ جانے کس کتاب میں پڑھا تھا کہ ہندوستان ایک

بیسوا ہے جس کو دراوڑیوں نے آریاؤں کو، پٹھانوں نے مغلوں کو اور مغلوں نے انگریزوں کو بیچ دیا۔ یہ سب دلال۔ نوح نے مسکراتے ہوئے اس سے کہا 'میاں 'تم بڑے قابل ہو دلالی کے بجائے کوئی اچھا پیشہ کرو۔ اپنی مٹی کیوں خراب کر رہے ہو یہاں " بوڑھا فوراً بولا " اچھے سے اچھے پیسے میں بھی تو دلالی ہوتی ہے جی مگر عورتوں کی دلالی اچھی ہوتی ہے اس میں ہاتھ کالے نہیں ہوتے " ظفر نے مذاق کیا " منہ تو کالا ہو جاتا ہے " بوڑھا بولا " وہ تو دراوڑیوں سے لے کر مجھ کمترین تک سب ہندوستانیوں کا کالا ہے۔"

(ابراہیم جلیس، چور بازار ص ۲۷، اردو محل حیدر آباد دکن، حیدر آباد، ۱۹۴۶)

ابراہیم جلیس نے ناول کے بیشتر حصوں میں طنزیہ انداز روا رکھا ہے۔ مندرجہ بالا اقتباس میں بڈھے کی سماج اور تہذیب سے بیزارگی ظاہر ہوتی ہے۔ دلال بڈھا ایسے سماج میں زندگی بسر کر رہا تھا جہاں اُسے ہر شخص مطلب پرست، شہوت پرست دکھائی دے رہا تھا۔ وہ قدیم اقوام و باشندوں کو بھی تنقید کا نشانہ بناتا ہے اس کے نزدیک تمام باشندے، اور نسلیں مطلب پرستی کی معمار ہیں۔ ابراہیم جلیس نے بڈھے دلال کے کردار کے ذریعے بیسویں صدی کے اُن ضعیف کردار کو روشناس کروایا ہے جو ایک طرف ہندوستان میں پھیلی بھوک مری، بے روزگاری سے بیزار تھے تو دوسری جانب سیاسی گھما گھمی نے انھیں یکسر بدحال کر رکھا تھا۔

ترقی پسند تحریک کے اس دور میں عزیز احمد کے ناول 'ایسی بلندی ایسی پستی ' اور 'آگ '۱۹۴۸ سے قبل شائع ہو چکے تھے۔ جس میں انسان کی بدلتی معاشرتی زندگی سے بحث کی گئی ہے۔ ناول 'ایسی بلندی ایسی پستی ' میں ریاست حیدر آباد کے امرا کی عیش پرستی، ان کے تحت بسنے والے مسلم خاندانوں کی بے حسی کو موضوع بنایا گیا ہے۔ عزیز احمد نے اس ناول میں مغربی تہذیب کی یلغار میں بہنے والے مسلم سماج کو مختلف واقعات

میں پیش کیا ہے۔ناول "آگ" میں انسانی زندگی کا ہر عمل واضح نظر آتا ہے۔ اس ناول میں کچھ ایسے مسائل بھی اُٹھائے گئے ہیں جو آج بھی ہمارے سماج کے لیے ناسور ہیں۔ خواتین کے ساتھ جرائم ہمارے سماج کا ایک اہم مسئلہ ہے جسے عزیز احمد نے اپنے ناول میں پیش کیا ہے۔ ۱۹۴۸ میں شائع ہوئے اس ناول میں ہمیں لڑکیوں پر تیزاب پھینکنے کا واقعہ ملتا ہے جو آج بھی سماج میں جوں کا توں برقرار ہے۔ کچھ مسائل ایسے ہیں جو صدیوں گزر جانے کے باوجود بھی نہ صرف برقرار ہیں بلکہ ان میں اضافہ درج کیا جا رہا ہے۔ تیزاب پھینکنے کا واقعہ، جہیز کے مسائل، عصمت ریزی کچھ ایسے مسائل ہیں جن میں وقت کے ساتھ ساتھ اضافہ ہی ہوا ہے۔

ترقی پسند تحریک کی وجہ سے حقیقت نگاری کا رجحان عام ہوا۔ زندگی کے مختلف مسائل کو دیکھنے اور دکھانے کی کوشش کی گئی۔ بھوک، افلاس، سماجی پستی اور غلامی اس تحریک کے اہم موضوعات رہے۔ سائنسی فکر نے انسان کی زندگی کو نئی سمت دی، مغربی یلغار نے ہندوستانی سماجی زندگی کو متاثر کیا۔ حقیقت سے آگاہی نے انسان کے تعلیمی رجحان میں تبدیلی پیدا کی۔ ناول اصلاحی، اخلاقی، تاریخی اور رومانی دائرے سے نکل کر حقیقت نگاری کی طرف بڑھتا رہا جس میں تہذیبی بحران کی عکاسی کی گئی، انسانی زندگی کے داخلی اور خارجی مسائل سے بحث کی گئی۔

ہندوستان کی تیزی سے بدلتی سیاسی و سماجی زندگی سے متاثر ہو کر جیلانی بانو نے ۱۹۵۸ میں ناول 'ایوانِ غزل' تحریر کیا۔ یہ ناول آصفیہ دور سے شروع ہو کر سقوطِ حیدر آباد کے حادثے سے گزرتا ہوا آزاد ہندوستان پر ختم ہوتا ہے۔ اس ناول میں جیلانی بانو نے ہندوستان کے چھوٹے قصبے سے لے کر بڑے شہروں تک پھیلے ہوئے جرائم کو پیش کیا ہے۔ گاؤں میں جہاں زمیندار، کسانوں اور مزدوروں پر ظلم کیا کرتے تھے وہیں آزاد

ہندوستان میں یہ زمیندار، ساہوکار، سیاسی لیڈر کے روپ میں عوام کا خون چوس رہے تھے۔ اب ان کی دسترس میں صرف ایک گاؤں چند مٹھی بھر لوگ نہیں بلکہ بڑے بڑے شہر آچکے تھے۔ جیلانی بانو کا یہ ناول ایک عہد کی عکاسی کرتا ہے جس میں بدلتے ہندوستان کو بہترین کردار اور واقعات کے ذریعے پیش کیا گیا ہے۔

۱۹۶۰ سے اُردو ادب میں جدیدیت کا دور شروع ہوتا ہے۔ جدیدیت کے اس دور میں فرد کی اجنبیت، تنہائی، انسان کی انسان کے تئیں بے رخی، مادیت پرستی اور جہیز کے مسائل کو پیش کیا گیا ہے۔

بیسویں صدی کے دوسرے عہد میں اُردو فکشن کے اُفق پر کئی ستارے دمک رہے تھے جن میں رفیعہ منظور الامین، اکرام جاوید، واجدہ تبسم، عفت موہانی، آمنہ ابوالحسن، جیلانی بانو جیسے نام شامل ہیں۔ ۱۹۶۰ میں رفیعہ منظور الامین کا ناول 'سارے جہاں کا درد' شائع ہوا جس میں مرکزی کردار 'دلبر' کی نفسیات اور تنہائی کو پیش کیا جو اپنے ہونے والے منگیتر کی موت کے بعد اکیلے زندگی گزارنا چاہتی ہے۔ دلبر کا کردار ایک بہادر، وفادار اور وفا شعار لڑکی کا ہے جو حالات سے سمجھوتا نہیں کرتی بلکہ پوری ہمت اور استقامت سے زندگی کے مسائل کا سامنا کرتی ہے۔ دلبر کے والدین نہیں تھے مگر اس نے کبھی بھی مجبوریوں کو اپنی زندگی اور اپنی ترقی پر قابض نہیں ہونے دیا۔ دلبر کے کردار کے ذریعے رفیعہ منظور الامین نے خواتین کو ایک پیغام دینے کی کوشش کی ہے، جو معمولی مسائل پر یا تو گھبراہٹ کا شکار ہوتی ہیں یا پھر قسمت کا حوالہ دے کر خاموشی اختیار کر جاتی ہیں۔

'سارے جہاں کا درد' حیدرآباد میں شائع ہونے والا جدیدیت کے دور کا پہلا ناول ہے جس میں ایک ایسی لڑکی کو مرکزی کردار عطا کیا گیا ہے جو ہمیشہ ثابت قدمی اور مستقل مزاجی کا ثبوت دیتی ہے۔

فرسودہ سماج کی بوسیدہ ذہنیت کے خلاف اکرام جاوید نے بھی آواز اٹھائی ان کا ناول 'رات کا رومان' ۱۹۶۱ میں شائع ہوا جس میں جہیز، طوائف، روزگار جیسے سماجی مسائل کو اُجاگر کیا گیا۔ اکرام جاوید نے دلچسپ واقعات اور انوکھے کرداروں کے ذریعے اس بات کو واضح کیا کہ انسان خود اپنی زندگی کی تباہی کا ذمے دار ہے۔ ان کا ناول حقیقی زندگی پر آج بھی کھرا اُترتا ہے۔ اکرام جاوید نے سماج کے جن سلگتے ہوئے مسائل کو پیش کیا ہے وہ آج بھی جوں کے توں موجود ہیں۔ اکرام جاوید نے ۱۹۶۰ کی اُس دہائی کو پیش کیا ہے جہاں پر انسان روزگار کے لیے مسلسل کوشاں تھا، دو وقت کی روٹی کے لیے محنت مشقت کرتا مگر اس کے خیالات کسی امرا و جاگیر دار سے کم نہیں تھے۔ خواب دیکھنا کوئی جرم نہیں مگر ان خوابوں کی تعبیر کے لیے کسی دوسرے انسان کی مجبوری کا فائدہ اُٹھانا ضرور جرم ہے۔ مسیح انہی خوابوں کی تعبیر کو مکمل کرنے کے لیے اپنے ہی گھر کو تباہ کرتا ہے۔ ناول کا موضوع انسانی زندگی کی حقیقت کو پیش کرتا ہے۔ اکرام جاوید سروج' ساگر اور مسیح جیسے کرداروں کے ذریعے سماجی تبدیلیوں کو واضح کرنا چاہتے ہیں۔

ہندوستان کی اجتماعی زندگی کو ناول نگاروں نے محسوس کیا، ان کی تڑپ اور بے چینی کو پرکھا اور نئے رجحانات اور تیزی سے بدلتی زندگی کو ادب میں پیش کیا جانے لگا۔ اس عہد میں تلخ حقائق اور حقیقی موضوع کو ناول کا محور بنایا گیا، جس میں سیاست، تعلیم و تہذیب غرض زندگی کے ہر شعبے کو پیش کیا جانے لگا۔ انسان کی خارجی اور داخلی زندگی کو اس عہد میں نمایاں اہمیت دی گئی۔ اب ناول ایک اصلاحی تحریک کے بعد ترقی پسند تحریک سے گزرتا ہوا جدیدیت کے ایک وسیع میدان میں پہنچ چکا تھا جہاں پر نت نئے موضوعات، انوکھی تکنیک، حقیقی کردار نے قاری کو ادب کی ایک نئی دنیا سے واقف کروایا۔

جدیدیت کے اس عہد میں رفیعہ منظور الامین، اکرام جاوید، جیلانی بانو، آمنہ

ابوالحسن، غلام جیلانی کے ناولوں میں برطانوی اقتدار کے خلاف بڑھتی ہوئی صف آرائی، جزوی صنعت کاری سے شہری زندگی کی طرف بڑھتی ہوئی رغبت، محنت کش طبقے کی بیداری، مشرقی و مغربی تہذیب کی آویزش سے بدلتے ہوئے ہندوستانی معاشرے کے خدوخال کو پیش کیا گیا ہے۔

۱۹۸۰ سے اُردو ادب میں مابعد جدیدیت کا دور شروع ہوتا ہے۔ نظریات میں تبدیلی، نئے ذہنی رویے نے اُردو ادب میں ایک بار پھر تبدیلی پیدا کی جسے مابعد جدیدیت کا دور کہا جاتا ہے۔ اس عہد میں آمنہ ابوالحسن، واجدہ تبسم، رفیعہ منظور الامین، عفت موہانی، غلام جیلانی کے علاوہ پرویز ید اللہ مہدی، قمر جمالی آتے ہیں۔

مابعد جدیدیت کے اس دور میں آمنہ ابوالحسن کے تین ناول واپسی ۱۹۸۱، آواز ۱۹۸۵، پلس مائنس، اور ۱۹۹۵ میں یادش بخیر شائع ہوئے۔ ناول واپسی ۱۹۸۱ ایک رومانی ناول ہے جس میں Extra marital affair کو پیش کیا گیا ہے۔ آمنہ ابوالحسن حیدر آباد کی وہ پہلی خاتون ناول نگار ہیں جنھوں نے لڑکیوں کی نفسیاتی کشمکش کو پیش کیا ہے۔ 'واپسی' میں ایک ایسی لڑکی کا کردار ملتا ہے جو نہ صرف اپنے شوہر سے ہر بات شیئر کرتی ہے بلکہ اپنے سابقہ بوائے فرینڈ کو اپنے ہی گھر رکھنے کی ضد کرتی ہے۔ یاسمین اور شہریار ازدواجی رشتے میں منسلک ہونے کے باوجود ان میں دوستی اور بھروسے کا رشتہ اتنا مضبوط اور پختہ ہے کہ یہاں شک اور غلط فہمی کی دیوار کھڑی نہیں ہوسکی۔ یہ کہانی مابعد جدیدیت کے بدلتے معاشرے اور نئی نسل کی ذہنی کیفیت کو پیش کرتی ہے۔ آمنہ ابوالحسن نے ایک اچھوتی کہانی بدلتے نظریات میں پیش کی ہے۔

آمنہ ابوالحسن نے جہاں ناول واپسی میں یاسمین کی نفسیاتی کشمکش کو پیش کیا وہیں واجدہ تبسم نے ناول 'نتھ کا زخم' (۱۹۸۲) کی کہانی ایک مشہور حیدر آبادی نواب کی بیٹی

رفیقہ بانو کی قربانیوں کو پیشِ نظر رکھتے ہوئے لکھی ہے۔

'نتھ کا زخم' میں ایک ایسی لڑکی کے کردار کو پیش کیا گیا جو اپنے ملک ہندوستان اور اپنے عزیز شہر حیدر آباد سے دور امریکہ جاتی ہے اور اپنے شوہر کو راہِ راست پر لانے کی بھرپور کوشش کرتی ہے، ایک ایسی لڑکی جو حیدر آباد کے تہذیبی ماحول میں پرورش پاتی ہے یہاں کے طور طریقوں اور رسم و رواج میں پلی بڑھی امریکہ جاکر نہ صرف اپنی عصمت کو بچائے رکھتی ہے بلکہ اپنے شوہر کو عیاشی کی لعنت سے بچانے کی کوشش کرتی ہے، حالات سے تباہ حال رفیقہ بانو اپنے شوہر کا قتل تک کر بیٹھتی ہے اور ۱۴ سال کی سزا کاٹتی ہے۔ واجدہ تبسم نے ان پورے حالات کو عمدہ منظر نگاری، بے مثال کردار نگاری کے ذریعے پیش کیا ہے ناولوں کے مختلف حصوں میں حیدر آبادی تہذیب کی عکاسی کی گئی ہے۔

۱۹۸۷ میں واجدہ تبسم کا ناول 'کیسے کاٹو رین اندھیری' شائع ہوا جس میں حیدر آبادی ماحول، طوائف کی وجہ سے ہونے والی معاشرتی تباہی کو واضح کیا ہے۔ ۱۹۸۷ میں رفیعہ منظور الامین کا ناول 'عالم پناہ' منظر عام پر آیا جس میں ایمن کا مرکزی کردار پیش کیا گیا ہے۔ ایمن بنگلور سے حیدر آباد نوکری کی غرض سے آتی ہے اور بیگم زمرد محل کے یہاں سکریٹری کی ملازمت اختیار کرتی ہے۔ اُسی طرز پر رفیعہ منظور الامین نے ۱۹۹۵ میں ناول 'یہ راستے' شائع کیا جس میں مرکزی کردار 'کاکل' اپنی زبردستی شادی کی مخالفت کر تی ہے اور حیدر آباد سے اوٹی بغرضِ روز گار منتقل ہو جاتی ہے۔ رفیعہ منظور الامین نے اپنے دونوں ناولوں میں نوجوان لڑکیوں کے کردار کو پیش کرتے ہوئے ان کی ہمت افزائی کی ہے۔

۱۹۹۹ میں ہی عفت موہانی کا ایک ناول 'مریم' شائع ہوا۔ ناول میں عصرِ حاضر میں

نوجوانوں کی بے راہ روی کو پیش کیا گیا ہے۔ مریم کا کردار مرکزی کردار ہے جو ایک آوارہ لڑکے کے دامِ محبت میں گرفتار ہو کر گھر سے راہ فرار اختیار کرتی ہے۔ عفت موہانی نے نوجوان لڑکیوں کے اس غیر ذمے دارنہ اقدام سے ان کے افرادِ خاندان پر آنے والی مصیبتوں کا احاطہ کیا ہے۔

اکیسویں صدی کی ابتدا میں پرویز ید اللہ مہدی اور قمر جمالی کے ناول منظر عام پر آئے ہیں۔ پرویز ید اللہ مہدی کا ناول 'سگِ لیلی' ایک مزاحیہ ناول ہے جو ابھی تک شائع نہیں ہوا ہے۔ ناول کا کردار اپنی محبوبہ سے ملاقات کا خواہش مند ہوتا ہے مگر اُسے یہ پتہ چلتا ہے کہ اس کے محبوب کے گھر میں کتا موجود ہے۔ ناول کا مرکزی کردار یعنی ناول کا ہیرو کتے سے ڈرتا ہے اسی لیے کتوں کی معلومات حاصل کرنے کے لیے وہ کتے کے ڈاکٹر ڈی ڈی کتا والا، پسٹن جی پالان جی داروو الا جیسے کرداروں سے ملتا ہے۔ تمام کردار مزاحیہ ہیں، اور انہی کرداروں کے ذریعے پرویز ید اللہ مہدی نے سماج اور ہندوستانی نظم ونسق پر طنز کیے ہیں۔

قمر جمالی نے اپنے ناول 'آتش دان' (۲۰۱۴) میں اکیسویں صدی کے ہندوستانی دیہاتی نظام کو پیش کیا ہے۔ قمر جمالی نے اپنے ناول کے ذریعے ہندوستانی دیہاتی نظام کے اس تلخ چہرے کو پیش کیا ہے جس پر سیاسی حضرات کی ہوس اور ان کے پنجوں کے نشان موجود ہیں۔ قمر جمالی نے اپنے ناول کے ذریعے اس بات کو واضح کیا ہے کہ دیہاتی نظام میں کس طرح لینڈ مافیا اور پانی کے مافیا اپنی اجارہ داری قائم کیے ہوئے ہیں۔ جدید ہندوستان میں جاگیر دار، سرمایہ دار کی جگہ سیاسی لیڈروں نے لے لی ہے جو غبن کرتے ہیں، عصمت ریزی میں پیش پیش رہتے ہیں، فرقہ وارانہ فسادات میں ملزم بھی بنتے ہیں۔ قمر جمالی نے اپنے ناول میں ووٹ کی طاقت، اہمیت اور افادیت کی جھلک دکھائی ہے۔ قمر جمالی ناول کے

کرداروں اور واقعات کے ذریعے رائے دہندگان کو جھنجھوڑتی ہیں، انھیں ووٹ کی طاقت کا احساس دلاتی ہیں۔ خود کو اور ملک کو محفوظ رکھنے کی تلقین کرتی ہیں۔

مابعد جدیدیت کے اس دور میں ایک عام فہم انسان کے مسائل کو جگہ دی گئی۔ ناول نگاروں نے غریب، مزدور، کسان کے علاوہ ایک عام فہم انسان کے ہر ایک مسئلے کو اُجاگر کیا ہے۔ ان ناولوں میں انسانی زندگی کو اتنی ہی اہمیت دی گئی ہے جتنی کہ سابق میں بادشاہ، امرا، سلاطین اور امیر ترین افراد کو دی جاتی تھی۔ اس عہد میں پردے کے پیچھے اور انسان کے جذبات و احساسات ہر چھوٹے بڑے مسئلے کو اہمیت دیتے ہوئے سماجی، معاشی، سیاسی اور طبقاتی تصادم کو بطورِ خاص موضوع بنایا۔ اس دور میں سماجی انتشار، اخلاقی گراوٹ، تہذیبی استحصال اور طبقاتی کشمکش سے پیدا ہونے والے مسائل کو مختلف کرداروں اور انوکھے واقعات کے ذریعے پیش کیا گیا ہے۔

غرض حیدرآباد میں شائع ہونے والے ناولوں میں ایک عہد کی عکاسی ملتی ہے۔ ناول نگاروں نے ہر عہد میں ہو رہی ناانصافی کے خلاف احتجاج درج کیا اور ان مسائل کے حل کی طرف ہماری توجہ مبذول کروائی ہے۔

***

تانیثیت اور خواتین ناول نگار

محمد یونس ٹھوکر

انیسویں صدی کے نصف آخر سے ہی تانیثی افکار و خیالات کی گونج شعوری یا غیر شعوری طور پر اردو ادب میں عموماً اور اُردو فکشن میں خصوصاً سنائی دینے لگیں۔ طبقۂ نسواں کے نازک اور سنجیدہ مسائل کو فکشن کے لبادے میں صفحۂ قرطاس پر منتقل کیا جانے لگا۔ طبقۂ نسواں کی پسماندگی اور زبوں حالی کو مرد ادیبوں اور فکشن نگاروں کے ساتھ ساتھ خواتین قلمکاروں نے بھی موضوع بحث بنایا۔ البتہ خواتین قلمکاروں نے مردوں کے بعد لکھنا شروع کیا۔ کیوں کہ یہ بات ڈھکی چھپی نہیں ہے کہ برصغیر میں ایک طویل عرصے تک اُردو شعر و ادب پر صرف مردوں کی اجارہ داری قائم تھی۔ خواتین کا اپنے خیالات کو قلم کے سہارے پیش کرنے کو مذہبی اور معاشرتی نقطۂ نظر سے معیوب تصور کیا جاتا تھا۔ عشرت آفریں کا یہ شعر شاید اسی کی ترجمانی کرتا ہے۔

اتنا بولوں گی تو کیا سوچیں گے لوگ
رسم یہاں کی ہے لڑکی سی لے ہونٹ

عورتوں پر ادب کے تئیں عائد قدغن کا معاملہ کچھ اس قدر سنگین تھا کہ اول تو عورتیں یہ جرأت ہی نہیں کرتی تھیں کہ وہ ادب تخلیق کریں۔ اب اگر کوئی اکاّ دکاّ عورت اپنی تخلیقی کوشش کرتی تو وہ اپنے اصلی نام کو مخفی رکھ کر فرضی ناموں سے اپنی

تخلیقات شائع کرتی۔ ناول "امراؤ جان ادا" کا یہ شعر اس کی غمازی کرتا ہے۔

کعبے میں جا کے بھول گیا راہ دیر کی
ایمان بچ گیا، مرے مولا نے خیر کی

ناول کے مطابق اس شعر کا خالق مرد نہیں بلکہ عورت یعنی امراؤ جان ادا ہے، لیکن تانیث کا فعل نہ لانا ہی دراصل وہ جبر ہے جو عورتوں پر ادب کے حوالے سے مسلط تھا۔ اس تناظر میں معروف تانیثی مفکر ورجینا وولف کے اس خیال سے بھی اتفاق کرنا ناگزیر بنتا ہے کہ اگر کوئی عورت "Crime And Punishment" جیسا ناول تخلیق نہ کر سکی یا اس کے لیے اس جیسا ناول لکھنا سرے سے ہی ناممکن تھا تو اس کی کوئی وجہ نہیں سوائے اس کے کہ عورتیں ان تمام سہولتوں اور آسائشوں سے محروم رکھی گئی تھیں جو کہ مردوں کے لیے میّسر تھیں۔ غزال ضیغم نے اپنے ایک مضمون "مرد اساس معاشرے میں خواتین ادیباؤں کے مسائل" میں عورت پر قائم تخلیقی و ادبی حد بندیوں کا یوں اظہار کیا ہے:

"مرد اساس معاشرے میں خواتین ادیباؤں کے لیے کہیں بھی کوئی صاف کھلی سڑک نہیں۔۔۔ خار دار راستہ۔۔۔ جہاں جگہ جگہ پر speed breaker بنے ہیں۔۔۔ بار بار ٹھہریے۔۔۔ آگے نہ بڑھیے۔۔۔ آگے خطرہ ہے۔۔۔ سرخ سگنل ڈاؤن ہے۔۔۔ ہری اور لال بتیوں کے بیچ جلتی بجھتی خواتین ادیبائیں۔۔۔ ہر روز ایک شاعرہ ایک ادیبہ کی موت ہوتی ہے۔۔۔ ان کا ادب ان کی شاعری اس طرح مختلف طریقوں سے چھین لی جاتی ہے۔ ان کے ذہن کو کند کر دیا جاتا ہے۔۔۔"

(عتیق اللہ (مرتب)، بیسویں صدی میں خواتین اُردو ادب، ایچ۔ ایس۔ آفسٹ پریس، نئی دہلی، ۲۰۰۲، ص ۱۵۱)

لیکن آہستہ آہستہ مختلف سیاسی و معاشرتی تحریکوں اور نئے تعلیمی نظام نے، مختلف ادیبوں کی تخلیقات (جیسے نذیر احمد کے ناول "مراۃالعروس" اور راشد الخیری کی "صبح زندگی" اور "شام زندگی")، مختلف رسائل جیسے تہذیب نسواں، عصمت، خاتون وغیرہ نے بیسویں صدی کی ابتدائی دہائیوں تک آتے آتے اس بحر منجمد میں ارتعاش پیدا کیا۔ نتیجتاً پتھر پسیجا اور لوہا پگھلا، خواتین سماجی، سیاسی، معاشرتی اور تعلیمی اعتبار سے بیدار ہوئیں اور یوں خواتین کی تخلیقی صلاحیتوں کے بند پانیوں کو جوئے آب عطا ہوئی۔ ناول جیسی اہم صنف ادب میں طبع آزمائی کر کے خواتین قلمکاروں نے جہاں ایک طرف اپنی آرائ و نظریات کے دریچوں کو وا کیا وہیں اس صدیوں پرانی پدرانہ فکر و فہم پر بھی خط تنسیخ کھینچی کہ عورتیں مردوں سے کمتر ہیں۔ کیونکہ ناول تخلیق کرنا یا اس صنف میں طبع آزمائی کرنا ایک وسیع اور جامع صلاحیت اور مطالعہ کائنات کا مطالبہ کرتا ہے جیسا کہ وحید اختر رقمطراز ہیں:

"ناول کے لیے زندگی کا گہرا اور وسیع مشاہدہ کرداروں اور پلاٹ کی پیچیدگیوں کو دیر تک اور دور تک سنبھالے رہنے کی صلاحیت اور دیرپا تخلیقی جذبہ چاہیے۔"

(وحید اختر، سخن گسترانہ بات، مشمولہ رسالہ "الفاظ"، علی گڑھ، مارچ۔ اپریل، ۱۹۸۱)

حالانکہ خواتین ناول نگاروں نے اس میدان میں شہسوار ہونے کا ثبوت فراہم کیا۔ خواتین پر ادب کے تئیں عائد پابندیوں کے باوجود کم تعداد میں ہی سہی لیکن خواتین نے مختلف ادبی کارنامے روز اول سے ہی انجام دیے۔ احساس کمتری کے باوجود ان کے شر ار و نشتر قلم سے بہترین تحریریں پھوٹیں۔

چنانچہ ناول میں تانیثی فکر و شعور کی بو باس ترقی پسند تحریک سے پہلے بھی کہیں نہ

کہیں شعوری یا غیر شعوری طور پر ضرور ملتی ہے۔ ترقی پسند تحریک کے معرض وجود میں آنے سے قبل ہی ۱۹۳۲ میں "انگارے" کی اشاعت نے ہی اُردو ادب عموماً اور اُردو فکشن میں خصوصاً جو حقیقت پسندی اور روشن خیالی کی چنگاری پیدا کی تھی اس میں خواتین قلمکاروں کی بھی کاوشیں شامل تھیں۔ اس پرجوش مجموعے نے جہاں سماج کے نچلے طبقے کے جنسی اور نفسیاتی مسائل کو آئینہ دکھایا وہیں بے جا و بے بنیاد مذہبی رسوم اور پابندیوں پر بھی بے باکانہ احتجاج کیا۔ اردو ناول بھی فکری سطح پر اس اثر کو قبول کیے بغیر نہ رہ سکا۔ صغریٰ مہدی کی رائے سے اتفاق کیا جاسکتا ہے:

"انگارے نے تانیثیت کا ایک مضبوط تر نظریہ اُردو ادب میں داخل کیا۔ اُردو ناول نے اس نظریے کو اپنے رگ و پے میں شامل کرلیا۔ دیکھتے ہی دیکھتے یہ طرز فکر اُردو ناول نگاری کا ایک ناگزیر حصہ بن گیا۔ عورتوں کے بے شمار مسائل اس میں سانس لینے لگے۔ کہیں کہیں یہ سانس للکار کی شکل اختیار کر گئی ہے۔"

(صغریٰ مہدی، اُردو ناولوں میں عورت کی سماجی حیثیت، سجاد پبلیشنگ ہاؤس، دہلی، ۲۰۰۲، ص۷۹)

پھر ترقی پسند تحریک نے اس رویے کو اور زیادہ استحکام بخشا۔ اس تحریک نے تانیثی افکار و خیالات کو پھلنے پھولنے اور ترویج پانے کے لیے ایک آزادانہ ماحول اور بنیاد فراہم کی۔ قرۃ العین حیدر اور ان کی ہم عصر عصمت چغتائی، خدیجہ مستور، جمیلہ ہاشمی، بانو قدسیہ، صغریٰ مہدی اور رضیہ فصیح جیسی خواتین ناول نگاروں نے بھی اسی تحریک کے عرصۂ حیات میں ادبی منظر نامے میں اپنی شناخت قائم کی۔

بہر حال اس مؤثر ادبی تحریک کے منظر نامے پر قرۃ العین اور اس کے ہمعصر ناول نگاروں نے اپنے خلاق اور فعال تخیل کو سرگرم عمل لا کر اپنے ناولوں میں طبقۂ نسواں کی

زبوں حالی، ان کے تشخص اور وجود، ان کی داخلی و خارجی حالات و کوائف، ان کی ذہنی و جذباتی کرب و عذاب اور گھٹن اور مرد اساس معاشرے میں ان کے خوابوں کی شکست و ریخت کو موضوع بحث بنا کر اپنی طرف سے طبقہ نسواں کی حمایت کی۔ان خواتین ناول نگاروں نے طبقۂ اناث کی مجروح شخصیت اور من جملہ مسائل کو آئینہ دکھانے کی ہر ممکن کوشش کی۔

اردو فکشن میں خواتین قلمکاروں میں سب سے پہلی واضح اور مستحکم تانیثی آواز عصمت چغتائی کی ہے۔یہ قرۃ العین حیدر کی سب سے اہم ہمعصر خاتون ناول نگار ہیں جن کے ناولوں میں تانیثی افکار و خیالات کی بازآفرینی کی جاسکتی ہے۔ان کا اسلوب اور انداز تحریر خالص تانیثی آواز کی غمازی کرتا ہے۔خواتین کے سماجی اور معاشرتی پہلوؤں کو بیان کرنے پر انھیں مکمل گرفت حاصل ہے۔انھیں اس طبقہ کی زندگی کے جنسی اور نفسیاتی مسائل بیان کرنے پر خاصی مہارت ہے۔ عصمت کا ماننا ہے کہ عورت گھر کی چار دیواری میں مقید رہ کر ذہنی کرب و عذاب میں مبتلا رہتی ہے۔انھیں اس کرب و عذاب سے نجات دلانا ہی ان کی تحریروں کا اصل جوہر ہے۔شاید اسی لیے ان کی تحریروں میں درشتی اور شدت جھلکتی ہے۔افسانہ "لحاف" پر اسی شدت پسندی اور بے باکی کے باعث ان پر مقدمے دائر ہوئے تھے۔ جنسی مسائل اور نفسیاتی پہلوؤں کو بڑی بے باکی سے بیان کرنا ان کے ہاں اتفاقی نہیں بلکہ اس کے پیچھے ایک مقصد کارفرما ہے اور وہ ہے آزادیٔ نسواں کا خواب۔ اس بے باکی کے پس پردہ ہی ان کی تحریروں میں انسان دوستی کی بہترین تصویریں ملتی ہیں۔خود ان کا کہنا ہے:

"میں قصداً محض جنسی موضوع اٹھا کر نہیں لکھتی اس کے پیچھے میرا کوئی مقصد ہوتا ہے یعنی انسان کی آزادی کا سوال، عورت کی آزادی کا سوال جس کو میں حل کرنے کی

کوشش کرتی ہوں۔"

(بحوالہ، قیصر جہاں (مرتب)، اُردو میں نسائی ادب کا منظر نامہ، سلسلۂ مطبوعات، ڈی ایس اے پروگرام شعبۂ اُردو علی گڑھ مسلم یونیورسٹی، علی گڑھ، ۲۰۰۴، ص ۱۹۵)

ان کے ناولوں ضدی، ٹیڑھی لکیر، معصومہ، دل کی دنیا وغیرہ میں عورتوں کی زندگی کے تلخ حقائق کی ترجمانی ملتی ہے۔ سماجی ناہمواری اور طبقاتی کشمکش ایک معاشرے کے دو انتہائی سنگین ناسور ہیں۔ عصمت چغتائی کا تانیثی شعور اتنا راسخ اور پختہ ہے کہ انھوں نے اپنے ناولوں میں ایسے نسوانی کردار تراشے ہیں جو ان دونوں ناسوروں کے خلاف احتجاج کا پرچم بلند کرتی ہوئی نظر آتی ہیں۔ جہاں 'ٹیڑھی لکیر' کی 'شمن' ہر لحظہ اور ہر آن سماجی ناہمواریوں کے تھپیڑے کھا کر زندگی کے منظر نامے پر ابھرتی ڈوبتی نظر آتی ہے وہی 'ضدی' کی آشا طبقاتی کشمکش کے خلاف اپنی جان نچھاور کرتی ہے۔ شمن اپنے حقوق کی پامالی برداشت نہیں کرتی۔ وہ مردانہ سماج کی ظلم وزیادتیوں اور بدسلوکیوں کو اپنی زندگی کا نصب العین بنالیتی ہے۔

شمن عصمت چغتائی کا ایک مضبوط اور جاندار کردار ہے اُردو کے تقریباً سبھی ناقدین نے اس کردار کی تعریف کی ہے۔ اس کردار کے توسط سے جہاں انھوں نے مردانہ سماج پر طنز کے تیر چلائے ہیں وہیں ہندوستانی سماج میں عورت کی حیثیت کو واضح کرنے کی کوشش کی ہے۔ ہندوستانی سماج کے کھوکھلے پن کو قدرے واضح انداز میں منظر عام پر لانے کے لیے انھوں نے نوری کا کردار تراشا ہے۔ یہ ان لڑکیوں کی ترجمانی کرتی ہے جنھیں شوہر کی بے جا پابندیاں برداشت کرنی پڑتی ہیں۔ عصمت چغتائی کو عورت کی اس حیثیت سے چڑ ہوتی ہے جہاں عورت کا کام صرف بچوں کی پیدائش اور پرورش کے علاوہ گھرداری تک محدود ہو۔ ناول "ٹیڑھی لکیر" میں وہ اس کے خلاف احتجاج اور بغاوت کرتی

ہوئی نظر آتی ہیں:

"اسے نوری بالکل ایک گائے بیل کی طرح لگ رہی تھی۔ اکیاون ہزار میں وہ اپنی جوانی کا سودا کر کے ایک مرد کے ساتھ جا رہی تھی بیوقوفوں کی طرح نہیں۔ کاغذ لکھا کر اگر وہ بعد میں تڑپے تو اور پھندا اس کے گلے میں تنگ ہوتا جا رہا ہے اور وہ چغد بھی ڈھول تاشے سے خرید کر لے جا رہا ہے۔ آخر فرق ہی کیا ہے اس سودے میں اور آئے دن جو جاڑوں میں خرید و فروخت ہوتی رہتی ہے وہ چھوٹا موٹا بیوپار ہے جیسے کچالو، پکوڑیوں کی چاٹ اور یہ لمبا ٹھیلہ ہے۔ جب تک ایک فریق خیانت نہ کرے بیوپار چلتا رہتا ہے ورنہ سودا پھٹ۔"

(عصمت چغتائی، ٹیڑھی لکیر، کتاب کار، رام پور، ۱۹۶۷، ص ۲۱۱)

مرد اساس معاشرہ male dominated society کی بے اعتنائی اور غیر منصفانہ رویہ ہی شمن کی فطرت کو باغی اور سرکش بنانے میں اہم رول ادا کرتے ہیں۔ وہ مرد وزن سے شدید نفرت کرتی ہے اور کسی ایک کی بیوی نہ بن کر سب کی بیوی بن جاتی ہے۔ وہ ایک باغی لڑکی کی طرح سماج و معاشرے سے انتقام لیتی ہے۔ اس کا یہ انتقامی رویہ سماج کے ان کثیر تعداد لڑکیوں کی نمائندگی کرتا ہے جن کی خواہشات، احساسات، نفسیات اور جذبات کو مردانہ سماج کے جبر و تسلط کے بل بوتے پر زیر کیا گیا اور نتیجہ کے طور پر ان کی شخصیت اور نفسیات میں ایک بھیانک دراڑ پیدا ہوئی۔ عصمت چغتائی نے خود اس کی طرف اشارہ کیا ہے:

"شمن کی کہانی کسی ایک لڑکی کی کہانی نہیں ہے۔ یہ ہزاروں لڑکیوں کی کہانی ہے۔ اس دور کی لڑکیوں کی کہانی ہے جب وہ پابندیوں اور آزادی کے بیچ ایک خلا میں لٹک رہی ہیں۔"

(عصمت چغتائی، (پیش لفظ) ٹیڑھی لکیر، کتاب کار، رام پور، ۱۹۶۷)

عصمت چغتائی کے نسوانی کردار تو احتجاج بن کر نمودار ہوتے ہیں۔ "ٹیڑھی لکیر" کی شمن مردوں کی برتری اور عورتوں کی کمتری، جیسی زیادتی سے تنگ آکر چلا اُٹھتی ہے:

"ہنہ بد تمیز! چور اور حیوان کو حیوان کہنا بد تمیزی نہیں، راست گوئی ہے۔ تم سمجھتے ہو کہ تمھارے بھونکنے سے میں ڈر جاؤں گی۔ چاہے جو کچھ ہو تمھارے فریب کا حال ضرور لکھوں گی اس طرح دھوکہ دے کر تم بھاگ نہیں سکتے، اس کا انجام سوچ لینا"

(عصمت چغتائی، ٹیڑھی لکیر، کتاب کار، رام پور، ۱۹۶۷، ص ۲۹۱)

عصمت نے شمن کے کردار کے ذریعے ہندوستانی سماج و معاشرے میں زندگی گزارنے والی ایک ایسی عورت کی خوبصورت عکاسی کی ہے جو روشن خیال اور خوددار ہونے کی بنا پر ایک طرف آزادانہ زندگی گزارنے کی متمنی ہے اور بظاہر خود مختارانہ اقدام بھی اُٹھاتی ہوئی نظر آتی ہے۔

خدیجہ مستور کا نام بھی لینا از حد ضروری ہے۔ ان کے دو اہم ناول "آنگن" اور "زمین" جو بالترتیب ۱۹۶۲ اور ۱۹۸۴ میں سامنے آئے۔ مذکورہ دونوں ناولوں میں تانیثیت کے دھندلے نقوش تلاش کیے جا سکتے ہیں۔ خدیجہ مستور کا خاصہ یہ ہے کہ انھوں نے تانیثیت کی وکالت باغیانہ اور بے باکانہ انداز میں نہیں کی ہے بلکہ ان کے ناولوں میں تانیثی آواز کی حمایت بڑی دھیمی، سبک اور مدھم انداز میں پوشیدہ ہے جسے تلاش کر کے منظر عام پر لایا جا سکتا ہے۔ انھوں نے تقسیم بر صغیر کے پس منظر میں طبقۂ نسواں کے داخلی انتشار، روحانی کرب و عذاب، بے بسی اور احساس محرومی کا نقشہ صاف اور واضح کھینچا ہے۔

تقسیم ملک کے تناظر میں تحریر ہوئے ناول "آنگن" کے نسوانی کردار تانیثی فکر و

شعور کے اعتبار سے لائق مطالعہ ہیں۔ عالیہ نامی ایک نوجوان لڑکی مرکزی کردار کے روپ میں ہمارے سامنے آتی ہے۔ یہ ایک تعلیم یافتہ، سنجیدہ اور ذہین لڑکی ہے۔ حالات اور وقت کے نشیب و فراز کا انھیں گہرا اور عمیق ادراک حاصل ہے۔ جب کسم دیدی کو اس کا شریر اور ظالم شوہر چھوڑ کر چلا جاتا ہے تو سب کسم دیدی پر طعنے کستے ہیں اور بدنامی کے ڈر سے اس کے ساتھ ترک موالات بہتر سمجھتے ہیں۔ لیکن اس سلسلے میں عالیہ کی سوچ کس قدر مثبت اور معتبر دکھائی دیتی ہے۔ ملاحظہ ہو:

"اب اگر ان سے ملی تو لوگ انگلیاں اٹھائیں گے، وہ بدمعاش جو مشہور ہو گئیں"

"مگر لوگ اس آدمی کو برُا کیوں نہیں کہتے جو انہیں چھوڑ کر بھاگ گیا۔؟"

"بس نہیں کہتے، لڑکی ہی کو برا سمجھتے ہیں، تم بھی اب بڑی ہو گئی ہو، ان کے گھر نہ جانا ورنہ لوگ اُنگلیاں اُٹھائیں گے۔"

خدیجہ مستور، آنگن، ایجوکیشنل بک ہاؤس، علی گڑھ، ۲۰۱۰، ص ۵۷)

جمیلہ ہاشمی کے ناولوں میں تانیثی آب و رنگ دیکھنے کو ملتا ہے۔ موصوفہ کے کئی ناول منظر عام پر آچکے ہیں جن کو خاصی پزیرائی حاصل ہوئی۔ ان ناولوں میں "تلاش بہاراں" "آتش رفتہ" "چہرہ بہ چہرہ رو بہ رو" خاصی اہمیت کے حامل ہیں۔ "تلاش بہاراں" کو ۱۹۶۱ میں پاکستان کے سب سے بڑے ادبی ایوارڈ، آدم جی ادبی ایوارڈ سے نوازا گیا۔ شاید اس کی مقبولیت کی وجہ بھی یہی ہو سکتی ہے ورنہ فنی اعتبار سے یہ اتنا زیادہ پختہ ناول نظر نہیں آتا کیونکہ اس میں بقول اقبال مسعود نفس وحدت کی کمی ہے۔ ۶۴۴ صفحات پر پھیلے ہوئے اس ناول کا موضوع متعین کرنا اگر چہ قدرے مشکل امر ہے تاہم اس کے بین السطور میں تانیثی فکر و شعور کی گونج ضرور سماعت کی جا سکتی ہے۔ اس اعتبار سے اس ناول کی مرکزی نسوانی کردار کنول کماری ٹھاکر اہم ہے۔ اس کردار کو پیش کرنے پر ناول نگار نے

پوری قوت صرف کی ہے۔ اس کردار کے توسط سے جمیلہ ہاشمی نے مردانہ اقدار حیات اور جبر و استحصال کا توڑ پیش کیا ہے۔ محسوس یوں ہوتا ہے کہ مصنفہ نے دراصل طبقہ نسواں کی زبوں حالی اور ظلم و استحصال کو اندر سے بھانپ لیا ہے اور اب یہ اس کردار کے طفیل خواتین کو جدوجہد کی تلقین کر کے آزادانہ زندگی حاصل کرنے کی دعوت دیتی ہیں۔ جیسا کہ نیلم فرزانہ لکھتی ہیں:

"تلاش بہاراں کا "اسم" دراصل ناول کے ایک کردار کنول کماری ٹھاکر کی کوششوں اور جدوجہد کا استعارہ ہے جو اس نے عورتوں کی بھلائی، ان کے حقوق کی حفاظت اور عورتوں کی عام ذہنی صورتحال کو بدلنے کے لیے کی۔ اس ناول میں جتنے بھی اہم کردار پیش کئے گئے ہیں ان سب کی کہانی ہندوستانی عورت کی زندگی کے المناک پہلو کو پیش کرتی ہے۔ ان کرداروں کے حوالے سے ناول کا موضوع ہندوستانی عورت کا مقدر قرار پاتا ہے۔"

(نیلم فرزانہ، اُردو ادب کی اہم خواتین ناول نگار، براؤن بک پبلی کیشنز، نئی دہلی، ۲۰۱۴، ص ۲۵۷-۲۵۶)

جنگ آزادی اور تقسیم ملک کے پس منظر میں یہ ناول دراصل ہندوستانی سماج میں عورت کے استحصال اور مظلومیت کی عکاسی کرتا ہے۔ ناول نگار نے اس کردار کی تخلیق کر کے اُس ظالمانہ اور استحصالی نظام کی بیخ کنی کرنے کی کوشش کی ہے جہاں اس کی عزت و عظمت غیر محفوظ ہے۔ اس کردار کے جملہ افعال، حرکات و سکنات اور خیالات و تصورات سے ہی محسوس ہوتا ہے کہ وہ اس جابرانہ سماجی و معاشرتی نظام کو تبدیل ہوتے دیکھنا چاہتی ہیں جہاں عورت کی حیثیت مخدوش ہے۔ ناول کا مطالعہ کرتے وقت خود اس کردار کے یہ الفاظ اس بات کا عندیہ دیتے ہیں:

"زندگی کی بنیادیں بدلنے کی ضرورت ہے۔ کام اور کوشش کی ضرورت ہے۔ عام ذہنی سطح کو بدلنے کی ضرورت ہے اور میں یہ کام کروں گی۔"٥

(جمیلہ ہاشمی، تلاش بہاراں، اُردو اکیڈمی سندھ، کراچی، ۱۹۶۱، ص ۲۷)

جیلانی بانو کا نام اُردو کے معتبر اور باوقار خواتین ناول نگاروں کے ذیل میں شمار کیا جاتا ہے۔ 'ایوان غزل" اور "بارش سنگ" ان کے دو مشہور ناول ہیں۔ جیلانی بانو کا خاصہ یہ ہے کہ وہ اپنے بے باک تخلیقی و ادبی اظہار کے لیے معروف ہیں۔ ان کے ناولوں میں جاگیر دارانہ طرز معاشرت و آمرانہ شاہی نظام کے زوال کے پس پردہ خواتین کی زبوں حالی کی عکاسی ملتی ہے۔ عورت کا سماجی و تہذیبی استحصال، مزدوروں کے ساتھ غیر انسانی سلوک، انسانی حقوق کا عدم تحفظ، شہری زندگی کی مجبوریاں وغیرہ ایسے چند اہم موضوعات ہیں جن سے جیلانی بانو کے افسانوں اور ناولوں کا خمیر تیار ہوتا ہے۔

اس طرح مذکورہ بالا خواتین ناول نگاروں نے اپنی فکشن تخلیقات کے ذریعہ طبقہ نسواں کی زندگی کے کئی تاریک پہلوؤں کو ضیا بخشنے کی کوشش کی ہے۔ ان ناول نگاروں کے ذریعہ ہی تصورات کے اظہار کی راہیں ہموار ہونے لگیں۔ یہی نہیں بلکہ انھوں نے پیش رو ناول نگاروں کی کھیپ کے لیے تانیثی افکار و نظریات کی مشعلیں جلائی تاکہ وہ اپنے تانیثی فکر و فہم کے چراغ ان سے روشن کر کے ادب کے اندر اس فکر و فہم کو مزید جلا بخشے۔

***

پختہ اور ناپختہ ناولوں میں فرق
پیغام آفاقی

آپ ناولوں میں کیا ڈھونڈتے ہیں؟ دانشوری کی روشنی یا محض نئے خیال کی سنسنی۔ کچھ ناول اور افسانے دنیا میں پیدا ہونے والی نئی سوچ اور نئی تبدیلیوں کو افسانوی سانچے میں ڈھال کر پیش کرتے ہیں۔ ان میں پڑھنے والے کو ایک تازگی کا احساس ہوتا ہے۔ اپنے ماحول سے اکتائے ہوئے ناپختہ ذہنوں کو ان میں آزادی کی راہیں بھی نظر آتی ہیں۔ اور ان کے لیے ایسے ناول اور افسانے نئے فلسفوں اور دنیا کے نئے انکشافات سے آشنا ہونے کا ذریعہ بنتے ہیں۔ لیکن ایسی تخلیقات کے حدود یہ ہیں کہ وہ صرف نئے آئیڈیاز کو اپنا محور بناتے ہیں۔ ایسے ناول نگار اور ان کے ناقد ایسے ناولوں کو دنیا کو نئے انداز میں دیکھنے کا نتیجہ بھی بتاتے ہیں۔

دانشوری اور خیال آفرینی دو مختلف چیزیں ہیں۔ سوال یہ پیدا ہوتا ہے کہ تخلیق کار کو صرف نئے آئیڈیاز کو پیش کرنے تک محدود رہنا چاہیے یا ان نئے آئیڈیاز کو دانشوری کے ترازو میں تولنا اور دیکھنا چاہیے۔ دراصل تولنے کے عمل میں ہی ناول کی دانشوری کا پہلو پنہاں ہوتا ہے۔ ناول کے اندر تولنے کا عمل ناول کے عمل میں دکھائی دیتا ہے نہ کہ لفظی موازنے میں۔ مثال کے طور پر اگر کوئی چیز دوسرے کے مقابلے میں کمزور ہے تو اس کا اظہار عملی طور پر مضبوط کے مقابلے میں کمزور کو ہارتے ہوئے دکھا کر کیا جائے گا

اور یہ ہار حقیقت پر مبنی ہو گی نہ کہ راوی کی مرضی پر۔ دانشوری کا تقاضا یہ ہے کہ ہر نئے خیال کو دنیااور زندگی کی مکمل ساخت کی روشنی میں جانچا جائے۔ ناول کی عظمت دانشوری میں پنہاں ہوتی ہے نا کہ محض خیال آفرینی میں۔ زندگی کی مجموعی صورت حال میں تبدیلی کے جائزے میں پنہاں ہوتی ہے نا کہ محض زندگی اور دنیا میں ہونے والے نئے نئے تجربات کی عکاسی اور پیشکش میں۔

لہٰذا محض آئیڈیاز کی بنیاد پر لکھے گئے ایسے ناولوں کی حیثیت صحافت سے زیادہ نہیں جو مجموعی زندگی میں سچے اور دیر پا اضافے کے عکاس نہیں بنتے ہیں۔ یہی وجہ ہے کہ صحافیانہ تحریروں یاناولوں کے مقابلے میں سچے اور فنکارانہ ناول دیر سے وجود میں آتے ہیں۔ نئے خیالات اور نئے واقعات اپنے آپ میں پرکشش اور معنی خیز تو ہوتے ہیں لیکن وہ ناول کا مواد تب بنتے ہیں جب ان کو دنیا کی مجموعی حقیقت کے تناظر میں رکھ کر تول لیا جاتا ہے۔ اس کے لیے ایک تو اس آئیڈیا یا واقعے کے پورے سیاق و سباق کا سامنے آنا ضروری ہوتا ہے دوسرے خود ناول نگار کا اس واقعے سے اتنی دوری پر پہنچنا ضروری ہوتا ہے جہاں سے وہ اس آئیڈیا واقعے کو معروضی طور پر بھی دیکھ سکے –اس سے ناول نگار کو یہ موقع ملتا ہے کہ وہ اس واقعے کو خوردبینی اور دوربینی دونوں طریقے سے دیکھ سکے۔

دانشوری سے مالامال ہر ناول دراصل زندگی کی زمین سے کہیں نا کہیں اسی طرح جڑا ہوتا ہے جیسے کسی پیڑ کی جڑیں ہوتی ہیں جو کہیں نا کہیں زمین میں پیوست ہوتی ہیں۔ دانشوری جذباتیت کو باقاعدہ اپنا حصہ بناتی ہے، تحیر کو ٹھہر کر اس وقت تک دیکھتی ہے جب تک حیرت کا عنصر ختم نہ ہو جائے، رفتار کو اپنے بڑے کینوس پر دیکھتی ہے کہ اس کی ہلچل کسی دور کی سڑک پر جاتی گاڑی کی طرح خراماں خراماں آگے بڑھتی ہوئی شے میں تبدیل ہو جاتی ہے –کردار اپنے سفر میں ان گلیوں سے بھی گزرتے ہیں جہاں وہ دندناتے

کے بجائے پورے ہوش و حواس میں آکر چلنے پر مجبور ہو جاتے ہیں، چیخیں غالب کے اشعار کی طرح کتاب کی تحریر بن جاتی ہیں۔

اسی طرح اگر کسی ناول نگار کو کسی معاشرے کا تجربہ و مشاہدہ نہیں ہے اور وہ کسی معاشرے کے پس منظر کا سہارا لیے بغیر کسی اجنبی ملک، معاشرہ اور زبان سے کچھ ایسے خیالات کو اٹھا لائے جو اس کے اپنے معاشرے کی آب و ہوا کے لیے اجنبی ہو تو ایسے خیالات بظاہر تو انقلابی، تازہ، روشن، خیال انگیز اور دلچسپ محسوس ہو سکتے ہیں لیکن ان کی حیثیت گلدان میں رکھے ہوئے کسی اجنبی پھول کی شاخ سے مختلف نہیں ہو گی۔ ایسی تحریر بھی دانشوری سے خالی ہو گی کیونکہ دانشوری ایک ایسی صفت کا نام ہے جس کا چراغ حقیقت کے تیل سے ہی جلتا ہے۔ حقیقی دنیا اور زندگی سے کٹی ہوئی دانشوری کا کوئی تصور کیا ہی نہیں جا سکتا کیونکہ یہ ایک عملی صفت ہے۔

لب لباب یہ کہ ادبی فہم کا تقاضا ہے کہ ناولوں میں سنسنی پیدا کرنے والے اور انتہائی تیز رفتار سے بدلتے وقت کی طرف بڑھتے دکھائی دینے والے ناولوں اور ان عظیم ناولوں میں فرق کو سامنے رکھا جائے جو نئی تبدیلیوں اور سنسنی خیز خیالات کی حقیقت کو تولنے اور جانچنے کے بعد لکھے جاتے ہیں اور جو اپنی زمین میں اس طرح مضبوطی سے گڑے ہوتے ہیں کہ پڑھتے وقت وہ زمین انھیں ایک پس منظر مہیا کرتی ہے - ایک ایسا پس منظر جو اس ناول کے ایک نامیاتی حصے کی حیثیت رکھتا ہے۔

دانشوری کے نقطہ نظر سے دیکھا جائے تو ایک عام پڑھے لکھے آدمی کے لیے کچھ ناولوں کو پڑھنا ناگزیر ہے۔ اسی طرح کچھ عظیم ناولوں کا لکھا جانا معاشرے کے لیے ضروری ہوتا ہے۔ ایسے ناولوں کے علاوہ کچھ ناول اضافی حیثیت رکھتے ہیں اور کچھ کی حیثیت محض تفریحی ہوتی ہے۔

معاشرے کی جزئیات کی عملی اہمیت اور خصائص پر روشنی ڈالنے والے تمام شعبہ ہائے علوم جن میں فلسفہ، مذہب، سماجیات، سائنس، معاشیات، نفسیات اور ادب شامل ہیں سب سے زیادہ بڑے کینوس اور متحد وژن کی ذہنی تربیت دینے والا ذریعہ صرف ناول ہی ہے کیونکہ یہ وہ ذریعہ ہے جو زندگی کو عمل و حرکت کی شکل میں اس کے پورے کل کے ساتھ دیکھتا ہے اور اس میں بیک وقت سارے دوسرے علوم کی عملی قدر و قیمت اور اعتبار کی جانچ ہوتی رہتی ہے۔ مزید یہ کہ اس میں علوم کے علاوہ براہ راست سماج میں پیدا ہونے اور سماج کی تشکیل میں شامل ہونے والے کرداروں کی عملی شکل اور ذہنیت کی تصویر نظر آتی ہے۔ اس کے ساتھ ہی ناول واقعات کا دنیا کے مجموعی کل کے ترازو اور پس منظر میں تجزیہ بھی ناول ہی میں ہوتا ہے کیونکہ اس میں چھوٹے سے چھوٹے اور بڑے سے بڑے واقعات کی آغاز سے انجام تک کی پوری تصویر نظر آتی ہے۔ اس طرح اس کے اندر وہ مجموعی تصویر نظر آتی ہے جس کو واقعات کے دوران یا ان کے اثرات کے پوری طرح سامنے آنے سے پہلے لکھے گئے صحافتی مضامین میں پیش نہیں کیا جاسکتا۔ یہ ممکن ہے کہ کوئی محتاط تخلیقی ذہن واقعات کے دھارے کے درمیان بھی بیٹھ کر اس واقعے کی حقیقت کو اپنے فن کی گرفت میں لے لے، اس لیے اس امکان کو رد نہیں کیا جاسکتا لیکن اس میں کامیاب ہونا شرط ہے۔ اس اعتبار سے دیکھا جائے تو حقیقت پرست ناول معاصر صورت حال کے علاوہ تاریخی صورت حال کو پیش کرنے میں بھی خود تاریخ سے زیادہ وسیع کینوس رکھتے ہیں کیونکہ وہ ماضی بعید میں گزرے واقعات کو صرف دستاویزوں کی روشنی میں نہیں دیکھتے بلکہ انسانی نفسیات کی روشنی میں بھی ان واقعات کو پرکھتے ہیں جبکہ تاریخ یہ کام نہیں کرتی۔ اپنے معاشرے کے بارے میں اس طرح کے ناولوں کو پڑھنا دانشوری کے مقام تک پہنچنے کے لیے ناگزیر ہے۔

ناول کے اندر معاشرے سے متعلق اجزا کو حقیقی تناسب میں دیکھنا ضروری ہے۔ کسی معاشرے کی مجموعی ساخت میں چند پہلو عام طور سے ہوتے ہیں۔ مثلاً: ہر معاشرے میں کوئی نہ کوئی حکومت موجود ہوتی ہے جس کے ہاتھ میں معاشرے کی باگ ڈور ہوتی ہے۔ کسی معاشرے کی شکل وصورت کو طے کرنے میں ان کا رول کم ہوتا ہے اور کسی میں زیادہ ہوتا ہے لیکن اس کا رول ہوتا ضرور ہے۔ کہیں حکومتیں نسبتاً ایماندار ہوتی ہیں اور کہیں نسبتاً زیادہ کرپٹ ہوتی ہیں۔ کہیں وہ معاشرے میں افراد کی زندگی کے فلاح کی کافی پابند ہوتی ہیں اور کہیں وہ تمام مظالم کا ذریعہ بن جاتی ہیں۔ یہ حکومتیں حکمرانوں اور بیوروکریسی کے افراد کے ذریعہ چلائی جاتی ہیں اور یہ افراد کچھ فیصلے کھلے میں اور کچھ فیصلے بند کمروں اور قلع نما دیواروں کے پیچھے لیتے ہیں۔ ان افراد کی سوچ، ان کی نیت، ان کے مفاد اور ان کے مجموعی کردار کو سمجھے بغیر کوئی قابل اعتبار ناول نہیں لکھا جاسکتا، جو افراد معاشرے کے سبھی طبقات کے بارے میں حقیقی تجربہ نہ ہونے کے باوجود ناول لکھتے ہیں وہ دراصل گمراہ کن خیالی باتوں کو ناول کی شکل میں پیش کرتے ہیں جو دلچسپ تو ہوسکتے ہیں لیکن قابل اعتبار نہیں۔

جو بات اوپر حکومتوں کے بارے میں کہی گئی ہے وہی بات تاجروں اور سرمایہ داروں کے طبقے پر بھی صادق آتی ہے۔ حکومتوں کی طرح تاجروں کا بھی ایک بڑا طبقہ معاشرے کا حصہ ہے جس کے فیصلے عام لوگوں کی زندگی اور معاشرے کے سفر کو براہ راست متاثر کرتے ہیں۔ یہ تاجر جہاں دکانوں میں سامان بیچ رہے ہوتے ہیں وہاں تو بڑے پرامن نظر آتے ہیں لیکن ان دکانوں کے پیچھے یہ سامانوں کی ذخیرہ اندوزی سے لے کر ان کی قیمتیں طے کرنے کے لیے جو طریقے اختیار کرتے ہیں ان طریقوں کو دیکھ کر اندازہ ہوتا ہے کہ یہ انسانوں کی بھوک اور ان کے خون تک کی تجارت کرتے ہیں اور اس کے

لیے وہ کسی بھی حد تک جاسکتے ہیں۔ ان تاجروں کے پیچھے بیٹھے سرمایہ دار ان ساری قوتوں پر حاوی ہوتے ہیں جو قوتیں زندگی اور معاشرے کی شکلوں کو بناتی اور بگاڑتی ہیں۔ لہذا کسی بھی حقیقی ناول کی تشکیل میں اس پورے نظام کی آگاہی ہونی چاہیے۔ اگر ناول نگار ان حقیقتوں کو گہرائی سے نہیں جانتا اور پھر بھی اپنے ناول کو حقیقی ناولوں کے طور پر پیش کر رہا ہے تو دراصل وہ معاشرے کو گمراہی میں مبتلا کرنے کے عمل میں لگا ہوا ہے۔

اوپر کے ان دو طبقات کے علاوہ ایک اور طبقہ ہے جس کی حقیقت سے کم ہی لوگ آگاہ ہوتے ہیں اور وہ طبقہ میڈیا اور دانشوروں کا طبقہ ہوتا ہے۔ یہ طبقہ عموماً عوام کو جاہل سمجھتا ہے اور اپنی گرفت اور چمک دمک اور عوام کے اعتبار کا ناجائز استعمال کرتے ہوئے اکثر حکومتوں اور تاجروں کی حمایت کرتا ہے اور ان کی برائیوں کو پیش کرنے کے بجائے اسے چھپاتا ہے اور عوامی زندگی کی حقیقت کو یعنی عوام کی حالت اور ان کی سوچ کو کوڑے کباڑ کی طرح نظر انداز کرتا ہے۔

ان آسمانوں کے نیچے عوام کی وہ کثیر تعداد زندگی گزارتی ہے جسے ہم شہروں اور گاؤں میں گھومتے پھرتے اور زندگی کی بھاگ دوڑ میں لگے ہوئے ہنستے بولتے دیکھتے ہیں۔ دنیا کے ان پہلوؤں کے علاوہ ہم دنیا کو ایک اور طریقے سے بانٹ کر دیکھ سکتے ہیں۔ دنیا کا ایک حصہ وہ ہے جہاں قانون کی حکمرانی ہوتی ہے گو کہ اس دنیا میں بھی قانون بڑے پیمانے پر توڑے جاتے ہیں اور ایک حصہ وہ ہوتا ہے جہاں جرائم کی حکومت ہوتی ہے۔ یہ دونوں دنیائیں اکثر ایک دوسرے میں پیوست رہتی ہیں مثلاً عام آبادی حکومت کے ذریعے نافذ کیے گئے قوانین کے دائرے میں جیتی دکھائی دیتی ہے لیکن وہیں گھروں کے اندر مردوں کی بے لگام حکومت چلتی ہے جہاں مردوں کی مرضی ہی قانون کا درجہ رکھتی ہے۔

ان کے علاوہ دنیا کے مختلف ادارے جیسے پولس، عدالت، ہسپتال، تعلیمی درسگاہیں، عبادت گاہیں اور مذہبی ادارے جن کو عام آدمی اپنی زندگی کے تحفظ کا ذریعہ سمجھتا ہے ان کے سامنے کے چہرے کچھ اور ہوتے ہیں اور اندر کا چہرہ کچھ اور ہوتا ہے۔ مثلاً عدالت سے ہر آدمی انصاف کی توقع رکھتا ہے لیکن عدالتوں کے برسوں تک چکر لگانے کے بعد وہاں انسان کو کچھ اور ہی دکھائی دینے لگتا ہے۔ یہی حال دوسرے اداروں کا ہے۔

لہذا ایک حقیقی ناول لکھنے کے لیے ناول نگار کا معاشرے کے ان تمام پہلوؤں کا گہرا علم ہونا ضروری ہے۔ بہت سے ناول نگار تو ایسی دنیا میں رہتے اور جیتے ہیں کہ معاشرے کے ان پہلوؤں کی گہرائی میں پہنچنا ان کے بس کی بات ہی نہیں۔

مکمل طور پر حقیقت پسند ناولوں کے علاوہ کچھ ناولوں کے پڑھنے کو ہم اختیاری / اضافی قرار دے سکتے ہیں۔ ان میں وہ ناول شامل ہوں گے جو پوری زندگی کے کل کی روشنی میں اپنے کرداروں اور واقعات کو نہیں دیکھتے لیکن زندگی کے کسی ایک اور جس پہلو پر روشنی ڈالتے ہیں وہاں وہ مقامی حقیقت کا گہرا تجزیہ کرتے ہیں۔ اس طرح کے ناول پڑھنے والے کے اپنے معاشرے کے کسی ایک پہلو سے متعلق بھی ہو سکتے ہیں اور کسی دیگر معاشرے کے بارے میں بھی ہو سکتے ہیں کیونکہ کسی بھی انسانی معاشرے کی حقیقی تصویر کسی دوسرے معاشرے کو سمجھنے میں کافی حد تک معاون ثابت ہو سکتی ہے۔ اسی طرح کچھ ناول زندگی کے بارے میں کوئی نیا نظریہ اور فلسفہ پیش کرتے ہیں۔ ایسے ناولوں سے بھی ذہن اس طرح روشن ہوتا ہے کہ خود اپنا معاشرہ زیادہ روشن ہو کر سامنے آتا ہے۔ اس کے علاوہ جن لوگوں کا سابقہ دوسرے معاشروں سے پڑتا ہے یہ ناول ان کی مدد کرتے ہیں۔ ایسے ناولوں کو زندگی کو سمجھنے کے لیے اختیاری اس لیے کہا گیا کہ ان کو پڑھنے سے زندگی کے بارے میں قاری کی جانکاری کا کینوس وسیع تر ہوتا ہے اور زندگی

کے جس پہلو سے قاری کا تعلق ہوتا ہے اس پر خصوصی طور پر لکھے گئے ناول اس مخصوص قاری کو زندگی کی بصیرت سے مالامال کرتے ہیں۔

ناولوں کی تیسری قسم تفریحی ناولوں کی ہوتی ہے۔ یہاں تفریحی ناولوں سے مراد سامان تفریح سے بھرے ہوئے ناول نہیں ہیں۔ یہاں مراد ناولوں کے بغرض تفریح مطالعے سے ہے۔ کوئی ناول چاہے دنیا کے کسی بھی حصے کی زندگی کے بارے میں لکھا گیا ہو اس کا مطالعہ اپنے آپ میں ایک نئی طرح کی زندگی جینے کا مزہ دے جاتا ہے۔ اس خانے میں دنیا کے تمام حقیقی ناولوں کو رکھا جاسکتا ہے۔ عموماً پختہ ذہن قاری بہت سستے تفریحی ناولوں سے حظ نہیں اٹھا سکتے۔ وہ جذباتی ناولوں سے بھی حظ نہیں اٹھا سکتے۔ لیکن ایک حقیقی ناول چاہے وہ دنیا کے کسی بھی حصے کے بارے میں ہو پختہ ذہنوں کے لیے اپنے اندر ایک سحر رکھتا ہے۔

جہاں تک انسانی کرداروں کا تعلق ہے دنیا کے سارے کردار قاری کے اپنے معاشرے کے لیے بامعنی ہو سکتے ہیں کیونکہ دنیا کے سارے انسان فطرتاً ایک جیسے ہیں۔ لیکن چونکہ دنیا کے مختلف معاشرے ایک دوسرے سے اپنی نوعیت میں الگ ہوتے ہیں اس لیے دوسرے معاشروں کا عکس قاری کے اپنے معاشرے کو سمجھنے میں محض اضافی حیثیت ہی رکھتا ہے۔ یہ اور بات ہے کہ کسی دوسرے معاشرے کی چند خوبیوں اور اوصاف کی بنا پر وہ معاشرے قاری کے لیے اچھی مثال بنیں اور اس کے اندر اپنے معاشرے کو بہتر بنانے کی خواہش اور جذبہ پیدا کریں۔ لیکن حقیقت یہ بھی ہے کہ کسی اور معاشرے کی خوبیاں اسی معاشرے کی مجموعی صورت حال اور حقیقت کی پیداوار ہوتی ہیں ہر چند کہ ان سے سبق لیا جا سکتا ہے اور ممکنات دیکھے جا سکتے ہیں۔

ناولوں کے دانشوری والے خاصے کا ایک اور پہلو بھی ہے۔ ہر ناول میں ان معنوں

میں ایک نئی دنیا ہوتی ہے جن معنوں میں ہر انسان کو دنیا الگ شکل میں نظر آتی ہے۔ یعنی ہر ناول میں دنیا کا ایک نیا تجربہ ہوتا ہے جو بنیادی طور پر ناول نگار کا تجربہ اور مشاہدہ ہوتا ہے۔ اس طرح ناول دنیا کو ایک مختلف نقطہ نظر سے دیکھنے کا موقع فراہم کرتا ہے اور اس عمل میں قاری کو دنیا کی فطرت کو بہتر طریقے سے سمجھنے کا موقع ملتا ہے اور اس کی دانشوری میں اضافہ ہوتا ہے۔

ایک حقیقی ناول دنیا اور اس کے نظام، اس کے افراد اور اداروں کے مطالعے کو اپنا موضوع بناتا ہے اور کرداروں اور اداروں کے تجزیہ کے ذریعے اپنے قاری کو اس میں ہو رہے واقعات کا تجزیہ کرنے کے قابل بناتا ہے۔ ناولوں کو اس طرح بھی دیکھا جاسکتا ہے کہ وہ کسی زندگی کے کل کے ناول ہیں یا جس کے ناول ہیں۔ عظیم ناول اپنے ماحول کے کل کو اپنا موضوع بناتے ہیں اور فارم، فلسفہ اور حقیقت کے عرفان میں اسی کل کو پیش کرتے ہیں۔ عظیم ناولوں کا تجربہ زندگی کے جز کا تجربہ نہیں بلکہ کل کا تجربہ ہوتا ہے۔ ایک عظیم ناول اس کے آگے تک جاتا ہے۔ وہ موجود دنیا کے کل کو اس کے مکمل امکانی دائرے میں رکھ کر اس کی بہتر شکل کو دریافت کرتا ہے اور اسے قاری کے ذہن میں ایک ایسے خواب کی شکل میں قائم کر دیتا ہے کہ اس خواب کی قوت موجود دنیا کی تبدیلی کے عمل کو اپنی تعبیر کی طرف کھینچنے لگتی ہے۔

ایسے ناولوں کے برعکس کچھ ایسے ناول بھی ہوتے ہیں جن کی دنیا دراصل مکمل حقیقی دنیا کے محض ایک جیبا حصہ یا پہلو کا احاطہ کرتی ہے۔ ایسے ناول قاری کو اس کی اپنی زندگی اور دنیا سے نکال کر کسی اور دنیا کی سیر کراتے ہیں لیکن اس سے کشید کیا ہوا تجربہ اس کی اپنی دنیا کے کل کا تجربہ نہیں ہوتا۔ ایسے تجربات دلکش، پرلطف اور ریفریشنگ تو ہوتے ہیں لیکن ان کی اہمیت سیر سپاٹے جیسی ہوتی ہے جس سے قاری کے علم میں اضافہ تو ہوتا

ہے لیکن اس کا درجہ دانش کا نہیں ہوتا۔ ایسے ناولوں میں ایک تخلیقی سرشاری کا بھی احساس ہوتا ہے جو عظیم ناولوں کا خاصہ ہے لیکن ایسے تجربات کی اہمیت حاشیائی ہوتی ہے۔ انسان کی دانشوری کے محور تک پہنچنے کے عمل میں ان کی اہمیت جزوی ہوتی ہے۔ ایسے ناول زندگی کی سرحدوں کو پھیلاتے ہوئے نئے آفاق کی تلاش بھی کرتے ہیں، لیکن ان کی اہمیت بہر حال حاشیائی ہوتی ہے۔

زیادہ تر مشہور و مقبول ناول حاشیائی خاصے کے ہوتے ہیں۔ اس کی ایک وجہ یہ ہوتی ہے کہ یہ رومانی ناولوں کی طرح کلی حقیقت کی گرفت سے قاری کو نکال کر باہر لے جاتے ہیں۔ ایک ان دیکھی دنیا کی سیر یقیناً ایک ناپختہ ذہن کے لیے اپنی حقیقی دنیا کی دریافت نو سے زیادہ آسان اور دلچسپ ہوتی ہے۔ ایسے ناول نئے نئے خیالات اور موضوعات کو اپنے حصار میں لیتے ہیں۔ اس ماحول میں قاری کو اپنی حقیقت کے قید و بند سے آزاد تجربات و خیالات کا لطف لینے کا موقع بھی ملتا ہے۔

لیکن دانشوری پر مبنی عظیم ناولوں کی نظر قاری کی زندگی کی ان گانٹھوں کو کھولنے پر ہوتی ہے جن سے فرار کا راستہ ان گانٹھوں کی نوعیت کو سمجھنے اور کھولنے کے علاوہ اور کوئی نہیں ہوتا۔ اس لیے یہ عظیم ناول زندگی کے مرکز سے شروع ہو کر دنیا کے ہر طرح کے پھیلاؤ اور نئے خیالات اور نئے موضوعات کو اپنے اندر سمیٹتے ہیں۔ ان میں مرکز بھی ہوتا ہے اور ان میں حاشیے بھی شامل ہوتے ہیں۔

دنیا میں عظیم ناول بہت کم وجود میں آتے ہیں اور ان کی مقبولیت بھی کافی وقت لیتی ہے کیونکہ ان میں گہری سنجیدگی ہوتی ہے۔ اس کے برعکس ایسے ناول اور ناول نگار جلد مشہور ہو جاتے ہیں جو حاشیائی ناول لکھتے ہیں لیکن حاشیائی ناول بیشتر وقتی رجحانات، وقتی مسائل اور جذباتی نوعیت کے ہوتے ہیں۔ اس ضمن کے کچھ ناول محض زندگی کو ایک نئے

انداز میں دیکھنے کی وجہ سے مقبول ہوتے ہیں لیکن اس نئے پن کی نوعیت بھی ایک خاص طرح کی رومانیت لیے ہوتی ہے یعنی یہ ایک مخصوص خیال کی سنسنی خیزی سے اپنے اندر رنگ بھرتے ہیں۔

کئی ناول ایسے ہوتے ہیں جن میں آپ کسی ایک کردار کی زندگی کے کسی ایک بڑے واقعے کا تفصیلی بیان پڑھتے ہیں۔ ناول کے واقعات کے اتار چڑھاؤ کے دوران آپ کا زندگی کے مختلف حقائق سے کردار کے ذریعے ایک نئے انداز میں نبٹنے کا طریقہ سامنے آتا ہے جس کی آپ توقع نہیں کرتے۔ ایسے ناول بھی حقیقت کا انکشاف کرتے ہیں لیکن یہ محض مثال پیش کرتے ہیں اور امکانات کو روشن کرتے ہیں۔ اگر یہ مجموعی زندگی کا تجزیہ نہیں پیش کرتے تو ان کی حیثیت بھی محض ایک منفرد اور تنہا تجربے کی ہوتی ہیں۔ ایسے واقعات آپ کے ذہن کو سوچنے پر اکساتے ہیں اور زندگی کو نئے انداز سے دیکھنے کا حوصلہ دیتے ہیں۔ ان کی اپنی ادبی و بصری اہمیت مسلم ہے۔

ناول اور ناول نگاری کی سب سے اعلیٰ قسم وہ ہے جس میں ناول نگار کا ذہن پورے معاشرے کے تناظر میں ہر چھوٹے سے چھوٹے واقعے اور کردار کی سوچ و حرکت کو دیکھتا ہے۔ ایسی صورت میں کردار کے ہر فیصلے اور واقعات کے ہر موڑ کا تعلق مکمل معاشرتی پس منظر سے قائم رہتا ہے۔ اور ان فیصلوں اور حرکات کی سمت و توازن کا تعین معاشرے کی ساخت اور کردار کی اپنی سوچ و پیش قدمی کے درمیان کی ہم آہنگی یا بصورت دیگر انحراف سے قائم ہوتا ہے۔ اگر کردار اپنے پس منظر کی حقیقت سے بغاوت کرتا ہے تو بھی اس کو اپنی بغاوت کو کامیاب بنانے کے لیے معاشرے کی حقیقتوں کو سامنے رکھنا پڑتا ہے۔ اگر وہ ایسا نہیں کرے اور محض جذبات اور خوابوں کی رو میں بہے تو اس کا یہ عمل رومانی قرار پائے گا۔ ایک حقیقت پرست ناول اور رومانی یا نیم رومانی ناول کا فرق یہیں سے

واضح ہونا شروع ہو جاتا ہے۔ اور ناول جس قدر حقیقت سے دور ہو تا جائے گا اسی قدر اس کی دانشوری کے خاصے میں نقص پیدا ہو تا جائے گا۔

ایسے ناول جو کسی ایک بڑے واقعے یا ایک اہم معاشرتی تبدیلی کو مرکز بنا کر لکھے جاتے ہیں ان میں اکثر جذباتی اور رومانی عناصر در آتے ہیں۔ اس کی وجہ عموماً ناول کے لیے منتخب واقعات سے عوام کی جذباتی یا رومان پرور تصوراتی لگاؤ ہے۔ ناول نگار عوام کو قاری کی حیثیت سے اپنی گرفت میں رکھنے کے لیے اکثر اسی جذباتی یا رومانی لگاؤ کو اپنے ناول کی ساخت کی ریڑھ کی ہڈی بنا لیتے ہیں – نتیجتاً پورا ناول حقیقی ہونے کے بجائے جذباتی اور رومانی رنگ اختیار کر جاتا ہے۔ کچھ ایسی ہی صورت حال ایسے جاسوسی ناولوں کی بھی ہوتی ہے، جن کا تانا بانا حقیقت سے نہیں بلکہ ایک مصنوعی تجسس سے بنا جاتا ہے۔ ایسے ناول دلچسپ، رواں، اور زبان و بیان کی شیرینی سے تو لبریز ہو سکتے ہیں لیکن یہ قاری کو حقیقت پسند بننے میں معاون نہیں ہوتے بلکہ اکثر ان کے ذہن کو سطحی سوچ کا حامل بنا دیتے ہیں۔ ایسے ناولوں کو پڑھتے وقت اس بات کا دھیان رکھنا بے حد ضروری ہے کہ انھیں محض تفریح کے لیے پڑھا جائے اور ان کو حقیقی ناولوں کا درجہ نہ دیا جائے۔ اس کے بر عکس ایسے ناولوں کو جو حقیقت پسند ہوتے ہیں اور ایسے ناول نگاروں کے ذریعے لکھے گئے ہوتے ہیں جنھیں دنیا کی ہر سطح کی حقیقی زندگی اور ان کی پیچیدگی کا بھر پور اور قابل بھروسہ تجربہ ہوتا ہے ان کے ناولوں پر اسی طرح اعتبار کیا جا سکتا ہے جیسے سائنس کی کتابوں پر کیا جاتا ہے۔

اسی لیے اردو میں تقسیم ہند اور اس سے متعلق قتل و غارتگری اور اس کے بعد سے اب تک ملک میں ہونے والے فسادات یا فرقہ پرستی اور طبقاتی کشمکش پر لکھے جانے والے ناولوں کو بھی بہت احتیاط سے پڑھنے کی ضرورت ہوتی ہے۔ اس کے علاوہ وقت بہ وقت

عوامی سطح پر مقبول ہونے والی سیاسی تحریکوں سے تعلق رکھنے والے ناولوں کو بھی احتیاط سے پڑھنا ضروری ہوتا ہے کیونکہ اگر ناول نگار کا رشتہ توازن مکمل حقیقت سے ٹوٹ گیا اور وہ واقعات یا تحریکوں کی جذباتی رو میں بہہ گیا تو اس کے ناول میں حقیقت کے عناصر کم ہوتے چلے جائیں گے۔ حقیقت صرف کسی واقعے یا شے کا نام نہیں ہے بلکہ اس واقعے یا شے کے اس وزن کا بھی نام ہے جو اس سے اسی طرح وابستہ رہتا ہے جیسے زمین کی کشش ہر ایک شے کے وزن کو طے کرتی ہے۔ یعنی جس طرح ہر چیز کا وزن بھی اس کی حقیقت کی ایک جہت ہے اسی طرح ہر واقعہ یا شے کا وہ وزن اور اس کی اہمیت بھی اس کی حقیقت کی ایک اہم جہت ہے جو وہ واقعہ یا شے مکمل معاشرے کے تناظر میں رکھتی ہے۔ محض ناول نگار کی نظر میں اس واقعے یا شے کے بہت اہم یا غیر اہم ہو جانے سے وہ شے اہم نہیں ہو جاتی اور اگر ناول نگار اس کو ذاتی پسند و ناپسند یا جذباتی لگاؤ کی وجہ سے اہمیت دیتا ہے تو یہ ناول کی حقیقت پسندی کو مجروح کرے گا۔

اس لیے ہر ناول میں یہ دیکھنا بھی ضروری ہے کہ خود ناول نگار کی جذباتی پختگی کس درجے کی ہے اور وہ اپنے معاشرے، فرقے، طبقے اور زمین کے تئیں کتنا غیر متعصب اور معروضی نقطہ نظر رکھتا ہے۔ اس کے ساتھ ہی یہ دیکھنا بھی ضروری ہے کہ جس زندگی کے بارے میں وہ لکھ رہا ہے اس کا عملی تجربہ اس کو کتنا ہے اور اس کی لکھی ہوئی باتوں کی چولیں ایک دوسرے میں محض تخیل میں ملتی ہیں یا وہ حقیقی ہیں۔

ناول اسٹرکچر کے لحاظ سے روپ رنگ میں اسی طرح ایک دوسرے کے مشابہ ہوتے ہیں جیسے انسان ایک دوسرے کے مشابہ ہوتے ہیں۔ اصل فرق ذہن اور بصیرت سے شروع ہوتا ہے جو مختلف ناولوں میں مختلف قسم کے ہوتے ہیں۔ کسی مقرر کی فصاحت اور گفتگو کی دلچسپی قطعی اس بات کا ثبوت نہیں کہ وہ عالم یا دانشور ہے۔ اس فیصلے تک

پہنچنے کے لیے اس مقرر کے پس منظر کو سمجھنا نہایت ضروری ہے۔ اس کی گفتگو کی جذباتی سطح اور رنگ سے بھی اس بات کا اندازہ لگایا جاسکتا ہے کہ اس کی باتوں اور سوچ میں کتنی پختگی ہے ۔ ٹھیک اسی طرح ناولوں کی بصیرت کا اندازہ بھی انتہائی سنجیدگی سے کیا جانا چاہیے۔

***

اردو ناول میں اسلوب کے تجربے

شہناز رحمن

فکشن تنقید کے جو اصول و معائر ای۔ ایم فارسٹر نے متعین کر دیے تھے اب تک وہ وہیں جوں کی توں قائم ہیں۔ جب کہ فکشن کی تخلیقی سرگرمیوں کا جائزہ لیا جائے تو اندازہ ہوتا ہے کہ امتداد وقت کے ساتھ ساتھ ناول اور افسانے کی خارجی اور داخلی ساخت میں نت نئے اضافے اور تجربے ہوئے ہیں۔ لیکن ان تجربات کی طرف خاطر خواہ توجہ نہیں دی گئی بلکہ مغربی فکشن سے تقابل کیا جاتا رہا جس کی وجہ سے یہ شکوہ زبان زد رہے کہ اردو فکشن حسن و معنویت سے محروم ہے۔ اکادکا جو سنجیدہ تحریریں موجود ہیں ان میں واقعات کی نوعیت یا اشخاص قصہ پر تبصرہ کرنے کے علاوہ بات آگے نہیں بڑھتی۔ ایسا محسوس ہوتا ہے کہ فارم، تکنیک، ہیئت یا اسالیب بیان، فکشن کی مافیہ سے تعلق ہی نہیں رکھتے۔ پچھلے کئی سالوں میں ناول کے مقابلہ افسانے میں تکنیک اور زبان و بیان پر سنجیدگی سے بحث کی جانے لگی ہے لیکن ناول کا فن ہنوز معرض التوا میں ہے۔ اس کے دو اسباب ہو سکتے ہیں ایک تو یہ کہ کتب بینی اور وقت کی قلت کی وجہ سے ناول کی تنقید کا دائرہ وسیع ہونے کے بجائے محدود ہوتا جا رہا ہے۔ دوسری وجہ یہ ہے کہ فکری و فنی اعتبار سے ناول میں ایسی خوبیاں نہیں ہوتی ہیں جو قاری کو اپیل کر سکیں۔ اردو ناول پر "ناول کیا ہے" (احسن فاروقی) "اردو ناول نگاری کی تاریخ اور تنقید" (علی عباس حسینی) "اردو ناول کی تاریخی

تنقید "(احسن فاروقی) جیسی کتابیں وجود میں آئے ہوئے زمانہ ہو گیا جن کی بدولت اردو ناول کی روایتی تنقید مستحکم ہوئی تھی۔ پلاٹ، کردار نگاری، زمان و مکاں جیسی بحثیں ناول کے حوالے سے کی جانے لگی تھیں اور "برصغیر میں اردو ناول "(خالد اشرف) ہو یا "ہند و پاک میں اردو ناول "(انور پاشا) اور "بیسوی صدی میں اردو ناول "(یوسف سرمست)"اردو ناول: آغاز و ارتقا "(عظیم الشان صدیقی) یا اردو ناول آزادی کے بعد (اسلم آزاد)ان جیسی تمام کتابیں متذکرہ بالا رسمی اور روایتی کتابوں کی مرہون منت ہیں جن میں ناول کو پرکھنے کے اصول بنائے گئے تھے اور انھیں کتابوں سے استفادہ کر کے کم و بیش بعد کے لکھنے والوں نے ایک اصول و ضابطے کے تحت ناولوں کے تجزیے کیے۔ اسلم آزاد نے اپنی کتاب میں ناولوں کے جو تجزیے کیے ہیں ان میں روایتی تنقید کے اصولوں کو پیش نظر رکھا ہے۔ اس کے بعد کے زمانے میں مختلف ناول نگاروں کی تخلیقات کا تجزیہ کرتے ہوئے کچھ فنی مباحث بھی اٹھائے گئے، جن میں ناول کی ہیئت، اسلوب، اور بیانیہ کی بحث یا تکنیک کے تنوع کی مثالیں دینے کی کوششیں ملتی ہیں۔ لیکن اسالیب میں کیے گئے تجربات کا پہلو شروع سے لے کر اب تک توجہ طلب ہے۔ لہٰذا اس مضمون میں نئے ناولوں میں اسلوب کے تجربے اور روایت کے تسلسل پر حتی الامکان بات کرنے کی کوشش کی جائے گی اور ناول کے سیاق و سباق میں اس کی معنویت کو بھی اجاگر کیا جائے گا۔ اگر ناول تنقید کا جائزہ لیا جائے تو اندازہ ہوتا ہے کہ بہترین ناولوں کی تعداد کے مناسبت سے تنقید اتنی کم بھی نہیں کہ مایوسی کی فضا پیدا ہو۔ کیوں کہ مختلف اوقات میں ناول پر منعقد کرائے گئے سیمینار کے مباحثوں کی روداد دیکھ کر اندازہ ہوتا ہے کہ کچھ کمیاں تو فن کاروں سے بھی سرزد ہو رہی ہیں جس کی وجہ سے چند مخصوص ناولوں کے علاوہ غیر روایتی ناولوں اور بحث طلب نکات پر گفتگو کا سلسلہ نہ ہونے کے برابر ہے۔

جن تخلیقات کا سہارا لے کر اس فن نے ارتقاء کی منزلیں طے کیں اور بنیادیں مستحکم کیں ان میں مراۃ العروس، توبۃ النصوح، امراؤ جان ادا، گئو دان، ٹیڑھی لکیر، آگ کا دریا، ایک چادر میلی سی، آنگن، خوشیوں کا باغ، وغیرہ قابل ذکر ہیں۔

نذیر احمد کے ناولوں کو اردو قارئین کا ایک بڑا گروہ خام مواد کے طور پر دیکھتا رہا ہے لیکن اس سے کہیں زیادہ لوگوں نے ان میں ناول کی ہیئت اور ساخت کے ابتدائی نقوش تلاش کر کے کامیاب ناول قرار دیا ہے۔ مثلاً پروفیسر ابو الکلام قاسمی نے "نذیر احمد کے ناولوں میں بیانیہ اور منشائے مصنف کے مسائل" کے عنوان سے تحریر کردہ اپنے ایک مضمون میں جو بحث اٹھائی ہے اگرچہ اس کا لب لباب یہ ہے کہ بیانیہ میں مصنف کے بجائے راوی زیر بحث آتا ہے لیکن نذیر احمد کے دیباچوں میں دیئے گئے بیانات کا غلبہ ان کے ناولوں کی ساخت پر اس قدر چھایا ہوا رہتا ہے کہ قاری آزاد نہیں رہ پاتا لیکن دوسری طرف ناول کے فن سے متعلق میلان کندیرا کی ایک رائے نقل کر کے نذیر احمد کے ناولوں کو بہترین ناولوں کا نمونہ بھی قرار دیتے ہیں۔ اپنے ناولوں میں اصلاح پسند مقصدیت کے علم بردار نذیر احمد بطور مصنف بار بار مداخلت کرتے رہتے ہیں اس لیے قاری بھی منشائے مصنف کا تابع ہو کر متن پڑھتا ہے لیکن اس کے باوجود نذیر احمد کی ناول نگاری میں فنی استحکام کی خوبیاں موجود ہیں۔ یہ حقیقت بھی ہے کہ نذیر احمد کا اسلوب اگر خطیبانہ ہے تو اس کی وجہ ان کا اصلاحی رویہ تھا جس نے جزئیات کی طور پر جگہ جگہ طویل خطابیہ مکالمے ناول کو عطا کر دیئے ہیں جو پلاٹ میں جھول پیدا کرتے ہیں اور قاری کو اکتاہٹ سے بھی دو چار کرتے ہیں۔ ان کے اس خطیبانہ اسلوب کی وجہ سے ناول کے آرٹ کی ساری تاثیر ضائع ہو جاتی ہے۔

اس موقع پر نذیر احمد کے ناولوں کا ذکر تو یوں کیا گیا کہ ان کے ناول فن ناول نگاری کے نقش اول ہیں۔ لیکن مرزا ہادی رسوا کا ناول "امراؤ جان "اسلوب میں تجربے کی ایک عمدہ مثال ہے۔اس میں پہلی بار واحد متکلم کی تکنیک کا سہارا لے کر قصے کو بیان کیا گیا اور یہ احتیاط برتی گئی کہ تکذیب بیان کی صورت کہیں پیدا نہ ہو نے پائے۔حیرت کی بات تو یہ ہے کہ اس وقت تک جب غائب راوی اور متکلم راوی کے حدود و دائرہ کار اتنے واضح نہ تھے اس کے باوجود" امراؤ جان" کے واحد متکلم سے بمشکل ہی ایسی کوئی غلطی سرزد ہوئی ہے جو متکلم راوی کے منصب کے خلاف ہو۔بلکہ متکلم راوی کے زبانی واقعہ بیان ہونے کی وجہ سے واقعیت کا عنصر مزید گہرا ہو گیا جس کی وجہ سے اتفاق یہ ہوا کہ اردو ناول کے معصوم قارئین ایک لمبے عرصے تک اس غلط فہمی میں مبتلا رہے کہ واقعات کا بیان کنندہ خود مرزا رسوا ہیں۔یہاں تک کہ بعض قارئین نے لکھنؤ کی گلیوں میں امراؤ جان کو تلاش بھی کیا۔لیکن گذشتہ برسوں میں(Narratology) بیانیات کی بحث عام ہونے کے بعد جب راوی کے اقسام اوراس کی مراعات واضح ہو گئیں تب اس غلط فہمی کا ازالہ ممکن ہو سکا اور اردو داں طبقہ اس حقیقت سے آشنا ہوا کہ اس ناول کا واحد متکلم بحیثیت کردار رسوا کے نام سے واقعہ بیان کر رہا ہے۔ لیکن بعض مواقع ایسے بھی آئے ہیں کہ ایک غائب راوی واقعہ بیان کرنے لگتا ہے۔رام دئی سے وابستہ واقعات غائب راوی کے ذریعہ ہی بیان ہوتے ہوئے معلوم ہوتے ہیں۔اسلوب میں تجربہ کاری کی دوسری اہم وجہ یہ بھی ہے کہ جب رسوا نے یہ ناول لکھا اس وقت ناول نگاری کے جو نمونے موجود تھے ان میں مثالی کرداروں کی پیشکش تھی اور وہی پسند کیے جا رہے تھے جن میں شرشار کا مشہور زمانہ کردار "خوجی "اپنی مخصوص مزاحیہ حرکات کی وجہ سے بہت مقبول تھا۔ایسے میں رسوا کو

ناول کی مقبولیت کو لے کر خدشہ لاحق ہونا چاہیے کہ ان کے اس انداز پیشکش کو لوگ قبول کریں گے یا نہیں۔ لیکن انھوں نے نذیر احمد اور شرشار کے کرداروں سے مختلف کردار تخلیق کیے جنھیں کسی حد تک ہمہ جہت قرار دیا جاسکتا ہے۔ لہٰذا انھوں نے روایت سے مختلف سادہ اور عام فہم روز مرہ محاورے استعمال کرنے کی بھی کوشش کی اس اعتبار سے "امراؤ جان "کو اسلوب میں تجربے کی پہلی مثال کہہ سکتے ہیں۔ محمد حسن نے اس ناول کے اسلوب کو سراہتے ہوئے لکھاہے کہ:

"انداز بیان اور لطف زبان کے اعتبار سے بھی امراؤ جان ادا اردو کے چند کامیاب ترین ناولوں میں ہے۔۔"اور اس اعتبار سے امراؤ جان کا اسلوب ناول کی جان ہے۔"ا

گ ؤ دان کے متعلق یہ بات تسلیم کی جاچکی ہے کہ پریم چند نے اس کے ذریعہ اردو ناول میں حقیقت نگاری کی بنیاد ڈالی۔ لیکن اس حقیقت نگاری کا تعلق موضوعات اور واقعہ کے حوالے سے تھا۔ جب کہ اگر فکشن شعریات کا جائزہ لیا جائے تو صاف واضح ہوتا ہے کہ حقیقت کا عنصر فکشن کے لیے شرط اول ہے ورنہ صرف لطف و انبساط یا حقیقی حالات سے نظریں چرا کر جینے کے لیے داستانوں کا وجود بہت پہلے سے تھا۔ دوسری چیز یہ کہ ناول میں وہی واقعات بیان ہوسکتے ہیں جن کی بنیاد علت و معلول پر ہو۔ اس شرط کے بعد ناول میں حقیقت نگاری کے سوا کوئی اور گنجائش نہیں بچتی اس لیے ناول اور حقیقت نگاری ایک دوسرے کے لیے لازم و ملزوم ہو جاتے ہیں۔ پریم چند کا کمال یہ ہے کہ انھوں نے حقیقی واقعات کو پیش کرنے کے لیے ایک ایسا اسلوب اختیار کیا جو متعلقہ واقعات کے لیے بالکل مناسب اور ایک نیا تجربہ تھا۔

نئے زاویے سے مطالعہ کرنے والے کچھ نقادوں نے حقیقت نگاری کو بطور نظریہ

قبول کرنے میں تردد محسوس کیا۔ اور حقیقت نگاری کو اسلوب اور تعمیر متن کے ایک طریقہ کار کی حیثیت سے متعارف کرانے کی کوشش کی ہے اس ضمن میں انگریزی کے کئی نقادوں کے بیانات موجود ہیں اردو میں بھی کچھ لوگوں نے اس نکتہ کو واضح کرنے کی سعی کی ہے۔ لیکن کسی بھی نئے نظریہ یا تجربہ کے ساتھ یہ مسئلہ درپیش ہوتا ہے کہ جب تک ایک بڑے حلقہ میں عام نہ ہو جائے اس وقت تک اسے اعتبار یا قبولیت کی سند نہیں ملتی لہذا یہی مسئلہ حقیقت پسند اسلوب کے ساتھ بھی درپیش ہے۔ لیکن یہ ایک الگ بحث ہے۔

"ٹیڑھی لکیر" کو بیشتر نقاد نفسیاتی ناول کی حیثیت سے تسلیم کر چکے ہیں۔ اردو فکشن کی تاریخ میں عصمت چغتائی پہلی ناول نگار ہیں جنھوں نے آزادانہ طور پر ایک کردار کی نفسیات پر پورا ناول تخلیق کر دیا۔ اس سے پہلے رسوا، عزیز احمد اور کرشن چندر وغیرہ کرداروں کی پیشکش میں نفسیاتی پہلوؤں کی عکاسی کر چکے تھے لیکن عصمت نے جس طرح شمن کے مختلف حرکات و عوامل کے ذریعہ ناول کو دلچسپ بنایا ہے وہ اپنی مثال آپ ہے۔ اسی طرح اردو ناول نگاری کی تاریخ میں "آگ کا دریا" ایسا ناول ہے جسے اردو ناول کی آبرو کا درجہ حاصل ہے۔ اسے اس بلند مقام تک پہنچانے میں اس کی فنی خوبیوں کا بڑا رول ہے۔ کم و بیش تمام بڑے ناقدین نے اسے موضوع، ہیئت، ساخت و بافت، اسلوب، تکنیک اور مختلف النوع تجربات کا نمونہ قرار دیا ہے۔ اس ضمن میں اردو ناول میں موضوع اور پیشکش کے تجربات کی ایک اہم کڑی "ایک چادر میلی سی" کو کسی طور نظر انداز نہیں کیا جا سکتا ہے۔ اس ناول کی وجہ سے اساطیری اور دیومالائی عناصر بیدی کے اسلوب کی پہچان بن گئے۔ اسی طرح "خوشیوں کا باغ" لکھ کر انور سجاد نے علامتی اور تجریدی انداز نگارش کی ایک عمدہ مثال پیش کی ہے۔

متذکرہ بالا ناولوں کو اردو ناول کی صحت مند اور غیر متنازعہ ادبی روایت کا حصہ قرار دینے میں کوئی حرج نہیں کیوں کہ عام قارئین کے علاوہ معتبر ناقدین نے بھی ان ناولوں کی اہمیت کو تسلیم کیا ہے۔ ان ناولوں کی خوبی یہ ہے کہ ان میں نئی معنویت تلاش کسی بھی زمانے میں کی جاسکتی ہے۔ اس عرصہ میں اور بھی ناول لکھے گئے لیکن ان میں یکسانیت و تکرار کی آلودہ فضا موجود ہے اس لیے ان کا ذکر بھی غیر ضروری ہے۔ اب دیکھنا یہ ہے کہ اس کے بعد لکھے گئے ناولوں میں کس حد تک نئے تجربات کیے گئے اور روایت کی سطح کو کتنا برقرار رکھا گیا۔ نئے ناولوں کے متعلق وثوق کے ساتھ یہ کہنا مشکل ہے کہ ان میں دائمی اور آفاقی موضوعات پیش کیے گئے۔ لیکن اس بات سے انکار بھی نہیں کہ ان ناولوں میں اسلوب کے مختلف النوع تجربے موجود ہیں۔ خصوصاً ۱۹۸۰ کے بعد کے فن کاروں نے کسی نظریہ کی بالادستی سے آزاد ہو کر تخلیقی کارنامے پیش کیے۔ یہ بات ہر شخص جانتا ہے کہ اردو شعر و ادب کا ایک طویل عرصہ ترقی پسندی اور جدیدیت کی کشمکش میں گزرا بے شمار افسانے اور کئی ناول نظریاتی داؤ پیچ کا شکار ہو کر رہ گئے۔ لیکن ۱۹۸۰ کے بعد کے فنکاروں نے ان نظریات سے برأت کا اعلان کر کے ایسا ادب تخلیق کیا جس میں فن پارہ اور قاری کے درمیان کوئی تیسری چیز حائل نہ ہو۔

۱۹۸۰ کے بعد "دو گز زمین، مہاتما، شکست کی آواز، (عبد الصمد) مکان، پلیتہ (پیغام آفاقی) پانی، دویہ بانی، شوراب، مانجھی (غضنفر) بولو مت چپ رہو، فرات (حسین الحق) کسی دن، نمک (اقبال مجید) نمرتا، آڈینٹیٹی کارڈ (صلاح الدین پرویز) خواب رو، نادید (جو گندر پال) فائر ایریا (الیاس احمد گدی) پڑاؤ (غیاث احمد گدی) بیان، لے سانس بھی آہستہ (مشرف عالم ذوقی) ندی، مہاماری (شموئل احمد) کانچ کا بازیگر، بادل، کابوس (شفق) نمبر دار کا نیلا (سید محمد اشرف) انقلاب کا ایک دن (زاہدہ زیدی) وغیرہ منظر عام پر

آئے۔

"دو گز زمین" میں بیان کردہ واقعات و مسائل کے پیش نظر اگر اسے روایت کے تسلسل کا ایک نمونہ کہا جائے تو بے جا نہ ہو گا ہے۔ کیوں کہ جدیدیت کے زیر سایہ جو افسانے اور ناول لکھے گئے تھے ان میں شاعرانہ خوبیوں کی حامل تحریریں لکھ کر تجربہ کار ہونے کا دعوی کیا گیا تھا یا روایتی طریقہ کار اور فکشن کے اجزاء کے ساتھ کوئی مفاہمت نہیں کی گئی تھی۔ ایسے میں عبد الصمد کے ناول میں بیانیہ کے شرائط کی موجودگی لائق تحسین ثابت ہوئی۔ یہ ضرور ہے کہ اس ناول میں ماضی قریب کے رویوں کی بازگشت موجود ہے کیوں کہ جدیدیت نے اس بات پر زور دیا تھا کہ ناول کے وقوعے عام فہم کے بجائے علامتوں اور استعاروں میں ملفوف ہوں، ثابت و سالم کرداروں کی جگہ مسخ چہرے اور بے نام کردار ہوں۔ ظاہر ہے یہ تمام عناصر بے وجہ داخل نہیں کیے گئے بلکہ نئے معاشرے کی چلتی پھرتی زندگیاں شناخت کے مسئلے سے دوچار تھیں اس لیے فن کاروں کے لیے الجھن کا سبب بنیں اور نئی تبدیلیوں کی وجہ یہ جدید احساسات بن گئے۔

"دو گز زمین" کے کرداروں کے لیے بھی شناخت کا مسئلہ درپیش تھا لیکن مصنف نے نہ تو شاعرانہ حربے اختیار کیے ہیں اور نہ ہی لسانی کرتب دکھائے ہیں بلکہ اپنے زمانے کے مسائل کو واضح کرنے کے لیے روایتی اسلوب یعنی وضاحتی بیانیہ میں قصہ بیان کیا ہے اور ایسے کردار منتخب کیے ہیں جو اس پلاٹ کے لیے پوری طرح موزوں معلوم ہوتے ہیں۔ قصہ کا محل وقوع بہار کا ایک مشہور گاؤں ہے جو اپنے تمام حال احوال سے ایک مانوس جگہ معلوم ہوتا ہے اس اعتبار سے مصنف نے اس روایت کی تجدید کی ہے جو فنی اصالت منوانے والوں کے دور میں کہیں کھو گئی تھی۔ اس ناول میں اسلوب کا کوئی نیا تجربہ تو نہیں کیا گیا سوائے اس کے کہ کئی جگہ تضاد کی صورت ابھرتی

ہے، ان تضادات کی عمل آوری اور معنویت کی وضاحت کرتے ہوئے پروفیسر خورشید احمد لکھتے ہیں:۔

"عبد الصمد ہر بات کو Binary opposition میں دکھاتے ہیں چاہے وہ بات کتنی ہی معمولی کیوں نہ ہو۔۔ناول کے شروع میں دو تین بار یہ ذکر آتا ہے کہ اختر حسین حویلی کے اندر بہت کم آتے جاتے ہیں اس وقت یہ تفصیل برائے تفصیل معلوم ہوتی ہے لیکن عرصے بعد جب یہ بتایا جاتا ہے کہ سیاست سے تھک ہار کر اختر حسین کمرے میں بند ہو گئے ہیں تب پہلی تفصیل کی معنویت اجاگر ہوتی ہے۔ پورا ناول میں اسی طرح Binary opposition کے تار و پود سے بنا گیا ہے۔ قصہ گوئی کا ایک فنی طریقہ کار یہ ہے کہ سامع چاہتا ہے کہ اسے صورت حال کی پوری تفصیل معلوم ہو جائے لیکن ماہر قصہ گو صورت حال کی کچھ تفصیل مہیا کرتا ہے اور کچھ کو معرض التوا میں رکھتا ہے۔ التوا کا وقفہ کتنا ہو ،اس رمز کو ماہر قصہ گو ہی جانتا ہے۔ اس وصف میں عبد الصمد اپنے معاصرین میں ممتاز ہیں۔"۲

"دو گز زمین" کا بیانیہ خشک ضرور ہے مگر کہیں لغزش نہیں ہوئی۔ یعنی یہ کہ غائب راوی نے خلاف منصب کوئی بیان نہیں دیا یا مختلف خیال کے افراد کے سیاسی و سماجی اور فکری تصادم کو کسی دستاویز کی طرح پیش نہیں کیا ہے۔ ایک شخص کو بنیادی حوالہ بنا کر واقعہ کو تین نسلوں تک پھیلانا آسان کام نہیں تھا لیکن مصنف نے ایک وسیع کینوس پر مختلف النوع خیالات کو ایک دھاگے میں پرو دیا ہے۔ اس ناول کے مطالعے سے جو غالب تاثر ابھرتا ہے وہ سیاسی ہے۔ ناول سے چند اقتباسات ملاحظہ ہوں:۔

"ماموں اتنا خیال تو رہے کہ جسے آپ گالی دے رہے ہیں کم از کم اس کے دروازے

سے تو ہٹ جائیے۔"

"بیٹا حامد مجھے تم سے صرف یہ کہنا ہے کہ بنگالیوں پر کبھی بھروسہ نہ کرنا۔ یہ دراصل ہندو ہیں، تم کسی بنگالی کی چمڑی کھول کر دیکھو اندر تمہیں ہندو خون ملے گا۔"

"ماموں اب تک ایسا کوئی آلہ ایجاد نہیں ہوا جو خون کو مذہب اور ذات کے خانوں میں بانٹ سکے۔ اگر کبھی ایجاد ہو گیا تو میں ضرور آپ کے مشوروں کے مطابق عمل کر کے دیکھوں گا۔

"خیر مانو نہ مانو، تمہیں اختیار ہے۔ میں تو ان لوگوں کو بہت دنوں سے دیکھ رہا ہوں اور انہیں خوب پہچانتا ہوں۔ یہ کھاتے پاکستان کا ہیں اور گاتے کسی اور کا۔"

یہ کسی کی بھیک نہیں مانگتے، اپنا کھاتے ہیں اور جس کا کھاتے ہیں، اسی کا گن گاتے ہیں۔،،

بہر کیف خدا تمہیں خوش رکھے۔ میں یہ کہنے کو آیا تھا کہ تمہاری بہن شہناز بی۔ اے پاس کر گئی ہے۔

"اے مبارک ہو۔ آپ نے پہلے کیوں نہ بتا دیا، ہم لوگ تو خواہ مخواہ سیاست میں الجھ گئے۔ میں ضرور آؤں گا۔۔"۳

اسی نوعیت کا ایک اور اقتباس ملاحظہ ہو

"بھئی یہ زمانہ ترقی کا ہے۔ ہر چیز ترقی کر رہی ہے تو سیاست کیوں پیچھے رہے گی۔ سیاست تو ایک ترقی یافتہ صنعت بن چکی ہے۔ یہ دور تو پیشہ ورانہ سیاست کا ہے۔"

اجودھیا بابو نے گفتگو میں حصہ لیتے ہوئے کہا۔

''ہم لوگ تو اپنے آپ کو بدل نہیں سکتے نا۔۔۔سیاست اور دنیا بھلے ہی بدل جائے۔"۴

اس طرح چند ٹکڑوں کو ناول سے منتخب کر کے پوری صورت حال کو واضح تو نہیں کیا جا سکتا تاہم ایک مخصوص رویہ کی توضیح ضرور ہو سکتی ہے لیکن سیاست جیسے خشک مسئلہ کو ناول کے جزئیات و واقعات میں شامل کرنے کے لیے تخلیقی عوامل کی جہتوں کو سمت عطا کرنا بڑا دشوار گزار ہوتا ہے۔ اسی لیے ابو الکلام قاسمی سیاسی ناولوں کی نوعیت پر اظہار خیال کرتے ہوئے لکھتے ہیں۔

"۔۔۔اگر پلاٹ، کرداروں کی پیش کش اور مناسب ترین تکنیک کو فنی وحدت میں ڈھال نہ لیا جائے اس وقت تک ناول کے لیے سیاسی دستاویز اور محض سماجی مسائل کا رکارڈ بننے کا خطرہ لاحق رہے گا۔ چنانچہ صرف ایسے ناولوں کو سیاسی ناول کا نام دینا چاہیے جو سیاسی فینو مینا بیان کرتے ہوئے اس کا تجزیہ کرتا ہو، اس کی تعبیرات پیش کرتا ہو اور فنی ہنر مندیوں کے ذریعہ انسان اور کائنات کے بارے میں انکشاف اور بصیرت کی فضا تخلیق کر سکتا ہو۔"۵

ان معروضات کی روشنی میں "دو گز زمین" کا مطالعہ کیا جائے تو اندازہ ہوتا ہے کہ مصنف نے سیاسی واقعات کو ناول کے ساخت سے ہم آہنگ کر کے بنیادی حوالے کی حیثیت عطا کر دی ہے۔ مثلاً کرداروں کا ہمہ وقت سیاسی مسائل پر گفتگو کرنا حتی کہ محبت اور جذبات کے معاملات میں بھی سیاست داخل ہو جاتی ہے اور تمام تر نامساعد حالات کے باوجود دو مختلف خطوں کے افراد ازدواجی رشتے میں منسلک ہو جاتے ہیں۔

پیغام آفاقی کا ناول "مکان" نئے ناولوں میں قابل ذکر ہے۔ یوں تو اس کا موضوع اہم ہے جو تفصیل طلب بھی ہے لیکن موضوع پر بحث گاہے گاہے مختلف تنقیدی تحریروں میں ہوتی رہی ہے جو پہلو نظر انداز ہوا ہے وہ ہے اس ناول کا اسلوب اور فنی طریقہ کار۔ اس مقالے کا عنوان اسلوبیاتی مطالعہ پر مبنی ہے اس لیے موضوع سے صرف

نظر کرنا وقتی ضرورت بھی ہے۔ اسلوب کی سطح پر اتنی بات کی جا سکتی ہے کہ اس میں پلاٹ کی تنظیم میں روایتی انداز کو روا رکھا گیا ہے یعنی ناول مسئلے کے الجھاؤ سے شروع ہو تا ہے۔اور نہایت ہی معروضی انداز میں ابتدائی چند سطروں میں ناول کے مرکزی کردار اور دوسرے ضمنی کرداروں سے تعارف اور مسئلہ کی بنیادی نوعیت سامنے آجاتی ہے۔وہ سطریں ملاحظہ ہوں:۔

"یہ ایک سنگین معاملہ تھا۔نیرا کا مکان خطرے میں تھا اس کا کرایہ دار کمار اس سے اس کا یہ مکان چھین لینا چاہتا تھا۔وہ اب تک اپنے اس مکان میں بڑے چین سے تھی اس کے ساتھ اس گھر میں صرف اس کی ماں تھی مکان کے آدھے حصے میں وہ کرایہ دار جو کرایے کی ایک معمولی رقم دیتا تھا۔نیرا میڈیکل کی طالبہ تھی اور تعلیم مکمل ہونے کے بعد وہ اسی مکان میں ایک نرسنگ ہوم کھولنا چاہتی تھی۔۶

مندرجہ بالا اقتباس سے بظاہر تو صرف ناول کی ابتدا اور اس کے خارجی صورت حال کا اندازہ ہوتا ہے۔ تاہم یہ بات بھی نظر سے پوشیدہ نہیں رہتی کہ راوی نے ایک ساتھ کئی معلومات قاری کے ساتھ شیئر کی ہیں تو ظاہر ہے کہ اس کا کوئی مقصد تو ہو گا۔ورنہ یہ بھی ممکن تھا کہ وہ کمار کی شخصیت پر ایک دو صفحے صرف کرتا پھر نیرا کی اور پھر اس کی ماں کی۔(عین ممکن ہے مصنف نے لاشعوری طور پر یہ طریقہ اختیار کیا ہو) لیکن مصنف نے غائب راوی کے ذریعہ خبریہ انداز میں کئی نکات ایک ساتھ بیان کروا کے مسئلہ کی سنگینی اور شدت میں اضافہ کر دیا ہے جس سے قاری متجسس ہو اٹھتا ہے۔اس ناول میں مصنف نے بالواسطہ کردار نگاری کی عملی صورت پیش کی ہے جس کا استعمال عموماً کم ملتا ہے۔بالواسطہ طریقہ میں راوی یا مصنف کردار کی خوبیوں یا خامیوں کے متعلق کچھ نہیں بتاتا بلکہ وہ اپنے حرکات و عوامل کے ذریعہ خود اپنا تعارف پیش کرتے ہیں۔دوسرا طریقہ یہ

کہ ایک کردار کے خیالات اور قیاسات دوسرے کردار خود کا تعارف کرادیں مثلاً مکان کا وہ (الوک) کردار جس سے ملنے نیرا مدد کی امید لے کر جاتی ہے۔ نہ تو راوی اس کا تعارف کراتا ہے اور نہ ہی وہ کردار خود۔ بلکہ نیرا پہلی بار الوک سے ملنے کے لیے جانے سے پہلے ازخود باتیں کرتی ہے اس کی خود دکلامی کے ذریعہ قاری الوک کے کردار اور رویے سے متعارف ہو جاتا ہے۔

اس ناول کے وسط میں ایک کشمکش پیدا ہوتی ہے، قاری پر امید و بیم کی ایک کیفیت طاری ہوتی ہے کہ مسائل کیا رخ اختیار کریں گے، ان کا کوئی حل ہے یا یہ عقدہ بھی زندگی کی طرح لاینحل ہوگا۔ اس کے بعد مختلف طرح کے جزئیات و مسائل سے گزرتے ہوئے نقطہ عروج پر پہنچ کر مسئلہ حل ہو جاتا ہے۔ اس لحاظ سے "مکان" میں روایت کی بازیافت بھی موجود ہے یعنی یہ ناول آغاز، وسط اور انجام والی تکنیک کا حامل نظر آتا ہے۔ مکان نیرا کو واپس تو نہیں ملتا لیکن سماجی نظام کی بدعنوانیوں کے خلاف لڑتے ہوئے وہ زندگی کے فلسفہ سے آگاہ ہو جاتی ہے۔ اس لیے مکان کے حصول سے دست بردار ہو کر حالات سے مفاہمت کر لیتی ہے۔ لیکن مدعی کو شکست خوردہ کر کے ہی سکون کی سانسیں لیتی ہے۔

مکان میں داخلی خود کلامی، تحلیل نفسی اور ڈرامائی صورت حال کی عمدہ صورتیں موجود ہیں۔ کئی صفحات پر مشتمل طویل خود کلامی اگرچہ اکتاہٹ کا باعث بنتی ہے لیکن اس کے ذریعہ کرداروں کی ژرف نگاہی اور نفسیاتی دروں بینی کو پیش کرنے کا ایک نیا تجربہ کیا گیا ہے۔ اس میں بھی دو گز زمین کی طرح ہی ہمہ داں راوی کے ذریعہ بڑے موئثر انداز میں واقعات بیان کیے گئے ہیں۔ موضوع کی مناسبت سے ایسا لسانی ڈھانچہ تیار کیا گیا ہے کہ کرداروں کی فلسفیانہ موشگافیاں ماوراء فہم نہیں معلوم ہوتی ہیں۔ جب کہ کرداروں میں میڈیکل کی طالبہ نیرا، پولس آفیسر، سبزی فروش، اور اسی طرح کے کردار ہیں لیکن ان

سے اجنبیت محسوس نہیں ہوتی۔ اس ناول میں چند لوگوں نے تانیثیت کے پہلو بھی تلاش کیے ہیں لیکن بار بار گر کر شہسواری کی امید رکھنے والے مناظر کی وجہ سے اسے تانیثیت کا حامل نہیں کہا جا سکتا کیوں کہ نیرا کی خود کلامی میں در آنے والے شکشت خوردہ جملے تانیثیت کے جارحانہ انداز کی نفی کرتے ہوئے نظر آتے ہیں۔

حسین الحق کا ناول " فرات " نئی نسلوں میں پیدا ہونے والی ذہنی، جذباتی اور اخلاقی تبدیلیوں پر مبنی ہے۔ ناول کا مرکزی کردار وقار احمد کی پوری زندگی مجتہدانہ ڈگر پر چلتی ہے۔ حصول مال اور معزز شہری بننے کی خواہشات انھیں اجازت نہیں دیتیں کہ اولاد کی پرورش و پرداخت پر توجہ دے سکیں۔ وقت گزرنے کے بعد وہ تہذیبی ورثہ کے تحفظ کے لیے فکر مند نظر آتے۔ اس فکر مندی میں وہ بسا اوقات خود سے ہم کلام ہوتے ہیں۔ اس ناول کے موضوع کی مناسبت سے واحد غائب راوی نے وقار احمد کے داخلی جذبات کی عکاسی کے لیے خود کلامی کا طریقہ خوب اپنایا ہے۔ کیوں کہ غائب راوی کو یہ اختیار نہیں ہوتا کہ کسی کردار کے پوشیدہ جذبات کو تیقن کے ساتھ بیان کر سکے۔ اسی لیے اس نے اس تکنیک کا استعمال کیا اور جس طرح فلموں میں کسی کرادار کا ہم زاد اس کے مد مقابل آکر محو گفتگو ہو جاتا ہے اسی طرح وقار احمد کا ہمزاد ان سے باتیں کرتا ہے۔ وقار احمد کے پوشیدہ خیالات کو عیاں کیے بغیر ناول میں وہ ہمہ گیریت پیدا کرنا مشکل ہوتا جو خود کلامی کے ذریعہ ممکن ہو سکی ہے۔ لیکن اس احتیاط کے باوجود کچھ ایسی لغزشیں ہوئی ہیں جن کی وجہ سے ناول میں وہ تہہ داری اور گہرائی نہ پیدا ہو سکی جس کے بنا پر اس کے اسلوب کو منفرد و ممتاز قرار دیا جاتا۔ اگر اس ناول کے راوی نے قاری کے فہم وادراک پر شک نہ کیا ہوتا اور ہر جگہ وقار احمد کے وسیلے سے غیر ضروری تفصیل فراہم نہ کی ہوتی تو اس میں وہ رمزیت و اشاریت بھی مفقود نہ ہوتی جس کی وجہ سے یہ ناول اسلوب کے

تجربے کی ایک عمدہ مثال ہونے سے محروم ہو گیا۔ راوی نے وقار احمد کا تعارف کراتے ہوئے اور ان کی جائے پیدائش "سہسرام" کی تاریخی پس منظر کو بیان کرتے ہوئے قاری کو مرعوب کرنے کی کوشش کی ہے اور اپنے بیانات کو موثر بنانے کے لیے بعض جگہ اساطیر و علامات کا بھی سہارا لیا ہے لہذا اس اعتبار سے حسین الحق کے اس ناول کو چند کامیاب اور قابل ذکر ناولوں میں شمار کر سکتے ہیں کہ انھوں نے ایک نئے موضوع کی پیشکش کے لیے بیانیہ طرز اختیار کیا۔

سید محمد اشرف کے "نمبر دار کا نیلا" کا موضوع نہ تو انوکھا ہے اور نہ ہی اس میں کوئی جدت ہے۔ لیکن موضوع کو زیر بحث لائے بغیر اس ناول میں اختیار کردہ اسلوب بیان کی خوبیاں اجاگر نہیں کی جاسکتی ہیں۔ (اس موضوع کی معنویت کو "الیاس شوقی" اور رفیعہ شبنم عابدی" نے اپنے مضامین میں وضاحت کے ساتھ بیان کیا ہے) ناول کے ابتدا میں راوی بیان کرتا ہے کہ نیلوں کی تباہ کاریوں سے گاؤں کے سارے کسان خوف زدہ رہتے ہیں بڑی جتن کے بعد ایک دن گاؤں والے تمام نیلوں کو مارنے میں کامیاب ہو جاتے ہیں لیکن ایک بچہ زندہ بچ جاتا ہے۔ گاؤں کا نمردار اودل سنگھ اسے اس خیال سے پال لیتا ہے کہ "اول تو یہ گ‌ؤ ماتا ہے۔ دوسرے یہ کہ یہ بڑا ہو کر اجنبیوں کو اپنے سینگوں سے لہو لہان کر کے انھیں اپنے کھروں سے کچل سکتا ہے۔" سماجی نظام کے رویوں اور بدعنوانیوں پر تنقید و تبصرہ کرنا فکشن کو مرغوب موضوع رہا ہے۔ سید محمد اشرف نے بھی اس ناول میں اپنے زمانے کی دہشت گردی، سیاست اور صاحب اقتدار طبقہ کی چالاکیوں اور مکاریوں کو موضوع بنایا ہے، بیان کا جو طریقہ اختیار کیا ہے وہ قابل تحسین ہے۔ کیوں کہ کردار نگاری کا پورا ارتکاز ایک جانور نیلا پر ہے جس کی حرکات و سکنات کو گرفت میں لینا غیر

معمولی اور مشکل عمل ہے اسی لیے بعض مواقع پر (خصوصاً نیلا کی جنسی تناؤ کو بیان کرتے ہوئے) توازن مشتبہ بھی ہو گیا ہے۔ لیکن اگر اردو فکشن کی ابتدائی جڑوں کی طرف رجوع کیا جائے تو اندازہ ہوتا ہے فیبل میں اسی طرح کے بیانات ملتے ہیں اور عربی میں کلیلہ و دمنہ کے واقعات بھی اسی طرز کے حامل ہیں۔ اس طرح نیلا کی وجہ سے یہ ناول تمثیل سے قریب نظر آتا ہے۔ نیلا کو کردار بنانے کی وجہ سے ہی سید محمد اشرف کا بیانیہ علامتی، تہہ دار اور ہر سطر ذو معنی ہو گیا ہے۔ لیکن مہملیت یا ابہام کی صورت کہیں پیدا نہیں ہونے دی ہے بلکہ فکشن کا تربیت یافتہ قاری نیلا کے حوالے سے مذکور واقعات و حادثات پر غور کرنے کے بعد فوراً اس کی تہہ تک پہنچ جاتا ہے۔ اسی لیے ناول کے اسلوب کی جدت کی طرف اشارہ کرتے ہوئے پروفیسر خورشید احمد لکھتے ہیں:۔

"نمبر دار کا نیلا میں حقیقت نگاری کی رسومیات سے گریز اور لفظی تفنن پر اصرار اگر ایک طرف اسے قدیم و جدید بیانیے سے الگ کرتا ہے تو دوسری طرف اسے مابعد جدید بیانیے سے قریب کرتا ہے۔"[ے]

مابعد جدید کی ژولیدہ بحثوں سے صرف نظر کرنے کے باوجود ناول کی زمانی ترتیب زمان و مکاں کے حوالے، پلاٹ کی ترتیب و تنظیم جزئیات و واقعات کی نوعیت اور ثابت و سالم کرداروں کی پیش کش کی وجہ سے اسے مابعد جدید بھی کہہ سکتے ہیں۔ مصنف نے اس معاشرے کے دہشت گروں پر طنز کیا ہے کہ جس طرح ان کے گرگے اپنے آقا کے اشاروں پر ناچتے ہیں اسی طرح نیلا بھی۔ لیکن ایک دن ایسا آتا ہے کہ وہی ہتھیار نما افراد آستین کا سانپ بن جاتے ہیں۔ یا تو کبھی کبھی وہ خود نیلا کی طرح استحصال کی زد میں آجاتے ہیں جس طرح نیلا نمبر دار کے یہاں رہنے کی وجہ سے خود کو دوسرے جانوروں میں اجنبی

محسوس کرتا ہے اس کی اپنی پہچان گم ہو جاتی ہے وہ دوسروں کی طرح چلنے کی قدرت نہیں رکھتا۔ گویا کہ اپنی بنیادی شرشت سے محروم کر دیا جاتا ہے۔

یوں تو ۱۹۸۰ کے بعد کے ناولوں کی ایک طویل فہرست ہے جن میں بیشتر قابل ذکر بھی ہیں مثلاً بساط اور تین بتی کے راما (علی امام نقوی) وشواش گھات (جتیندر بلو) پانی (غضنفر) آخری داستان گو (مظہر الزماں خاں) دل من (یعقوب یاور) لیکن ان تمام پر بحث کرنے میں مضمون کی طوالت مانع ہو رہی ہے اس لیے صرف ان ناولوں پر گفتگو کی گئی ہے جو مختلف تنقیدی تحریروں کے حوالے سے صرف موضوع کی تفہیم کے ضمن میں زیر بحث آتے رہے ہیں۔

***

وجودیت اور اردو ناول
سفینہ بیگم

یوروپی مفکرین اور فلسفیوں کے زیر اثر پروان چڑھنے والے متعدد افکار و نظریات کے تحت زندگی کے فلسفے کو سمجھنے کی کوشش کی جاتی رہی ہے۔ اور زندگی کے متعلق سقراط اور افلاطون کے نقطہ نظر کی روشنی میں چند نکات کے رد و قبول اور ترمیم و اضافے کے ساتھ فلسفہ حیات کی تفہیم میں مزید وسعت پیدا ہوئی ہے۔ دنیا میں ہونے والے فسادات پہلی اور دوسری جنگ عظیم سے پیدا شدہ حالات نے انسانی وجود کی شناخت اور اس کی اہمیت پر بہت سے سوالیہ نشان لگائے۔ عقلیت کی بنا پر مادہ پرستی کے غالب رجحان نے انسانی وجود کی عظمت کو پس پشت ڈال دیا۔ مسائل و مصائب سے نبرد آزما ہوتے ہوئے ذات کے انخلا کو پر کرنے کے لیے انسان اپنی زندگی کے معانی و مطالب تلاش کرنے میں سرگرداں تھا۔ لہذا اس وقت فلسفہ وجودیت نے عوام کو زندگی کے معنی فراہم کرتے ہوئے وجود کی اہمیت کو تمام اشیا پر فوقیت دی۔ اور بتایا کہ زندگی میں رونما ہونے والی تمام مشکلات اور اپنے اعمال کا ذمے دار انسان خود ہے۔

انیسویں صدی میں پیدا ہونے والے Soren kierkegaard اور Friedrich Nietzsche کو فلسفہ وجودیت کا موجد قرار دیا جاتا ہے، ان کے ساتھ ponty Marcel, Karl jaspers, Merleau, Jean-paul sartre, Martin heidgger,Albert camus,Simon de beauvoir بھی فلسفہ وجودیت کے اہم ستون اور وجودیت پرست ادیب کے طور پر جانے جاتے ہیں۔ وجودیت کے ضمن میں ان تمام نظریہ ساز مفکرین و ادیب کی آرا کے درمیان فرق ہے۔ لیکن ان کا طرز فکر یکساں ہے جو وجودیت کے غوامض کی تفہیم میں معاون ثابت ہوتا ہے۔ ان مفکرین نے داخلیت پر زور دیتے ہوئے وجود کی اصل حقیقت کی شناخت کی جانب توجہ دلائی اور کہا،"I am therefore i think"، "میرا وجود ہے اس لیے میں سوچتا ہوں"۔ اس سے یہ واضح ہوتا ہے کہ انسان کا وجود اصل چیز ہے اور اس کی وجہ سے ہی خیالات وافکار اور دیگر عوامل وجود میں آتے ہیں۔ ان کا ماننا ہے کہ انسان اپنے تجربات کی بنیاد پر ہی اشیا سے واقفیت حاصل کرتا ہے اور آگہی تک پہنچتا ہے۔ اس کا وجود کسی سوچے سمجھے منصوبے کے تحت عمل نہیں کرتا بلکہ اس کا فوری عمل اور انتخاب اس کو تجربات سے ہمکنار کر کے جوہر کی تخلیق کرواتا ہے۔ وجودیت پرست مفکرین انسان کو اس کی فطرت (Nature) کے مطابق جانچنے کے بجائے اعمال (Actions) کے ذریعے اس کا تعین قدر کرتے ہیں۔ اس کے ساتھ ہی یہ فلسفہ اقدار اور رسم ورواج پر بھی یقین نہیں رکھتا۔

فلسفہ وجودیت کا بنیادی مقصد اپنے وجود کو معنی فراہم کرتے ہوئے انسان کی مکمل آزادی پر زور دینا ہے۔ ایسی آزادی جو اس پر کسی بھی قسم کے پہرے نہ بٹھائے اور نہ ہی کوئی پابندی عائد کرے بلکہ اپنی زندگی کی سمت متعین کرنے کے لیے انتخاب کی آزادی دے۔ اسی اعتبار سے انسان اپنی منتخب کردہ راہ پر چلنے کے نتیجے میں پیدا ہونے والے حالات کا ذمے دار بھی خود ہوتا ہے۔ پہلی اور دوسری جنگ عظیم کے سبب ہونے والی تباہی وبربادی اور اموات کا جو Ratio سامنے آیا تھا اس نے انسان کے ذہن ودل میں اس

بات کو مرتسم کر دیا تھا کہ زندگی محض لایعنیت اور مہملیت کے سوا کچھ نہیں۔ اگر زندگی کے کوئی معنی ہیں تو پھر یہ جنگیں اور فسادات کیوں ہوتے ہیں۔ اگر خدا موجود ہے اور اس نے کائنات کو صحیح طور پر چلانے کے کچھ اصول متعین کر رکھے ہیں تو پھر زمین پر یہ بگاڑ کیسا۔ اس کشمکش نے انسان کو ذہنی اذیت میں مبتلا کر دیا۔ فرد اور سماج کا باہمی تعلق منقطع ہونے لگا انسان خود اور خدا سے بیگانگیت کا شکار ہونے لگا۔ لہذا اسی کے سبب نطشے نے 'خدا کی موت' کا اعلان کیا اور اپنے وجود کو اصل اور سب سے اہم بتا کر زندگی کی معنویت کی طرف توجہ دلائی اور انسانی وجود کو انفرادی حیثیت عطا کی۔ وجودیت کے ضمن میں یہ بات بھی قابل ذکر ہے کہ درج بالا تمام فلسفیوں میں کامیو، سارتر، پانٹی اور ہیڈگر خدا کے وجود کے قائل نہیں تھے لیکن اس کے باوجود تمام مفکرین وجودی فکر کے سلسلے میں چند بنیادی نکات کو اہم قرار دیتے ہیں۔ Flynn۔Thomas R نے ان تمام وجودیت پرست فلسفیوں کے نظریات کی روشنی میں وجودیت کی بنیاد درج ذیل تھیم پر رکھی ہے۔ اور اس کو وجودیت کی اساس قرار دیا ہے۔

1. Existence precedes essence. what you are (your essence) is the result of your choices(your existence) rather than the reverse. Essence is not destiny.you are what you make yoursell to be.

2. Time is of the essence. We are fundamentally time-bound beings.Unlike measurable,'clock' time,lived time is qualitative:the 'not yet' the 'already' and the'present' differ among themselves in meaning and value.

3. Humanism. Existentialism is a person-centered philosophy. Though not anti-science, its focus is on the human individual's pursuit of identify and meaning amidst the social and economic pressures of mass society for superficiality and confirmism.

4. Freedom/responsibility. Existentialism is a philosophy of freedom. Its basis is that fact that we can stand back from our lives and reflect on what we have been doing. In this sense, we are always 'more' than ourselves. But we are as responsible as we are free.
5. Ethical consideration are paramount. Though each existentialist understands the ethical, as with 'freedom' in his or her own way, the underlying concern is to invite us to examine the authenticity of our personal lives and of our society .

ان تمام نکات کی روشنی میں یہ بات واضح ہو جاتی ہے کہ وجودیت پرست، جوہر کی تخلیق پر فرد کے وجود کو اہمیت دیتے ہیں۔ مطلب یہ کہ انسان کا وجود ہی جوہر کی تخلیق کا سبب ہے۔ اس کے بغیر جوہر / تصورات / خیالات کی کوئی اہمیت نہیں۔ وجودی طرز فکر رکھنے والوں کے لیے وقت ایک خاص اہمیت کا حامل ہے۔ جس میں فرد لمحہ لمحہ زندگی جیتا ہے اور اس سے استفادہ کرتا ہے۔ ماضی سے متعلق یادیں اور مستقبل سے وابستہ خواب انسان کو جذباتی بنا دیتے ہیں اور یہ صورت حال فرد کے لیے دائمی عذاب کی شکل اختیار کر لیتی ہے۔ یہی جذبات فرد کو جنون، تشویش، خوف اور خواہش وغیرہ میں مبتلا کر کے وجود کی اہمیت کو اسفل سطح پر پہنچا کر خود غالب آجاتے ہیں۔ لہٰذا وجودی طرز فکر ان تمام باتوں سے آزادی دلا کر فرد کو اساسی حیثیت عطا کرتی ہے۔ یہ فلسفہ فرد کی انفرادیت اس کی شناخت اور اس کی آزادی پر زور دیتے ہوئے اپنے افعال و اعمال کا ذمے دار بھی فرد کو قرار دیتا ہے اور صداقت کی بنیاد پر اپنی زندگی میں ہونے والے تجربات کا جائزہ بھی لیتا ہے۔ ڈی جے کوناچر، سارتر پر اپنے مضمون میں وجود کی اہمیت پر روشنی ڈالتے ہوئے لکھتا ہے:

"آدمی کے لیے اس کا مطلب صرف یہ نہیں کہ وہ 'ہے' بلکہ یہ کہ وہ "ایک صورت

حال میں ہے "جو اس کے ماحول کے متعدد حالات، حیاتیاتی، اقتصادی، سیاسی، تہذیبی، کے تحت تشکیل پاتی ہے۔ آدمی کو دوسرے مظاہر فطرت کے بر خلاف جو چیز بطور خاص عطا ہوئی ہے، وہ اپنا 'جوہر' خود تخلیق کرنے کی آزادی ہے۔ یعنی اپنی مخصوص صورت حال میں رہ کر اپنے انتخابات اور اعمال کے ذریعے، اسے خود فیصلہ کرنا ہوتا ہے کہ وہ کس قسم کا آدمی بننا چاہتا ہے۔ لہٰذا بنیادی طور پر "اپنے آزاد فیصلوں اور اعمال کے مجموعے کے سوا آدمی اور کچھ نہیں ہے"۔ اور اس کی صورت حال میں ایسی کوئی شے نہیں ہوتی، جو کسی قدر کی حامل ہو، سوائے اس کے کہ وہ خود اپنے انتخابات کے وسیلے سے کوئی قدر تخلیق کر لے۔ نتیجتاً آدمی کی زندگی کا سب سے بڑا بنیادی تجربہ اپنی آزادی کی مطلقیت کا احساس ہے۔ اس آزادی کا جتنا کم احساس اس کو ہوتا ہے، اتنا ہی زیادہ وہ اپنی صورت حال کا غلام ہوتا ہے، اور اتنا ہی زیادہ اس حالت فطرت کی دوسری 'اشیا' سے قریب ہوتی ہے۔۔۔ بہر کیف اپنی صورت حال کی سمجھ، اس صورت حال کے پیش نظر اپنے انتخابات کے ذریعے اقدار و معانی کی تخلیق کی مکمل ذمے داری کی آگہی۔۔۔ یہ وہ باتیں ہیں، جو ان اعمال کے لیے لازمی اساس فراہم کرتی ہیں، جن کے سبب آدمی اپنی آزادی کا اعلان کرتا ہے اور اپنی تشکیل کرتا ہے۔"۲

وجودیت کے متعلق ان تمام مباحث کے زیر اثر مغرب میں ادب تخلیق کیا جاتا رہا ہے۔ کامیو اور سارتر کی تحریریں فلسفہ وجودیت کی تفہیم میں مزید معاون ثابت ہوئی ہیں۔ جنھوں نے کردار اور ان کی صورت حال کو وجودی طرز فکر کے سانچے میں ڈھال کر پیش کیا۔ مغربی ناولوں کے مقابلے میں بر صغیر میں ایک بھی مکمل اردو ناول وجودی نقطہ نظر کے حوالے سے تشکیل نہیں دیا گیا ہے۔ لیکن چند ناولوں میں وجودی عناصر کی کار فرمائی دیکھنے کو ملتی ہے۔ جن میں بانو قدسیہ کا ناول راجہ گدھ، عبد اللہ حسین کا اداس

نسلیں اور خالدہ حسین کا کاغذی گھاٹ قابل ذکر ہیں اور انھیں تینوں ناولوں کے حوالے سے وجودیت کو سمجھنے کی کوشش کی جائے گی۔

مغرب میں دوسری جنگ عظیم اور مشرق میں تقسیم ہند کے نتیجے میں پیدا شدہ حالات انسانی وجود کے کرب کا باعث بنے۔ بانو قدسیہ نے اپنے ناول راجہ گدھ میں انسانی ذات کے کرب و انتشار، تنہائی، وجود کی بے وقعتی، روحانی اضطراب اور ذہنی پیچیدگیوں کو موضوع بناتے ہوئے، صورت حال کی عکاسی کی ہے جس سے اس دور کا ہر شخص نبرد آزما تھا۔ اس ناول میں قیوم، سیمی اور امتل وجودی فکر کے نمائندہ کردار ہیں۔ جو زندگی کی معنویت کو سمجھنے اور آزادانہ طور پر اپنے انتخاب کے حصول میں سرگرداں نظر آتے ہیں۔ سیمی کا کردار محبت میں ناکامی کے سبب وجود کی شکست و ریخت کا شکار ہو کر موت کو گلے لگا لیتا ہے۔ آفتاب سے بچھڑنے کے بعد اس کی زندگی کا کوئی مقصد نہیں رہ جاتا۔ وہ اپنے جسم و جان کی اہمیت سے بے بہرہ ہو جاتی ہے۔ قیوم سے جسمانی تعلق قائم کر کے اور اس سے آفتاب کی باتیں کر کے وہ ایسا خود ساختہ راستہ تلاش کرنے کی کوشش کرتی ہے جو آفتاب کی یادوں کو زندہ رکھ سکے۔ وہ خود کشی کرنا چاہتی ہے اور بیماری کی حالت میں زیادہ تعداد میں نیند کی گولیاں کھا کر اپنی جان دے دیتی ہے۔ آفتاب اور سیمی محبت میں باہمی کشش کے باوجود ایک دوسرے سے عدم توافق رکھتے ہیں۔ عشق لاحاصل کی یہ منزل سارتر کے نزدیک محبت کا ایک وجودی تجربہ ہے۔ پروفیسر خورشید احمد سارتر کے اس نظریے کے متعلق رقمطراز ہیں:

"سارتر کے نزدیک محبت بھی موت کی طرح انفرادی وجودی تجربہ ہے۔ سارتر کے ناولوں اور افسانوں میں جس نظریہ محبت کا اظہار ہوا ہے، وہ یہ ہے کہ دو محبت کرنے والے بیک وقت ایک دوسرے کو اپنا مکمل معروض بنانا بھی چاہتے ہیں اور ایک دوسرے

کی آزادی کو چھیننا بھی نہیں چاہتے۔ لیکن دوسرے کو اپنا معروض بنانے اور ساتھ ہی اس کے حق آزادی کو قبول کرنے میں جو تضاد ہے، اس کی وجہ سے محبت ٹوٹنے اور بکھرنے پر مجبور ہے۔ اس لیے محبت کا رشتہ ناکامی پر منتج ہوتا ہے اور محبت ایک لاحاصل جذبہ نظر آتی ہے۔"۳

سیمی کی موت کے بعد قیوم کا کردار زندگی کی بے معنویت کا بوجھ اٹھائے، نفسیاتی بحران کے سبب اپنے تشخص کی پامالی کا احساس لیے خواہشات کے حصول میں راندۂ درگاہ نظر آتا ہے۔ جبلی قوتوں کا باہمی تصادم، اپنے وجود کی بے سمتی اور انفرادی شناخت سے بیگانگی اس کو سوال اٹھانے پر مجبور کرتی ہے۔ وہ کہتا ہے؛

"میں کون ہوں؟

"کہاں سے آیا ہوں؟

"مجھے یہاں سے کہاں جانا ہے؟ اور اگر مجھے کہیں نہیں جانا اور اس مٹی میں نائیٹروجن کی بھاری مقدار بن کر واپس لوٹنا ہے تو پھر یہ ساری تگ و دو کیوں؟۔۔۔ یہ سارا عذاب کس لیے؟

کائنات کیا ہے؟

اس کائنات سے پرے کون چھپا بیٹھا ہے؟ کیا کائنات والے سے ہمارا بے حقیقت ذرات کا کوئی تعلق ہے؟ کیا اس نے ہمیں صرف اپنی تفنن طبع کے لیے بنایا ہے؟"۴

ایک جگہ اس انداز سے کہتا ہے؛

"یہ سب کیا ہے؟

انسانی رشتے؟۔۔۔ نفرتیں محبتیں؟

یہ سب کچھ کیا ہے۔

زندگی کا سفر؟

ہمیں کیا چاہیے؟۔۔ایک دوسرے سے؟۔۔اپنے آپ سے؟
عمر کا فریب، عقل کا فریب، محبت کا فریب۔۔۔ معاشرہ اور فرد۔۔۔ فرد اور قانون۔۔۔ قانون اور قانونِ فطرت۔۔۔۔۔ان سب کی حدیں کون سی ہیں؟"۵

انسانی وجود ایک پیچیدہ اکائی ہے لہذا وجودی کرب کے مسئلے کو حل کرنے کے لیے ہر دور میں اس قسم کے سوالات اٹھائے جاتے رہے ہیں۔ قیوم کا کردار بھی ذات کی نا آسودگی اور محبت میں زیاں کا احساس لیے زندگی کے وجودی تجربے سے روشناس (ہمکنار) ہوتا ہے اور اس راز سے آگاہی حاصل کرتا ہے کہ انسان محض خواہشات کا غلام ہے جس کو پانے کے لیے وہ موت تک تگ و دو کرتا رہتا ہے اور صرف موت ہی اس کو خواہشات اور آرزوؤں سے آزادی دلا سکتی ہے۔ قیوم وجودی فکر پر محمول خیالات کا بیان اس طور سے کرتا ہے:

"شادی سے چند دن پہلے مجھ میں دو خواہشیں آگاہی کے ساتھ ابھری تھیں۔ اب مجھ پر یہ حقیقت بھی کھل رہی تھی کہ انسان جب تک چاہے جانے کی، رب بننے کی آرزو رکھتا ہے، وہ کبھی آزاد نہیں ہو سکتا۔ چاہا جانا اور آزاد رہنا صلیب کے بازو ہیں جن پر آدمی مصلوب ہو جاتا ہے۔ پہلی مرتبہ مجھے مہاتما بدھ کی سمجھ آئی کہ وہ کیوں خواہشات کو ختم کر کے اپنی مکتی چاہتا تھا۔ جب تک انسان میں ہلکی سی خواہش بھی ہو وہ تابع رہتا ہے، خواہش کی وجہ سے قیدی ہوتا ہے۔ کبھی حاکم نہیں ہو سکتا۔ خواہش سے آزادی کیونکر ممکن ہے؟

کیونکر کیسے؟

موت سے پہلے موت۔۔۔ زندگی کے ساتھ زندگی کی نفی۔۔۔ آخری نجات سے

پہلے کلی فرار۔

نجات کی آرزو تک سے۔۔ ہر مسلک سے، ہر بت سے چھٹکارا حاصل کرنے کا ایک ہی طریقہ ہے کہ انسان ہر قسم کے بت توڑ دے، ہر مسلک سے آزاد ہو جائے۔ کسی ملت میں شامل نہ ہو۔ کسی ملک کا باشندہ نہ ہو۔ کسی معاشرے کا فرد نہ ہو۔ کسی کلچر سے وابستہ نہ ہو۔ کسی خاندان کا فرد نہ ہو۔ نہ کسی کا عاشق ہو نہ محبوب۔ ہر کیفیت سے آزاد۔۔۔ ایسی حالت میں وہ سوائے موت کے اور کسی کا مرہون منت نہیں ہو گا۔ کسی اور کا عاشق نہ ہو گا۔ موت جو یقینی ہے۔ موت سے پہلے موت"۔٦

وجودی عناصر کے ضمن میں امتل کا کردار بھی قابل توجہ ہے جو ایک طوائف ہے۔ اور اپنی زندگی میں رونما ہونے والے حالات کے باوجود اپنی ذات کی ناآسودگی اور خلا کو پر کرنے کے لیے اپنے پیشے سے باز نہیں آتی اور اپنے وجود کے استقرار کی تلاش میں سرگرداں رہتی ہے۔ مرد کے ذریعے کیے جانے والے استحصال کے نتیجے میں وہ جسمانی اور ذہنی اضمحلال میں مبتلا تو نظر آتی ہے لیکن اپنی آزادانہ روش سے مایوس نہ ہو کر قیوم کو اپنے تمام حالات سے آگاہ کر کے اس سے ہمدردی کا رشتہ بھی قائم رکھنا چاہتی ہے۔ ماضی کے متعلق یادوں کی، اس کے نزدیک کوئی اہمیت نہیں۔ وہ کوئی بھی کام سوچ سمجھے منصوبے کے تحت نہیں کرتی ہے۔ اپنے شکستہ و درماندہ وجود کی کرچیاں اور زخم خوردہ دل کو سنبھالے ہوئے آزادانہ طور پر آگے بڑھتی رہتی ہے۔ امتل کے تئیں قیوم کے خیالات ملاحظہ ہوں:

"وہ بچوں کی طرح Sustained emotion کے قابل نہ تھی۔ اس کا لڑنا جھگڑنا پیار محبت، نفرت سب موڈ کے تابع تھے۔ کسی تھیوری، مسلک، دباؤ کے تحت وہ کچھ نہ کر سکتی تھی۔ وہ سب کچھ بغیر سوچے سمجھے کرتی۔ جی چاہا مدد کر دی، دل میں آیا گالی دے

دی۔ کسی کو کھانا کھلا دیا، نیا پرس عطا کر دیا۔۔۔۔۔ وہ وقت، ضابطے اور طریقے کی پابند نہیں تھی۔ اس کا سارا نظام Impulses پر چلتا تھا۔ اسی لیے اس کی رائے پر چلنا مشکل تھا۔ کیونکہ اس کی دوستی، دشمنی نظریے سب منٹ کی سوئی کے تابع تھے۔ کچھ بھی گھنٹوں، دنوں، سالوں پر محیط نہ تھا۔"ے

عبد اللہ حسین کے ناول اداس نسلیں میں بھی وجودی عناصر کی کارفرمائی دیکھنے کو ملتی ہے۔ جس میں مذہب اور موت کے وجودی طرز فکر پر کی گئی فلسفہ طرازی وجودیت پرست مفکرین کے نظریات سے مطابقت رکھتی ہے ساتھ ہی ناول کا مرکزی کردار نعیم کا ذہنی رویہ، کامیو کے ناول Outsider کے مرکزی کردار مرسال کے Attitude سے قدرے مشابہت رکھتا ہے۔ مرسال کا کردار وجودی فکر کے زیر اثر تراشا گیا ہے جو کوئی بھی کام بغیر سوچے سمجھے انجام دیتا ہے۔ جس میں ایک عربی کا قتل اور شادی کے متعلق قردونہ کے دریافت کرنے پر اس کا اس لیے حامی بھر لینا کیونکہ قردونہ اس سے شادی کرنے کی خواہشمند ہے قابل ذکر ہے۔ اداس نسلیں میں جب شیلا نعیم سے شادی کی خواہش ظاہر کرتی ہے اور اس کے توسط سے حسین خیالات بیان کرتی ہے تو نعیم بھی بغیر کسی سوچ کے تحت اس کی تمام باتوں کو تسلیم کر لیتا ہے۔ لیکن جلد ہی اس کو تنہا چھوڑ کر چلا جاتا ہے۔ ساتھ ہی ایک سپاہی کا قتل بھی بغیر منصوبہ کے تحت انجام دیتا ہے۔ اس کے علاوہ کسی بھی مثبت اور منفی پہلوؤں کو مد نظر نہ رکھ کر نعیم کانگریس کے ایسے خفیہ گروہ میں شامل ہو جاتا ہے جہاں جان کا خطرہ لاحق ہوتا ہے۔ موت کو نہایت قریب سے دیکھنے، ذات کی شکست و ہزیمت اور پے در پے رونما ہونے والے حالات کے مد و جزر سے نعیم کا وجود شدید تنہائی اور خلا کا شکار ہو جاتا ہے۔ فالج کا اثر اس کے وجود کو مزید مضمحل اور منتشر کر دیتا ہے۔ عذرا اس کو علاج کی غرض سے روشن محل لے آتی ہے اور ظاہر و باطن

دونوں قسم کے زخموں کو مندمل کرنے کی کوشش میں لگ جاتی ہے۔ نعیم ڈاکٹر انصاری کے زیر علاج رہتا ہے وہ اس کو مذہب کے متعلق ان باتوں سے آگاہ کرتا ہے جو اس کے درد کا مداوا کر سکے اور وہ مذہبی فکر، فلسفہ وجودیت سے ہم آہنگ ہے۔ جس کا تعلق روحانیت سے وابستگی کے سبب اپنے وجود کی شناخت ہے۔ نعیم سے گفتگو کے دوران ڈاکٹر انصاری کہتا ہے؛

"مذہب کا سب سے بڑا آلہ عبادت ہے۔ عبادت، جو انسان کی شخصیت کے ساتھ ہم آہنگ ہو کر ایک جذبہ بن جاتی ہے، جو انسان کو اپنے اندر جھانکنے کی استطاعت بخشتی ہے۔ آج تک جس کسی نے اپنے آپ کو جانا اور پہچانا ہے اس کی بساط عبادت نے اس میں پیدا کی ہے۔ یہ وہ راستہ ہے جس پر چلتا ہوا آدمی ساری دنیا میں گھوم گھام کر پھر اپنے آپ تک آ پہنچتا ہے۔ وہ خفیہ اور تنگ راستہ جو انسان کی اپنی ذات پر آ کر ختم ہو جاتا ہے اور پھر اندر اتر جاتا ہے اور جب آدمی ڈرتا ہوا، جھجھکتا ہوا اپنی ذات میں داخل ہوتا ہے تو راستہ روشن اور کشادہ ہوتا جاتا ہے اور اس مقدس روشنی تک پہنچنے کا جذبہ، جو راستے کے اختتام پر نظر آتی ہے، اس کو پا لینے کی دیوانی خواہش انسان کو آگے چلاتی جاتی ہے اور اسے ایک مقصد عطا کرتی ہے اور جب وہ مقصد شخصیت کے ساتھ ہم آہنگ ہو جاتا ہے تو انسان اپنی ذات میں گم ہو جاتا ہے۔ پہلے شعور کے پردے اٹھتے ہیں، پھر آہستہ آہستہ لاشعور کے در وا ہوتے ہیں اور جب وہ آفاقی سطح پر پہنچ جاتا ہے تو ماوراء میں دیکھنے اور اسے جاننے لگتا ہے۔۔۔۔۔ ۸"

مزید کہتا ہے؛

"تخیل کو تم بغیر کسی وجہ کے عمل میں نہیں لا سکتے۔ ذہن کو اور خیالات کو مرنے سے بچانے کے لیے تمھارے پاس کوئی وجہ، کوئی دلیل ہونی چاہیے اور تبھی اس کے جواز

کے طور پر تم سوچ سکتے ہو اور اپنے دماغ کو تباہی سے بچا سکتے ہو۔خیالات کی بنیاد تم Nothingness پر نہیں رکھ سکتے۔ایسا اگر کبھی کروگے تو کسی خاص سمت میں بڑھنے کے بجائے تمھارے خیالات تیزی سے ادھر ادھر بکھر جائیں گے اور دماغ کو پاش پاش کر دیں گے۔سمت جو خیالات کو ملتی ہے اسی تلاش سے آتی ہے۔جو آدمی اپنے وجود کی اصلیت معلوم کرنے کے لیے جاری کرتا ہے۔اس کے بغیر تخیل بیکار ہے"۹

وجودی مفکرین میں Karl Jaspers اور Gabriel Marcel اپنے وجود کی انفرادی شناخت میں مذہب کو بہت اہمیت دیتے ہیں۔اور تجربات کی روشنی میں اپنی روحانی (داخلی) ذات سے آشنا ہو کر منزل و مقصود کے حصول کو انسانی فکر کا وسیلہ قرار دیتے ہیں۔خالدہ حسین کا ناول "کاغذی گھاٹ "ایک ایسی لڑکی کی کہانی ہے جو اپنے وجود کی معنویت تلاش کرنے کے لیے ہمہ وقت ذہنی کشمکش کا شکار نظر آتی ہے۔اپنے ارد گرد موجود ٹھوس نظریہ کے متحمل لوگوں کی زندگیوں کا تجزیہ اس کو کرب میں مبتلا کر دیتا ہے۔عائشہ اور افروز اس کی بہترین مثالیں ہیں جو اپنے مقصد کو حاصل کرنے کی خواہش میں ان راستوں کا انتخاب کرتی ہیں جن پر چل کر وہ اپنی شناخت اور مقصد سے محروم ہو جاتی ہیں۔مونا اپنے ارد گرد پھیلے ہوئے واقعات، صورت حال اوراپنے گھر کی روایت و اقدار کے پاس و لحاظ میں جکڑی ہوئی اپنے وجود کے اثبات کی کوئی راہ نہیں پاتی ہے۔اوران تمام صورت حال کو تقدیر کا لکھا ہوا قرار دینے لگتی ہے۔اچانک اپنے وجود سے ادراک کی کیفیت اس کو سوچنے پر مجبور کر دیتی ہے وہ ایک اچھی تخلیق کار ہے، لکھنا اس کا پسندیدہ عمل ہے۔اور وہ اپنے وجود کی سچائی اوراس کے برحق ہونے کے جواز کا مطالبہ چاہتی ہے جو اس کے "لکھنے" میں مضمر ہے۔اور اس کو اس بات کا احساس ہو جاتا ہے کہ زمین پر اس کے وجود کا جواز محض لکھنا ہی ہے۔یہاں مونا کا کردار سارتر کی سوچ

سے مماثل نظر آتا ہے۔ سارتر کا بھی یہی ماننا تھا کہ وہ صرف لکھنے کے لیے ہی پیدا ہوا ہے۔ زندگی میں رونما ہونے والے تضادات کے پیش نظر مونا کو سارتر کے نظریہ انتخاب سے اکثر الجھن محسوس ہوتی۔ وہ حسن سے اس کے متعلق بحث بھی کرتی ہے:

"اس کو سارتر کے انتخاب کا تصور بے حد الجھاتا۔ وہ اکثر چلتے چلتے رک جاتی۔ انسان ہر قدم پر انتخاب کرتا ہے۔ مگر وہ انتخاب ہی دراصل پہلے سے طے شدہ ہے۔ اس نے حسن کو بتایا۔ "نہیں وہ طے شدہ نہیں ہے۔ اس لیے کہ مستقبل ایک خلا ہے۔ جس میں واقعات اور عمل تخلیق کیے جاتے ہیں۔ یہی اس کا نیاپن ہے۔ وہ اوریجنل ہے۔"

"مستقبل ہرگز اوریجنل نہیں۔ اس لیے کہ سب کچھ پہلے سے ہو چکا ہے۔ یہ سب ایکشن ری پلے ہے یا پھر زیادہ سے زیادہ بازیافت۔ کائنات کی Retrospection ہے۔ ہمیں یہ سب کچھ معلوم نہ ہوتا تو اور بات ہے۔ ہمارے لیے سب کچھ پہلی بار ہو رہا ہے۔۔ حقیقت میں ایسا نہیں۔"

"تو پھر انسان کی سعی؟"

"یہ اس کی مجبوری ہے"

"مگر یہ انتخاب کا مسئلہ واقعی بہت الجھا ہوا تھا۔ جبر و قدر کی مقدار اور کیفیت۔ کبھی کسی سے حل ہوئی ہو گی۔"

حسن، مونا کو اس کی تخلیقی صلاحیت کی اہمیت و افادیت کی طرف توجہ دلاتا ہے۔ اور بتاتا ہے کہ لکھنے میں ہی اس کے وجود کے اثبات کا راز پوشیدہ ہے۔ بڑے بھائی اس کے لکھنے کو پسند نہیں کرتے لیکن ابا اس کی مسلسل حوصلہ افزائی کرتے ہوئے نظر آتے ہیں۔ حسن کے بار بار زور دینے پر مونا اپنی تخلیقی صلاحیت کو زیادہ سے زیادہ نکھارنے کی کوشش کرتی ہے۔ یہاں سارتر کے فلسفہ آزادی انتخاب کے سبب مونا وجودی فکر کے

حوالے سے اپنا جو ہر خود تخلیق کرتی ہے جو اس بات کی طرف اشارہ ہے کہ انسانی وجود ہر چیز کی تخلیق کا اصل سبب ہے۔ ساتھ ہی کبھی کبھی مونا کے ذہن میں تقدیر کا جبر اور مسلسل و پیہم اس کا سنگین وار سوچ کے رخ کو دوسرے موڑ پر لے جاتا۔ وہ افروز اور عائشہ کے ساتھ پیش آنے والے حالات کے متعلق اکثر سوچا کرتی۔ لیکن پھر اپنی تخلیق کی جانب یکسوئی سے توجہ دے کر اپنے وجود کو معنی فراہم کرتی ہے۔ اپنی تحریر کے بارے میں کہتی ہے:

"میرے لیے تو لکھنا ایک غیر شعوری اور اضطراری عمل ہے"۔

"واہ" اب وہ بھی اس قابل ہو گئی تھی کہ لوگ اس سے پوچھتے تم کیوں لکھتی ہو، کس کے لیے لکھتی ہو۔ اور وہ ہرگز نہ جانتی تھی کہ وہ کیوں لکھتی ہے۔ یہ تو ایک خود غرض غیر شعوری عمل تھا۔ شاید وہ اپنی ذات کی بے پناہ کمزوریوں کی تلافی میں لکھتی تھی۔ وہ اس لیے لکھتی تھی کہ وہ وہ نہیں، جو اسے ہونا چاہیے تھا اور اس کے باہر بھی دنیا وہ نہیں جیسا اسے ہونا چاہیے تھا۔ شاید وہ اس لیے لکھتی تھی کہ وہ ایک معمولی ناقابل توجہ وجود تھی اور قابل بننا چاہتی تھی۔ شاید وہ اس لیے لکھتی تھی کہ وہ ایک غریب پسماندہ قوم اور ملک کی فرد تھی جو شاندار تاریخ کا دعوی دار تھا۔ تاریخ جو محض ایک طلسم تھی۔ اور اس کا وافر حصہ ایسا تھا جس کو یہ ملک اپنانے یا رد کرنے کے مخمصے میں تھا۔ شاید وہ اس لیے لکھتی تھی کہ وہ ایک شکست خوردہ ملک کی باسی تھی جو بلند بانگ دعوؤں کے باوجود سر اٹھا کے زندہ نہیں رہ سکتا تھا۔ جس کا وجود اور مستقبل دونوں مشکوک تھے اور شاید بڑی طاقتوں کے یہاں گروی بھی کیونکہ اس کے دانشور اس کے بارے میں دوغلے تھے۔ اور عوام، بھیڑ، وہ جم غفیر جس سے یہ دھرتی معمور تھی، صبح شام زندگی اور موت کی کشمکش میں گرفتار۔ ذلت کا منشور ان کے لیے قسام ازل نے تیار کر رکھا تھا جس سے سر

مواد ھر ادھر ہونا ممکن نہ تھا شاید وہ اس لیے لکھتی تھی۔۔۔ ۱۱

درج بالا اقتباس میں صورت حال اور اس سے پیدا شدہ نتائج کے حوالے سے مونا کے لکھنے کے پیچھے اسباب کو بیان کیا گیا ہے۔ جو رسم و رواج کی قید و بند اور پابندی سے آزاد ہونا چاہتی ہے۔ بعض اوقات اپنے ذہن کی افترا پردازی میں الجھ کر رہ جاتی ہے۔ اور عائشہ اور افروز کی زندگی سے خود کا موازنہ کرنے لگتی ہے تو اس کے ابا اسے سمجھاتے ہیں:

"دیکھو بیٹا بات سیدھی سی ہے۔" بالآخر ابا نے کہا۔ "کسی تخلیقی عمل کو اگر دلیل کی دار پر چڑھاؤ گی تو وہ ختم ہو جائے گا۔ یہ سارا عمل وہبی ہے۔ اس میں کیوں اور کیسے نہیں آتا۔ جو تم پر اترتا ہے لکھتی جاؤ۔ منطق اور تجزیوں کے بکھیڑوں میں کیوں پڑتی ہو۔" ۱۲

اس سے یہ ظاہر ہوتا ہے کہ کاغذی گھاٹ میں وجودی طرز فکر کو مد نظر رکھتے ہوئے کرداروں کی تشکیل میں مدد لی گئی ہے۔ بیسویں صدی سے ہی فلسفہ وجودیت ایک مکتب فکر کی حیثیت اختیار کر چکا ہے جس میں انتخاب کی آزادی کے نتیجے میں پیدا ہونے والا درد و کرب، نا امیدی، مایوسی کے سبب ہمت نہ ہارنا اور اپنے وجود کو معنویت دینے اور سمت متعین کرنے کی غرض سے تجربات کی روشنی میں مسلسل جدوجہد کرتے رہنے کو وجودیت کی اساس قرار دیا گیا ہے اور وجود کو ہر شے پر مقدم تسلیم کیا گیا ہے۔ فلسفہ وجودیت کے تمام پہلوؤں کو نظر میں رکھتے ہوئے ان ناولوں کے علاوہ کئی دیگر ناولوں میں بھی وجودی فکر کے عناصر تلاش کیے جا سکتے ہیں۔ تا کہ ناول تنقید کے مزید امکانات پیدا ہو سکیں۔

***

حیدر آباد کی چند اہم خواتین ناول نگار

جاوید شاہ آبادی

شہر حیدر آباد اپنی بیش بہا خصوصیات کی بنا پر اپنی ایک منفرد پہچان رکھتا ہے۔ ابتدا ہی سے یہ شہر اپنی منفرد زبان، تہذیب اور ثقافت کا مرکز رہا ہے۔ بالخصوص اس شہر سے اردو زبان و ادب کی ہمیشہ ہی سرپرستی ہوتی رہی ہے۔ یہاں کی سرزمین اردو ادب کے لیے بہت زرخیز ثابت ہوئی ہے۔ اردو ادب کے پہلے صاحبِ دیوان شاعر سلطان محمد قلی قطب شاہ کا تعلق اسی سرزمین سے ہے۔ حیدر آباد کے حکمرانوں کو اردو ادب سے کافی شغف تھا، وہ خود صاحب طرز شاعر و ادیب تھے اور ادیبوں کی سرپرستی ان کا شیوہ تھا۔ یہاں کی خاک سے بے شمار شعرا وادبا نے جنم لیا، جنھوں نے ہر دور میں ادب کی آبیاری کی اور اپنی علم دوستی اور دانشورانہ صلاحیتوں کی وجہ سے دنیا میں اپنے وطن کا نام روشن کیا۔ عہد آصفیہ سے قبل ہندستان کے لوگ قدیم روایات کے پابند تھے۔ خاص کر حیدرآباد کا ماحول عورتوں کے لیے سخت گیر تھا۔ اکثر گھرانوں کی خواتین گھر کی چہار دیواری سے باہر نہیں نکل سکتی تھیں۔ لیکن وقت گزرنے کے ساتھ اس رویے اور قدامت پسند ماحول میں تبدیلی آنے لگی۔ انیسویں صدی میں حیدرآباد میں تحریک نسواں کا آغاز ہوا، جس کا اثر معاشرتی اور تمدنی زندگی پر راست یا بلاواسطہ طور پر ضرور پڑا۔ اس تحریک کی وجہ سے خواتین کو ایک حوصلہ اور ہمت ملی، جس کی بدولت انھوں نے نہ

صرف خود تعلیم حاصل کی بلکہ سماج میں روشن خیالی اور حصول علم کے رجحان کی تربیت کی۔ تحریک نسواں نے بہت سی خواتین نثر نگاروں کو پیدا کیا، جن میں جیلانی بانو، عفت موہانی، آمنہ ابوالحسن، رفیعہ منظورالامین، قمر جمالی وغیرہ نے اپنی کاوشوں سے اردو نثر کو بہت آگے لے جانے میں کوئی کسر باقی نہیں چھوڑی۔ ان نثر نگار خواتین نے اپنے فن پاروں کو کسی مخصوص موضوع تک محدود نہیں رکھا بلکہ تقریباً تمام موضوعات پر قلم اٹھایا۔ انھوں نے اپنی تخلیقات کے ذریعے اردو ادب میں اپنی شناخت برقرار رکھی ہے۔ شاعری، افسانہ نگاری، تنقید، تدریس، غرض ہر میدان میں خواتین دکن کی صلاحیتوں کے نقوش نمایاں طور پر نظر آتے ہیں۔ حیدر آباد کی خواتین ناول نگاروں نے بیسویں صدی کے نصف آخر میں ناول لکھنے شروع کیے اور تب سے آج تک یہ عمل مسلسل جاری ہے۔ کئی خواتین ناول نگار آج بین الاقوامی شہرت کی مالک ہیں۔ انہوں نے فن اور موضوع دونوں اعتبار سے اسے وسعت بخشی ہے۔ ان ناول نگار خواتین نے اپنے ناولوں میں عورتوں کے بنیادی مسائل کو جگہ دی ہے اور ناول کے ذریعہ عورتوں کی تعلیم و تربیت، سماجی و اخلاقی اور معاشرتی خامیوں کو دور کرنے کی بھی سعی کی ہے۔ ان کے نزدیک عورتوں کا ناخواندہ ہونا ہی تمام خامیوں اور برائیوں کی جڑ ہے۔ عورت اگر تعلیم یافتہ ہوگی تو کامیاب زندگی گزار سکے گی۔ اس کے علاوہ انھوں نے سماج کے فرسودہ رسم و رواج کی طرف بھی لوگوں کی توجہ مبذول کرنے کی کوشش کی ہے۔

جیلانی بانو

جیلانی بانو اردو کی مشہور و معروف فکشن نگار ہیں، انھوں نے اپنی تخلیقات کے ذریعے سماج کے مختلف مسائل خصوصاً سرزمینِ حیدرآباد کی معاشرتی و سیاسی فضا، تہذیبی

وثقافتی زندگی کے مختلف پہلوؤں کو اجاگر کرنے کی کوشش کی ہے۔ جیلانی بانو کی ولادت اتر پردیش کے مردم خیز شہر ضلع بدایوں میں ۱۴ جولائی ۱۹۳۶ کو ہوئی۔ جیلانی بانو نے جس عہد میں ہوش سنبھالا وہ جاگیر دارانہ ماحول و معاشرے کی ٹوٹتی بکھرتی روایتوں اور قدروں، سیاسی وسماجی تغیرات اور تحریک آزادی کا دور تھا۔ اس دور کے حالات و مسائل نے ان کے حساس ذہن کو متاثر کیا۔ اور جب انھوں نے قلم اٹھایا تو اپنی تمام فن کارانہ صلاحیتوں کو بروئے کار لانے کی کوشش کی۔ انسانی زندگی کے نشیب وفراز اور دیگر سیاسی، سماجی مسائل کو کہانیوں کے پیرائے میں ڈھال دیا۔ ان کی تخلیقات میں حقیقت پسندی اور سیاسی وسماجی شعور کی پختگی کا بھرپور اظہار ملتا ہے۔ جیلانی بانو نے نثر کی تمام اصناف پر طبع آزمائی کی ہے۔ انھوں نے اپنا تخلیقی سفر ملک کی آزادی کے بعد شروع کیا۔ ان کی پہلی کہانی کا نام "موم کی مریم" ہے جو کہ ادب لطیف لاہور کے سالنامے میں شائع ہوئی تھی۔ اس کے بعد ان کا قلم بلا کسی جھجھک کے چل پڑا۔ انھوں نے افسانہ وناول نگاری کے ساتھ ساتھ کتابوں پر تبصرے بھی کیے ہیں۔ روزنامہ سیاست میں کالم "شیشہ و تیشہ" بھی لکھا ہے۔ مختلف اخبارات ورسائل میں ان کی تخلیقات شائع ہوتی رہی ہیں۔

جیلانی بانو کے دو مشہور ناول "ایوان غزل" اور "بارش سنگ" ہیں۔ ان کا پہلا ناول "ایوان غزل" ہے، جو ۱۹۷۶ء میں شائع ہوا۔ اس ناول کا نام پہلے "عہد ستم" تھا لیکن اس وقت ایمر جنسی کی وجہ سے کتابوں پر سنسر شپ عائد تھی اور یہ نام چوں کہ قابل اعتراض تھا لہذا اس کا نام بدلنا پڑا۔ یہ ناول آزادی سے قبل اور آزادی کے بعد تک کے چند برسوں کی حیدرآبادی ثقافت و تہذیب کی حقیقی عکاسی کرتا ہے۔ اس ناول میں ریاست حیدرآباد کے زوال پزیر جاگیر دارانہ معاشرے میں پیدا شدہ حالات ومسائل کو موضوع بنایا گیا ہے۔ "ایوان غزل" دراصل ایک تہذیبی اور سماجی ناول ہے، جس میں ریاست حیدرآباد

کے زوال کی داستان پیش کی گئی ہے۔ جیلانی بانو نے "ایوان غزل" لکھ کر اردو ناولوں کی فہرست میں ایک اچھے ناول کا اضافہ کیا۔ آج اس ناول کا شمار اردو کے پسندیدہ ناولوں میں کیا جاتا ہے۔

جیلانی بانو کا دوسرا ناول "بارشِ سنگ" ۱۹۸۴ میں کراچی پاکستان سے اور ۱۹۸۵ میں حیدرآباد دکن سے شائع ہوا۔ بارش سنگ کا سب سے پہلے مراٹھی زبان میں ترجمہ کیا گیا اور حیدرآباد سے شائع ہونے والے رسالے "پنچ دھارا" میں اسے قسط وار شائع کیا گیا۔ بارش سنگ کا انگریزی میں بھی ترجمہ کیا گیا اور "A Hail of Stones" کے نام سے دہلی سے شائع کیا گیا ہے۔ "پتھروں کی بارش" کے نام سے اس کا ترجمہ ہندی میں ۱۹۸۷ میں دہلی سے شائع کیا گیا۔ "بارشِ سنگ" تلنگانہ کے کسان تحریک کے پس منظر میں تصنیف کیا گیا ہے، جس میں آزادی سے قبل اور آزادی کے چند برسوں بعد تک حیدرآباد کے رہنے والے دیہی علاقوں کے غریب کسانوں، مزدوروں اور عورتوں کے حالات و مسائل کی حقیقی عکاسی کی گئی ہے۔ جاگیر دارانہ نظام کا ظلم و ستم، معاشی استحصال، سماجی غیر برابری اور طبقاتی کشمکش اس ناول میں پوری شدت کے ساتھ موجود ہے۔

رفیعہ منظور الامین

رفیعہ منظور الامین حیدرآباد کی ایک مشہور و معروف فکشن رائٹر ہیں۔ ان کی ولادت حیدرآباد کے ایک تعلیم یافتہ گھرانے میں ہوئی۔ ابتدا میں ان کی تعلیم کاچی گوڑہ، حیدرآباد کے ایک اسکول میں ہوئی۔ ابتدائی تعلیم حاصل کرنے کے بعد انھوں نے کاچی گوڑہ سے ہی میٹرک کا امتحان پاس کیا۔ اپنا تعلیمی سفر جاری رکھتے ہوئے انھوں نے B۔Sc۔ ویمینز کالج، کوٹی، حیدرآباد سے کیا۔ رفیعہ منظور الامین کو بچپن ہی سے کہانیاں لکھنے کا شوق تھا۔ انھوں نے پہلی کہانی آٹھ سال کی عمر میں لکھی تھی جو دہلی سے شائع

ہونے والے رسالے "پیامِ تعلیم" میں شائع ہوئی تھی۔ کالج میں بھی وہ ادبی سرگرمیوں میں بڑھ چڑھ کر حصہ لیتی تھیں۔ کالج میگزین "کاسماس" کی ادارت کے فرائض بھی انھوں نے انجام دیے۔ ان کا پہلا ناول "سارے جہاں کا درد" پہلی بار ۱۹۷۴ میں اور اس کے دس سال بعد دوبارہ ۱۹۸۴ میں نظامی پریس، لکھنؤ سے شائع ہوا۔ یہ ناول ۳۴۳ صفحات پر مشتمل ہے۔ "عالم پناہ" مصنفہ کا دوسرا ناول ہے۔ اس ناول کے تین اڈیشن شائع ہوئے ہیں۔ ناول کو ہندوستان گیر شہرت حاصل ہوئی ہے۔ "عالم پناہ" کا ہندی زبان کے علاوہ کنڑ میں بھی ترجمہ ہوا۔ ہندی میں ناول کا ترجمہ منظور الامین نے کیا ہے۔ موصوفہ کا تیسرا ناول "یہ راستے" ۱۹۹۵ میں انجمن ترقی اردو، آندھرا پردیش، اردو ہال، حمایت نگر، حیدر آباد سے چھپ کر منظر عام پر آیا ہے۔

واجدہ تبسم

واجدہ تبسم اردو فکشن کا ایک اہم نام ہے۔ برصغیر کی یہ نامور شخصیت امراوتی میں ۱۶ مارچ ۱۹۳۵ کو پیدا ہوئی۔ ادبیات اردو میں جامعہ عثمانیہ سے ماسٹرز ڈگری حاصل کی۔ بعد میں کچھ ایسے حالات بنے کہ انھیں اپنے اہل خانہ کے ساتھ ۱۹۴۷ میں حیدر آباد دکن میں مستقل قیام کرنا پڑا۔ حیدر آباد کا دکنی لہجہ جو کہ دیگر صوبوں کی اردو سے قدر مختلف ہے، ان کی کہانیوں اور افسانوں میں دیکھنے کو ملتا ہے۔ دکنی زبان کے محاورے، ضرب الامثال کو انھوں نے بڑی چابک دستی سے استعمال کیا ہے۔ سرزمین دکن کی قدیم داستانوں، بود و باش اور رسوم کو انھوں نے اپنی تخلیقات میں بڑی خوبصورتی سے پیش کیا ہے۔ "کیسے کاٹوں رین اندھیری" اور "نتھ کی عزت" ان کے دو مشہور ناول ہیں، جن میں موصوفہ نے حیدر آباد دکن کی خاص مسلم تہذیب کو اجاگر کرنے کی سعی کی ہے۔ واجدہ تبسم کے ناولوں کا ایک مرکزی موضوع طوائف رہا ہے۔ حیدر آبادی معاشرت میں

طوائف کا کردار اس کی زندگی کے نشیب و فراز، اس کی خوشیاں، اس کے غم، اس کی خواہشیں اور گھریلو زندگی پر اس کے اثرات کا تجزیہ بڑی خوبی کے ساتھ واجدہ تبسم نے اپنے ناولوں میں پیش کیا ہے۔ "نتھ کی عزت" اگرچہ ایک مختصر ناول ہے لیکن اس میں "حیا" نامی طوائف کے جذبات واحساسات کا ایک سمندر ٹھاٹھیں مارتا ہوا دکھائی دیتا ہے۔ واجدہ تبسم نے انتہائی مہارت اور چابک دستی سے اس کا کردار تشکیل کیا ہے۔ "کیسے کاٹوں رین اندھیری" بھی حیدرآبادی ماحول پر لکھا گیا ایک دلچسپ اور عبرت آموز المیہ ناول ہے۔ اس ناول میں مصنفہ نے اس حقیقت سے پردہ اٹھایا ہے کہ کس طرح طوائفوں کے پیچھے ہنستے کھیلتے بسے بسائے گھر برباد ہو جاتے ہیں۔ حیدرآباد کی سماجی زندگی میں طوائف کے ناسور نے جو تباہیاں مچا رکھی تھیں، ان کا بیان ہی دراصل "کیسے کاٹوں رین اندھیری" کا موضوع ہے۔ اس وجہ سے یہ ناول ایک اصلاحی کتاب ہے، جسے ناول کے پیرائے میں لکھ کر مصنفہ نے ایک قابل قدر خدمت انجام دی ہے۔

صغرا ہمایوں مرزا

اردو دنیا میں صغرا ہمایوں مرزا ایک ادیبہ، شاعرہ، مدیرہ اور سماجی خدمت گزار کی حیثیت سے جانی اور پہچانی جاتی ہیں۔ بیگم صغرا ہمایوں کی ولادت ۱۸۸۴ میں حیدرآباد میں ہوئی اور ۱۹۵۹ میں حیدرآباد ہی میں انتقال ہوا۔ ان کی شادی ۱۹۰۱ میں ہمایوں مرزا صاحب سے ہوئی۔ شادی کے بعد دونوں نے حیدرآباد ہی میں مستقل سکونت اختیار کرلی۔ حیدرآباد میں رہ کر انہوں نے بہت سے فلاحی کام انجام دیے۔ لڑکیوں کی فلاح وبہبود کے خیال سے انہوں نے ایک مدرسہ صفدریہ قائم کیا، جس کے لیے موصوفہ نے اپنی جائداد کا ایک حصہ وقف کر دیا۔ اس مدرسے میں آج بھی تعلیم کے ساتھ ساتھ مختلف پیشہ ورانہ کورسز سکھائے جاتے ہیں۔ صغرا ہمایوں مرزا نے نہ صرف فلاحی کام

انجام دیے بلکہ اپنے قلم کے ذریعے سماج کی اصلاح کرنے کی کوشش بھی کی ہے۔ مصنفہ کا شمار اردو کی اولین خواتین ناول نگاروں میں ہوتا ہے۔ انہوں نے تقریباً چودہ ناول لکھے ہیں ، جن میں "تحریر النساء"، "موہنی"، "مشیر نسواں"، "زہرہ" اور "سرگزشت ہاجرہ" بہت مقبول ہوئے۔ بیگم صغرا ہمایوں مرزا کی تحریروں میں عموماً بیانیہ تکنیک کا استعمال کیا گیا ہے۔ اپنے عہد میں ان کی تخلیقات کافی مقبول ہوئیں۔ عوام اور خواص دونوں طبقوں میں مصنفہ کی تخلیقات بڑے شوق اور دلچسپی کے ساتھ پڑھی جاتی تھیں۔ ان کے فن پاروں میں اس عہد کے گہرے نقوش نظر آتے ہیں، جس کی بدولت اس عہد کی روایات کو سمجھنے میں آسانی ہوتی ہے۔

فاطمہ تاج

فاطمہ تاج حیدر آباد دکن کی ادب خیز سرزمین سے تعلق رکھتی ہیں۔ وہ حیدرآباد کی ان باشعور خواتین میں سے ایک ہیں، جنھوں نے ہر صنف پر طبع آزمائی کی ہے۔ جیسے غزل، نظم، افسانہ، ناول، انشائیہ، خاکہ وغیرہ۔ فاطمہ تاج کی ولادت حیدرآباد میں ۲۵ / اکتوبر ۱۹۴۸ء کو ہوئی۔ ان کے آباو اجداد مدینہ منورہ سے ہندوستان آکر آباد ہوئے۔ فاطمہ تاج کے دو ناول "جب شام ہوگئی" اور "نقشِ آب" اور ایک ناولٹ "وہ" منظر عام پر آچکے ہیں۔ فاطمہ تاج اپنی پر کشش تحریر سے اپنے احساسات، جذبات، تجربات و مشاہدات سب کچھ صفحہ قرطاس پر بکھیر دیتی ہیں۔ فنی نقطۂ نظر سے اگر دیکھا جائے تو انہوں نے اپنی تمام صلاحیتوں کو بروئے کار لانے کی کوشش کی ہے۔ فاطمہ تاج اچھی ناول نگار ہیں۔ ان میں بات کہنے کا سلیقہ موجود ہے۔ انہوں نے تقریباً تمام موضوعات پر اظہار خیال کیا ہے۔ ان کا یہ وصف ان کے شعور اور فن کا آئینہ دار ہے۔ فاطمہ تاج ہر لحاظ سے قابل قدر اور لائق ستائش ہیں۔

آمنہ ابوالحسن

حیدر آباد کی فکشن نگار خواتین میں آمنہ ابوالحسن کا نام کسی تعارف کا محتاج نہیں۔ سید آمنہ ابوالحسن جو آمنہ ابوالحسن کے نام سے ادبی دنیا میں پہچانی جاتی ہیں، حیدر آباد کے ایک تعلیم یافتہ گھرانے میں ۱۰ مئی ۱۹۴۱ کو پیدا ہوئیں۔ آپ کے نانا اپنے وقت کے جید عالم تصور کیے جاتے تھے۔ آمنہ ابوالحسن کے والد کا نام ابوالحسن سید علی تھا۔ آمنہ ابوالحسن کے بچپن میں ہی ان کی والدہ کا انتقال ہو گیا تھا۔ اپنے والد کے زیر سایہ انہوں نے تعلیم و تربیت حاصل کی۔ ان کے والد ابوالحسن سید علی مرحوم نامور قانون داں اور سیاست داں ہونے کے ساتھ ساتھ سیاسی رہنما بھی تھے۔ مصنفہ کی شادی دورانِ تعلیم ہی جناب مصطفی علی اکبر صاحب سے ہوئی جو آل انڈیا ریڈیو میں نیوز ریڈر کی حیثیت سے کام کر رہے تھے۔ آمنہ ابوالحسن ۹ اپریل ۲۰۰۵ کو سرائے فانی سے عالم لافانی کو منتقل ہو گئیں۔ آمنہ ابوالحسن کو بچپن ہی سے کہانی لکھنے کا شوق تھا۔ ان کی پہلی کہانی "ننھی کلی" کے عنوان سے بچوں کے لیے شائع ہونے والے رسالے میں چھپی تھی، اس وقت موصوفہ آٹھویں جماعت کی طالبہ تھیں۔ کہانی شائع ہونے کے بعد ان کے قلم میں خود اعتمادی آگئی اور دیکھتے ہی دیکھتے ان کی تخلیقات یکے بعد دیگرے منظرِ عام پر آنے لگیں۔ انہوں نے متعدد ناول لکھے جنھیں اردو ادب میں بہترین ناول تسلیم کیا جاتا ہے۔ مثال کے طور پر "سیاہ سرخ سفید"، "تم کون ہو"، "واپسی"، "مہک"، "یادش بخیر" وغیرہ۔

آمنہ ابوالحسن کا سب سے پہلا ناول "سیاہ سرخ سفید" ۱۹۶۸ میں نیشنل بک ڈپو، مچھلی کمان حیدر آباد سے شائع ہو کر منظر عام پر آیا۔ یہ ناول ۲۲۴ صفحات پر مشتمل ایک رومانی ناول ہے۔ ان کا دوسرا ناول "تم کون ہو" ۱۹۷۴ میں نیشنل پرنٹنگ پریس، چار کمان، حیدر آباد سے شائع ہوا یہ ناول ۱۶۴ صفحات پر مشتمل ایک معاشرتی ناول ہے۔ ان

کا ایک اور ناول " واپسی "۱۹۸۱ میں موڈرن پبلشنگ ہاوس، گول مارکٹ سے شائع ہوا۔ "یادش بخیر "۱۹۹۴ میں موڈرن پبلشنگ ہاوس، دریا گنج، نئی دہلی سے شائع ہوا۔ ناول "یادش بخیر " میں قدیم تہذیب اور جدید دونوں رجحانات پائے جاتے ہیں۔ مصنفہ نے ناول میں کہیں کہیں خود کلامی سے کام لیا ہے اور اس کے وسیلے سے کرداروں کے افکار و تصورات کی ترجمانی کی ہے۔

قمر جمالی

قمر جمالی کا اصلی نام قمر سلطانہ اور قلمی نام قمر جمالی ہے۔ موصوفہ کی پیدائش ڈسٹرکٹ نلگنڈہ کے ایک گاؤں ایٹور میں ۱۹۵۰ کو ہوئی۔ وہ دکن کی ایک مقبول و معروف فکشن نگار تصور کی جاتی ہے۔قمر جمالی کے ادبی سفر کا با قاعدہ آغاز "اے چاند چھپ نہ جانا" سے ہوا جو ایک عشقیہ موضوع پر مبنی کہانی ہے جو ایک ہفتہ وار اخبار "رسالہ روداد حیات" دہلی میں ۱۹۶۶ میں چھپا تھا۔ قمر جمالی بنیادی طور پر افسانہ نگار ہیں۔ لیکن قمر جمالی ان تخلیق کاروں میں گردانی جاسکتی ہیں جنہوں نے ناول اور افسانہ دونوں کے تئیں حق ادا کیا ہے۔ قمر جمالی نے " آتش دان " لکھ کر اپنی تخلیقیت اور فنی بصیرت کا مسلّم ثبوت ادبی دنیا کو فراہم کیا ہے۔ 'آتش دان' نہایت ہی سہل اور آسان زبان میں لکھا گیا ہے جس میں وقت کے فلسفے کو ایک لطیف انداز میں پیش کیا گیا ہے اور اشاروں کنایوں میں زندگی کے فلسفے کو سمجھایا گیا ہے۔ موصوفہ کا یہ پہلا ناول ہے۔ اب تک انہوں نے صرف افسانوی ادب تخلیق کیا ہے۔ اصولی طور پر اس ناول میں افسانوی رنگ زیادہ ہونا چاہئے تھا لیکن ایسا نہیں ہے۔ انہوں نے اس میں ایک نئے موضوع کو جگہ دی ہے۔ گاؤں کے کسانوں کی مظلومیت ،انانیت اور سیاست کی غنڈہ گردی ،دولت اور قبیلے کے بل بوتے پر ڈکٹیٹر شپ کی چکی میں پسے ہوئے

عام انسان کو موضوع بنایا گیا ہے۔ ناول نگار نے ایک چھوٹے سے دیہات کے ذریعہ ہندوستان کی سماجی، سیاسی اور معاشی زندگی کو پیش کیا ہے۔ اس ناول میں جہاں ایک طرف سیاسی لیڈر کی انا پرستی اور ظلم کو واضح کیا گیا ہے وہیں انسان کی دم توڑتی قدیم سماجی زندگی کو بھی پیش کیا گیا ہے۔ قمر جمالی کا ناول "آتش دان" فنی نقطۂ نظر سے کامیاب ناول ہے۔ قمر جمالی نے اس وقت مارکسی نظریہ کو احیائے نو بخشا جب ہمارا اردو ادب نئے نظریات کے دھندلکوں میں کہیں گم ہو گیا تھا اور حقیقت نگاری کے بجائے غیر منکشف چیزوں پر زور دیا جاتا تھا۔ مجموعی طور پر قمر جمالی ایک ایسی نسائی آواز ہے جو اپنی تحریروں کی وساطت سے اردو دنیا میں اپنی پہچان بنانے میں کامیاب نظر آتی ہیں۔ ان کا ذوقِ جمال ان کے ناول "آتش دان" میں نکھر کر سامنے آیا ہے۔ "آتش دان" میں سلگتی جلتی بے چین و بے قرار دیہاتی زندگی کو پیش کیا گیا ہے۔

***

ناول آگ کا دریا اور قدیم ہندوستان کی معنویت

محمد عامر

اردو ادب کی ممتاز فکشن نگار 'قرۃ العین حیدر' کا مشہور زمانہ ناول 'آگ کا دریا' جو اپنے پلاٹ اور پھیلاؤ کی بدولت ہمیشہ بحث کا موضوع رہا ہے۔ اس ناول کی عظمت کا اعتراف ہر ادیب اور ناقد نے کیا ہے۔ ناول نگار نے اس ناول میں ہندوستان کی ہزاروں برس کی تاریخ اور تہذیب کو پیش کیا ہے۔ اس ناول کے مطالعے سے جہاں ہمیں قدیم ہندوستان کو سمجھنے میں مدد ملتی ہے، وہیں اس بات کا بھی علم ہوتا ہے کہ موجودہ ہندوستان کی سائیکی کی جڑیں اسی قدیم ہندوستان میں پیوست ہیں۔ اگر ہم ناول 'آگ کا دریا' کا بغور مطالعہ کریں تو ہمیں اس بات کا اندازہ ہو جاتا ہے کہ ناول نگار 'قرۃ العین حیدر' نے کس محنت اور جانفشانی سے قدیم ہندوستان اور اس کے فلسفے کو سمجھا اور پیش کیا ہے۔ ناول کے مطالعے سے ناول نگار کے اس والہانہ عشق کا پتہ چلتا ہے جو انھیں ہندوستانی درشن / فلاسفی سے ہے۔

ایک سو ایک ابواب پر مشتمل اس ناول کو بنیادی طور پر تین حصوں میں تقسیم کیا گیا ہے۔ جو تین مختلف قسم کی تہذیبوں کی نمائندگی کرتے ہوئے نظر آتے ہیں اور یہ تین مختلف تہذیبیں جب باہم ملتی ہیں تو موجودہ ہندوستان کی تشکیل ہوتی ہے۔ موجودہ ہندوستانی سائیکی میں جس فلسفے کی کارفرمائی ہے اس کا بیان ناول نگار نے شروع کے ابواب

ایک سے سولہ تک میں مفصل طور پر کیا ہے اور انھیں ابواب کے سہارے ناول 'آگ کا دریا' اپنی آگے کی منزلیں طے کرتا ہے۔ یہ حصے ناول کو اس کے منطقی انجام تک پہنچانے میں بنیادی کردار ادا کرتے ہیں۔

ناول کے اس پہلے حصے کا تعلق 'شراوستی' اور 'پاٹلی پتر' سے ہے۔ شراوستی ہندوستان کے صوبہ اتر پردیش کا سب سے شمالی ضلع ہے جبکہ پاٹلی پتر کا نام تبدیل کر کے پٹنہ کر دیا گیا ہے جو کہ ہندوستان کے صوبہ بہار کی موجودہ راجدھانی ہے۔ یہ دونوں شہر اپنی قدامت اور روحانیت کے لیے تمام دنیا میں مشہور و معروف ہیں۔ شراوستی جہاں 'گوتم بدھ' کو عظیم ریاضت کے بعد گیان ملا، اپنا ایک الگ مقام رکھتا ہے۔ شراوستی سے امن، پیار، محبت کی ایسی روشنی پھیلی کہ اشوک جیسا عظیم حکمراں جب کلنگ کی جنگ اور اس کی ہولناکیوں سے گھبرا گیا تو اسے صرف بدھ کی پیروی میں ہی سکون نصیب ہوا۔ بدھ کے امن کے فلسفے نے جنگوں سے تباہ حال انسانوں کو پھر سے جینے کے قرینے سکھائے اور دیکھتے ہی دیکھتے ان کی تعلیمات تمام بر اعظم ایشیا میں پھیل گئیں۔ بدھ کی تعلیمات کا ایسا اثر ہوا کہ ایک لمبے عرصے تک عوام الناس جنگ کی تباہی اور بربادی سے محفوظ رہی۔

گوتم نیلمبر جو ناول کا پہلا کردار ہے اور قدیم ہندوستان کی نمائندگی کرتا ہے وہ شراوستی کے ایک پنڈت گھرانے میں پیدا ہوا تھا۔ شر واستی کے ہی ایک آشرم میں اس کی تعلیم کا بندوبست کیا جاتا ہے۔ آشرم میں تعلیم حاصل کرنے کے ساتھ ساتھ اسے گاؤں گاؤں جاکر دال چاول بھی مانگ کر لانا پڑتا ہے۔ ایک دن جب وہ بھیک مانگنے کے سلسلے میں شراوستی سے دور ایودھیا نکل جاتا ہے۔ گوتم نیلمبر ایک دولت مند گھرانے کا چشم و چراغ تھا لیکن آشرم کی تعلیم کا یہی اصول تھا کہ کھانے کے لیے بھیک مانگ کر لایا جائے تاکہ انسان کے اندر جو عظیم المرتبت ہونے کا غرور ہے اس کا خاتمہ ہو سکے۔ ایودھیا

سے لوٹتے وقت رات ہو جاتی ہے جس کی وجہ سے وہ سریو ندی کے کنارے ایک مندر کی دیوار کے سائے میں سونے کے لیے لیٹ جاتا ہے۔ لیٹے لیٹے اسے پتہ چلتا ہے کہ پاس میں کوئی اور شخص بھی لیٹا ہوا ہے۔ دوسرے لیٹے ہوئے شخص کا نام ہری شنکر ہے۔

ہری شنکر ناول کے پہلے حصے کا بہت ہی اہم کردار ہے۔ یہی وہ کردار ہے جو گوتم نیلمبر کو دنیا جہان کی باتیں بتاتا ہے۔ ہری شنکر نے تکشِلا سے اپنی تعلیم مکمل کی تھی۔ اس نے ادب، فلسفہ، ریاضی، قانون اور طبیعیات کی تعلیم حاصل کی لیکن ریاضی، قانون اور طبیعیات میں اسے مہارت حاصل تھی۔ ہری شنکر اور گوتم نیلمبر کے مابین ہونے والی گفتگو ہی دراصل قدیم ہندوستان ہے۔ تاریخ، جغرافیہ، فلسفہ، مذہب اور ادب ہے۔ غرض ہم کہہ سکتے ہیں کہ ناول نگار نے ان مکالموں میں اتنی معنویت، گیرائی اور گہرائی رکھی ہے کہ جس میں قدیم ہندوستان کے ہر روپ کو دیکھا جاسکتا ہے۔ گوتم کے پوچھنے پر کہ کیا وہ کشن واسو دیو کا بھکت ہے تو ہری شنکر اسے بتاتا ہے کہ وہ اس جگہ سے آرہا ہے جہاں شیو کی عبادت کی جاتی ہے۔ ہری شنکر گوتم کو بتاتا ہے کہ اس نے اپنی تعلیم مکمل کرنے کے بعد بہت ساری جگہوں کی سیر کی۔ وہ بتاتا ہے کہ اس نے اپار سمندر کے کنارے دوارکا کے درشن کیے۔ وہ متھرا گیا۔ برہم دت میں ہستناپور کے کھنڈر دیکھے۔ ہری شنکر کی باتوں سے گوتم بہت مرعوب ہوتا ہے۔ ہری شنکر بودھ مذہب کا ماننے والا تھا جب کہ گوتم نیلمبر ایک پنڈت تھا لیکن پنڈت ہونے کے باوجود وہ اپنے سماج کی تنقید کیا کرتا تھا۔ یہی سبب تھا کہ جب ہری شنکر اس سے پوچھتا ہے کہ کیا وہ کاشی میں تعلیم حاصل کر رہا ہے تو گوتم بتاتا ہے کہ نہیں وہ شراوستی میں ہی تعلیم حاصل کر رہا ہے کیونکہ کاشی کی پاٹھ شالہ تو صرف مہا پنڈت تیار کرتی ہے۔ گوتم کے اس جواب سے ظاہر ہوتا ہے کہ وہ پنڈت نہیں بننا چاہتا تھا۔ گوتم ہری شنکر سے پوچھتا ہے کہ کیا اسے ناٹک میں دلچسپی ہے؟ ہری شنکر اسے بتاتا

ہے کہ اسے پہلے ناٹک میں دلچسپی تھی لیکن اب نہیں ہے۔ گوتم اسے بتاتا ہے کہ تین سو سال پہلے تمہارے تکسشلامیں ایک شخص گزرا ہے جس کا نام پانِنی تھا۔ اس نے الفاظ کے اسرار کی ایک نئی کائنات دریافت کی تھی۔ دونوں کے مابین لفظوں کے رموز واوقاف کو لے کر کافی باتیں ہوتی ہیں۔ ہری شنکر کا ماننا تھا کہ اب ہمیں الفاظ اور آوازوں کا رمز چھوڑ دینا چاہیے جبکہ گوتم کا کہنا تھا کہ اوم کے تین حرفوں اور ساپاسا کے تین سُروں کے درمیان تو کائنات کا سارا وجود بندھا ہوا ہے۔ آواز آکاش کا ایک گن ہے۔ گوتم ہری شنکر سے کہتا ہے کہ وہ کیسا فلسفی ہے جو الفاظ میں یقین نہیں رکھتا۔ پانِنی، تمھارے تکسشِلا کے استاد نے کہا تھا اپنے یا دوسروں کے خیالات کے مظاہر صرف خیالات ہی ہو سکتے ہیں۔ ان کی ماہیت کا مطالعہ کرنا کس قدر ضروری ہے۔ الفاظ کے راستے کے بنا خالص خیال تک کیسے پہنچ پاؤ گے؟ آواز الفاظ کا پراکرِتک گُن ہے۔ اور مادہ ابدی ہے۔ وید زبان کی شکل میں برہما ہے۔ اور مادہ برہما ہے۔ ہری شنکر گوتم کے لفظ کی ابدیت کے خیال سے اتفاق نہیں کرتا۔ اس کا ماننا ہے کہ لفظ اور آواز وقتی چیزیں ہیں جب کہ سُر ہمیشہ باقی رہیں گے۔

گوتم نیلمبر اور ہری شنکر کے درمیان ہونے والی گفتگو دراصل ایک ایسا بیانیہ ہے جس کے توسط سے ناول نگار نے اس زمانے کے حالات، سائیکی، تہذیب و تمدن کو پیش کیا ہے۔ اور ساتھ ہی منظر نگاری میں بھی اپنے فن کا لوہا منوایا ہے۔ الفاظ کا انتخاب اور جملوں کا تسلسل اتنا سحر انگیز ہے کہ جن کے پڑھنے سے ہم قدیم ہندوستان کی جادوئی دنیا میں کھوتے چلے جاتے ہیں۔ شہروں کی منظر نگاری اس طرح سے کی گئی ہے کہ اس میں تاریخی اور مذہبی رنگ بھی سما گیا ہے۔ جیسے ہری شنکر جب ایودھیا شہر کا ذکر کرتا ہے تو ایسا لگتا ہے پوری ایک جیتی جاگتی تہذیب ہماری نظروں کے سامنے رقصاں ہوگئی ہو۔ ملاحظہ ہو:

"مقدس سرجو—رِگ وید میں بہنے والی ندی—میری ماں—جانے کب تک اسی

طرح بہتی رہے گی — سامنے میرا شہر ہے۔ خوبصورت۔ شاندار ایودھیا۔ کتنے زمانے سے اسی جگہ پر یوں ہی راتوں کو جگمگاتا رہا ہے۔ کتنے جگ بیت گئے جب منو کا بیٹا اس کا پہلا بادشاہ بنا تھا اور شیو بھگت بھاگیرت اور ڈِگ وجے (فاتح عالم) رام چندر۔ ایودھیا۔ اج کا۔ برہما کا شہر۔ جسے کوئی جیت نہیں سکا۔ تم نے کبھی اس نگری کے رقاصوں اور سنگیت کاروں کو دیکھا ہے؟ یہاں کے ناچوں میں شامل ہوئے ہو؟ راج محل میں بسنت کا تہوار منایا ہے؟ یہیں پر چمپک رہتی ہے اور یہیں پر میرے گھر والے اور میری بہن میرے منتظر ہیں — جس طرح سری کرشن کو اپنی بہن سبھدرا پیاری تھی ویسے ہی میں اپنی بہن کو عزیز رکھتا تھا۔ مگر میں نے اس کی محبت کو دوسری محبتوں اور وفاداریوں کے ساتھ دل سے نکال پھینکا اور پھر اودھ لوٹ آیا — رام نے چودہ برس کے بن باس کے بعد لوٹنے کا وچن دیا تھا۔ میں بھی واپس آیا ہوں مگر سدھارتھ نے مجھے وعدوں کے بندھن سے بھی آزاد کر دیا ہے — میری بہن — رام چندر کی بہن شانتا کی ایسی خوبصورت اور معصوم ہے اور لوگ کہتے تھے کہ اسی ایودھیا میں جس طرح ڈیڑھ ہزار سال قبل شانتا اور سیتا کی جوڑی تھی ایسے ہی نرملا اور چمپک چاند اور سورج کی مانند جگمگاتی ہیں۔"

(آگ کا دریا: قرۃ العین حیدر، ایجوکیشنل پبلشنگ ہاؤس، دہلی، ۲۰۱۲، ص ۵۲)

ناول نگار قرۃ العین حیدر کو منظر نگاری کے فن میں ملکہ حاصل ہے۔ وہ جس شے کی منظر کشی کرتی ہیں ہو بہو مجسم تصویر بنا دیتی ہیں۔ یہاں انھوں نے ایودھیا شہر کا منظر کھینچا ہے۔ ان کا انداز اور لفظوں کا انتخاب اتنا مکمل ہوتا ہے کہ ایک لفظ گھٹانے یا بڑھانے کی گنجائش باقی نہیں رہ جاتی ہے۔ اردو ہندی کی ساجھی وراثت اگر کسی ناول نگار کے یہاں بدرجۂ اتم موجود ہے تو وہ قرۃ العین حیدر کی ذات ہے۔ مندرجہ بالا اقتباس میں جہاں ناول نگار نے ایودھیا شہر کی منظر کشی کی ہے وہیں اس کے تاریخی پس منظر کو بھی بہ

حسن و خوبی بیان کیا ہے۔ ان تاریخی واقعات کے سہارے مصنفہ نے قدیم ہندوستان کی عظیم الشان حکومت، رسم و رواج اور طور طریقوں کو بڑی فنکاری سے پیش کیا ہے۔

ایودھیا شہر کی اتنی خوبصورت عکاسی کی گئی ہے جو اپنی مثال آپ ہے۔ ایک پورا جیتا جاگتا شہر آنکھوں کے سامنے گھوم جاتا ہے۔ ایودھیا شہر کی عکاسی صرف منظر نگاری تک محدود نہیں ہے بلکہ اس کے ساتھ ہیں تہذیب و ثقافت کو بھی سمو دیا گیا ہے۔ اسی طرح جب شراوستی شہر کا بیان کرتی ہیں تو ان کے تخیل کی بلندی اپنے عروج پر ہوتی ہے۔ ایک ایک کونہ اور ایک ایک سِرے کی عکاسی بڑی خوبی سے کی گئی ہے۔

"شراوستی کا شہر بہت گنجان اور بارونق تھا، دور دور کے دیشوں سے آئے ہوئے لوگ یہاں رہتے تھے۔ الگ الگ محلوں میں کاریگر، سُنار بزاز، آڑھتی اور دوسری پیشہ ور جماعتیں آباد تھیں۔ ان کی اپنی اپنی منڈلیاں تھیں اپنے اپنے قوانین۔ چوروں تک کی منڈلی مع ایک باضابطہ شاستر کے موجود تھی۔ بارہ مہینے چہل پہل رہتی۔ ہمیشہ کوئی نہ کوئی تہوار منایا جاتا۔ ہر شخص اپنے اپنے کام میں منہمک تھا۔ مصوروں اور سنگ تراشوں کی ٹولیاں نگار خانوں میں مصروف رہتیں۔ ناٹک منڈلی میں صبح سے کھیل شروع ہو جاتا اور دن بھر جاری رہتا۔ ناٹک اور ناٹکائیں زرق برق کپڑے پہنے، چہروں پر روغن لگائے مشہور تمثیلیں پیش کرتیں۔ چوراہوں پر مداری اپنے کرتب دکھلاتے، بھنگ کی دکانوں پر آوارہ گردوں، اچکوں اور ٹھگوں کا مجمع رہتا۔ تہواروں کے موقعے پر بنجارے تاڑی پی کر زور زور سے گاتے پھرتے۔ ڈوم نقلیں کرتے۔ دیش ناریاں چھن چھن کرتی اپنی انگلیوں میں ٹہلتیں۔ امیر زادیاں سولہ سنگار کیے تھالیوں میں گھی کے چراغ جلائے مندروں کی اور جاتی نظر آتیں۔ عود اور لوبان کی خوشبو سے فضا بوجھل ہو جاتی۔" (ایضاً، ص ۹۲)

شراوستی شہر جو مذہبی اور ثقافتی رواداری کی وجہ سے اپنی ایک الگ شناخت رکھتا ہے

اور اسی رواداری کی وجہ سے دنیا بھر میں مشہور و معروف بھی ہے۔ یہ شہر زمانۂ قدیم سے موجودہ دور تک قائم و آباد ہے۔ اس شہر سے ہندوستانیوں کو آج بھی والہانہ لگاؤ ہے۔ ناول نگار نے شراوستی میں ہندوستانی سماج کے ہر طبقے کو لاجمع کیا ہے۔ یہاں ناول نگار نے کاریگر، سنار، بزاز، آڑھتی، مصور، سنگ تراش، نوٹنکی، مداری، ٹھگ، بنجارہ، ڈوم، امیر وغریب وغیرہ غرض کہ ہر طبقے کی نمائندگی کو پیش کرنے کی سعی کی ہے۔ کوشلوں کے دور حکومت میں یہ شہر ان کی راجدھانی تھا جس کی وجہ سے اس کو بننے اور سنورنے کا خاص موقع ملا۔ مہاتما بدھ نے بھی اپنی زندگی کا ایک خاص حصہ اسی شہر میں بسر کیا۔ جس کی وجہ سے اس کی مذہبی اہمیت میں اور اضافہ ہو جاتا ہے۔

اب ہم یہ دیکھنے کی کوشش کریں گے کہ کیسے ناول نگار نے ایک تسلسل کے ساتھ ان واقعات اور خیالات کو ایک لڑی میں پرو دیا ہے جن سے مل کر موجودہ ہندوستان کی سائیکی کی تشکیل ہوتی ہے۔ ان واقعات، اصولوں اور فلسفیانہ جملوں کو یکے بعد دیگرے قلم بند کیا جاتا ہے تا کہ قارئین کو اس قدیم ہندوستان کی عظمت کا احساس ہو سکے۔ وہ ہندوستانی عظمت جس کو ناول نگار پیش کرنا چاہتا ہے۔ ملاحظہ ہو::

"اب شاکیہ منی بھی خالص اسی کوشل دیش کے رہنے والے تھے۔ وہ بھی شراوستی آکر برسوں رہے۔ انھیں پری نروان حاصل کیے ابھی زیادہ مدت نہیں گزری تھی مگر سارا ملک ایک نئے نارنجی رنگ میں رنگتا جا رہا تھا۔" (ایضاً، ص ۴۲)

"لیکن۔۔۔۔۔ گوتم نیلمبر ہری شنکر کی بات کاٹی۔ لیکن اوم کے تین حرفوں اور ساپاسا کے تین سُروں کے درمیان۔۔۔ تو کائنات کا سارا وجود بندھا ہوا ہے۔ آواز آکاش کا ایک گُن ہے۔" (ایضاً، ص ٦۲)

"تم کیسے فلسفی ہو جو الفاظ میں یقین نہیں رکھتے۔"

(ایضاً، ص ۲۷)

"علّیت کا قانون بجائے خود مکمل ہے۔" (ایضاً، ص ۳۳)

"میں۔۔۔ میں تو پچھتاؤں کے دیس میں رہا ہوں جہاں اتر کے نیلی آنکھوں والا سفید فام ولایتی شیو کی عبادت کرتے ہیں۔ میں نے ایراویتی اور چندر بھاگ کی وادیوں کی سیر کی ہے۔ میں سندھو کی لہروں پر تیرا ہوں۔ پورب میں دنگا تک گیا ہوں۔ میں نے برہم پتر اور سدر بن اور چندرادیپ کی دلدلوں میں جنگلی دھان اگتے دیکھے ہیں جہاں سیاہ لباس پہنے لمبے بال کندھوں پر جھٹکائے مرگ نینی لڑکیاں ہرے بانس کے جھنڈوں میں رہتی ہیں اور پریوں کی طرح گاتی رہتی ہیں۔ (ایضاً، ص ۴۳)

"اپنشدوں میں لکھا ہے کہ کائنات آزادی میں پیدا ہوئی، آزادی میں موجود رہتی ہے اور آزادی میں سمو جاتی ہے۔" (ایضاً، ص ٦۳)

"برہمچاریہ کی زندگی بسر کر کے لڑکیاں پھر اکثر اعلی تعلیم حاصل کرتیں۔ رگ وید کی کئی نظمیں اور راہبات کے نغمے لڑکیوں نے لکھے تھے۔ شاعرہ اپالا کی نظمیں گوتم نے پڑھی تھیں۔" (ایضاً، ص ۸۳)

"سبھی طالب علم اسی طرح گرو کے طابع تھے۔ بعض بعض مرتبہ گرو کے لیے اپنی جان پر کھیل جاتے۔ بھیک مانگ کر سب سے پہلے گرو کو لا کر دیتے اور اکثر خود بھوکے رہ جاتے۔ طالب علم کو حکم تھا کہ وہ ذات اور نسل کے غرور اور شہرت اور نیند کی تمنا سے دور رہے۔" (ایضاً، ص ۹۳)

ناول نگار قرۃ العین حیدر کو ہندوستانی اساطیر کے بیان میں کافی مہارت حاصل ہے۔ ساتھ میں ہی وہ اردو ناول نگاری کی روایت میں ایک ایسا مقام رکھتی ہیں جن کو ہندوستانی سائیکی کی جڑیں ماضی بعید کے کھنڈروں میں پیوست نظر آتی ہیں۔ یہ درست

بھی ہے کہ آج بھی ہندوستانی سماج، اس میں بسنے والے لوگ، ان کے سوچنے کا اندازاور ان کے روزمرہ کے عادات واطوار بھی اُسی ماضی میں پیوست ہیں جن کو ناول نگار نے اپنے ناول-'آگ کا دریا'میں بڑی محنت اور جاں فشانی سے صفحۂ قرطاس پر ناول کے روپ میں بکھیرنے کی کوشش کی ہے۔ مندرجہ ذیل اقوال سے ہمیں جہاں قدیم ہندوستان کو سمجھنے میں مدد ملتی ہی-؛ وہیں ناول نگار کی ریاضت ، وسیع مطالعہ اور تاریخ و جغرافیہ پر دسترس کا بھی پتہ چلتا ہے۔ ملاحظہ ہو::

"مہابھارت اور منودونوں کے نزدیک حکومت کا سخت گیر ہونا لازمی تھا کیونکہ انسان فطرتاً بد تھا۔ عوام کا فرض تھا کہ وہ اپنے ورن کے لحاظ سے اپنا فرض ادا کریں۔" (ایضاً، ص ٦٤)

"مگدھ میں ان دنوں میں نندوں کی حکومت تھی جو خدائے دولت کُبیر سے بھی زیادہ امیر تھے۔" (ایضاً، ص ١٥)

"زندگی کی ندی پر پُل بنانے والا چوبیسواں مہاویر جو ویشالی کے کند گرام میں پیدا ہوا اہنسا کی تلقین کرتا سارے دیش میں گھما—اور پھر دورونگا کے گھنے جنگلوں کی طرف نکل گیا۔ کپلاوستی کے لمبنی گرام میں پیدا ہونے والا سدھارتھ جو گریوج کی سبز پہاڑیوں پر چلا۔ نرنجن ندی میں نہایا۔ پیپل کے درخت کے سائے میں جسے گیان حاصل ہوا۔ شراوستی اور کاشی کے باغوں میں، جہاں ہرن کلیلیں بھرتے تھے، اس نے وعظ کہے اور جو کوسی نگر میں مرا۔" (ایضاً، ص ٢٥)

"جنگ عظیم آج سے سیکڑوں برس قبل کوروکشیتر میں لڑی گئی تھی اور ہستناپور کے ان بہادروں کے قصّے، جنہوں نے دروپدی سے بیاہ رچانے کے بعد اندرپرستھ کا ایسا خوبصورت شہر آباد کیا تھا، گانے والے وینا اور مردنگ بجابجا کر گاؤں گاؤں سناتے پھرتے

تھے۔"

(ایضاً، ص ۹۵)

قرۃ العین حیدر کو اپنے ماضی سے بہت لگاؤ تھا اور انھوں نے اپنے ناولوں میں ہندوستانی تہذیب کو عمدہ طریقے سے پیش بھی کیا ہے۔ ان کے ناولوں کے اسالیب اور لفظوں کا انتخاب بھی اس بات کے شاہد ہیں۔ وہ خود لکھتی ہیں کہ::

I am intensly intrested in my past

"میرا ذاتی ماضی نہیں یا صرف میرے خاندان کا ماضی نہیں بلکہ مجھے پورے ماضی سے دلچسپی ہے۔ میں تاریخ میں، ماضی میں Involve ہوں بہت زیادہ اگر مجھے موقع ملے تو میں موہن جوداڑو کے بارے میں لکھوں۔"

I would like to go back and back and back

ناول 'آگ کا دریا' میں بہت ساری جنگوں کا باقاعدہ ذکر ہوا۔ یہ جنگیں سرسری انداز میں بیان نہیں ہوئی ہیں بلکہ ایک مکمل تاریخ کے طور پر بیان ہوئی ہیں لیکن ان سے قطع نظر ہمیں یہاں صرف ایسے واقعات سے غرض ہے جو موجودہ ہندوستانی سائیکی کی تشکیل میں بنیادی کردار ادا کرتے ہیں۔

بقول شمیم حنفی:

"قرۃ العین حیدر نے کم و بیش ان تمام تہذیبوں کو ایک نئی استعاراتی جہت دی ہے جو تاریخ کے مختلف زمانوں میں ابھریں اور ڈوبیں، مگر ڈوبنے کے بعد بھی وقت کی بساط پر ان کی آمدورفت کے نشانات دکھائی دیتے ہیں۔ برّ صغیر ہندو پاک کی تاریخ کے حساب سے دیکھا جائے تو تقسیم کے پہلے کے پانچ ہزار برسوں سے لے کر بنگلہ دیش کے قیام تک اور ایک خاندان کے قصے سے لے کر ایک وسیع اور کثیر الجہات اجتماعی کلچر کے بناؤ اور

بگاڑ تک قرۃ العین حیدر نے شخصی اور اجتماعی تاریخ کے تقریباً تمام اہم واقعات کو رجسٹر کیا ہے۔"

(ماہنامہ آجکل نئی دہلی، اگست ۱۹۹۰، جلد ۴۹، شمارہ ۱، ص ۱۰)

اگر سیاسی طور پر دیکھا جائے تو قدیم ہندوستان میں بھی حکومتوں اور شہنشاہوں کے جاہ و جلال کے عکس دیکھنے کو ملتے ہیں اور جیسے جیسے وقت گزرتا جاتا ہے ان کی جاہ و حشمت میں اضافہ ہوتا جاتا ہے۔ ناول آگ کا دریا میں ان حکومتوں کے آغاز اور انجام سے سیر حاصل بحث کی گئی ہے۔ ناول کے شروعاتی دور میں ان بادشاہوں کا ذکر کثرت سے ملتا ہے جن کے دست شفقت میں مختلف مکتب ہائے فکر کو اپنے خیالات کی ترویج و اشاعت میں مدد ملتی ہے۔ ناول کا پہلا حصہ جس کا تعلق قدیم ہندوستان سے ہے سیاسی طور پر اس کا آغاز ویدک تہذیب سے ہوتا ہے اور اختتام چندر گپت موریہ کے عہد میں ہوتا ہے۔ اس دور کو شر اوستی سے لے کر ایودھیا تک کے وسیع و عریض علاقے تک پھیلایا گیا ہے۔ ناول نگار چونکہ قدیم ہندوستان کے ان پہلوؤں کو دکھانا چاہتی تھی جن کا تعلق مثبت پہلوؤں سے تھا۔ اس لیے اس نے تمام ان واقعات سے تہی دامنی اختیار کی جو کسی بھی قسم کے منفی اثرات کا باعث بن سکتے تھے۔

ناول 'آگ کا دریا' کے حوالے سے ہم کہہ سکتے ہیں کہ اردو ادب میں لکھا گیا ایک ایسا ناول ہے جس کے پلاٹ کا پھیلاؤ صدیوں پر محیط ہے اور اردو کا کوئی دوسرا ناول اس کا مقابلہ نہیں کر سکتا ہے۔ اس کے علاوہ جو بات نکل کر سامنے آتی ہے وہ یہ ہے کہ اس ناول میں جہاں مختلف قسم کے سماج اور اس سماج میں رہنے والوں کی نمائندگی دیکھنے کو ملتی ہے۔ اس میں ایک بات ضرور ہے کہ ناول نگار نے کسانوں کے حالات و کوائف کی نمائندگی کرنے والا کوئی کردار نہیں خلق کیا جس کا احساس بار بار ہوتا ہے۔ چونکہ قدیم ہندوستان

میں کھیتی کرنا اور جانور پالنا عوام کا اہم ترین پیشہ تھا اس لیے ضروری تھا کہ اس کا عکس ناول میں جگہ جگہ دیکھنے کو ملتا، لیکن ایسا نہیں ہو سکا۔ اس کے باوجود ناول 'آگ کا دریا' اردو ادب کا ایک ایسا شاہکار ناول ہے جس کی مثال اردو ادب کے علاوہ دنیا کی دوسری عظیم زبانوں میں بھی مشکل سے دیکھنے کو ملتی ہے۔

***

مرزا رسوا کے ناول 'اختری بیگم' کے نسوانی کردار
ڈاکٹر محمد توحید خان

اختری بیگم ایک ایسا ناول ہے جس میں مرزا ہادی رسوا نے اختری بیگم کی مثالی شخصیت کے پردے میں لکھنؤ کے نوابوں کی زبوں حالی اور جعل سازوں کی جعل سازی کو بہت خوبصورتی سے بیان کیا ہے۔ ۱۸۵۷ کے بعد جو لکھنؤ کا زوال آمادہ سماج تھا اس میں نوابوں کی بد حالی قابل رحم تھی۔ وہ اندر سے کھوکھلے ہو چکے تھے لیکن ظاہر داری اور نوابی فکر ان کا پیچھا نہیں چھوڑ رہی تھی۔ مرزا رسوا چونکہ لکھنؤ کے تہذیبی و ثقافتی معاملات اور سماجی، سیاسی، اور معاشی حالات کا گہر اشعور رکھتے تھے اس لیے ان کے تقریباً تمام ناولوں میں لکھنؤ اپنی گوناگوں صفات کے ساتھ نہ صرف موجود ہے بلکہ وہ لکھنوی تہذیب و ثقافت کا مرقع ہیں۔ یوں تو مرزا رسوا نے متعدد ناول لکھے تاہم امراؤ جان ادا کو جو شہرت و مقبولیت ملی وہ کسی اور ناول کے حصے میں نہیں آئی۔ ظاہر ہے افکار و کردار اور موضوع و مواد کو جس کمال ہنر مندی سے امراؤ جان ادا میں پیش کیا گیا ہے وہ کسی اور ناول میں نظر نہیں آتا۔ لیکن اس کا یہ مطلب نہیں کہ ان کے دیگر ناول کسی لائق نہیں۔ البتہ فنی لحاظ سے ان میں کچھ خامیاں ضرور ہیں جو انھیں بلندی تک پہنچنے سے روکتی ہیں۔

مرزا رسوا کے یہاں موضوعات کا کوئی خاص تنوع نہیں ہے۔ وہی لکھنؤ کا زوال پذیر معاشرہ اور بد حال نواب ہے جس میں عیش و مستی اور جعل سازی ہے اور دم توڑتے اقدار

کی کہانی ہے۔ البتہ پیش کش کا انداز ہر ایک میں منفرد ہے۔ خواہ وہ امراؤ جان ادا ہو، شریف زادہ ہو، ذات شریف ہو یا اختری بیگم۔ دوسری بات یہ کہ مرزا رسوا کو کردار نگاری میں کمال حاصل تھا۔ وہ بڑے عالم و فاضل اور نفسیات کے ماہر تھے اس لیے انھیں کرداروں کی کیفیات اور نفسیات کا بخوبی علم تھا۔ یہی وجہ ہے کہ جس طرح حقیقی زندگی میں انسانی طبائع مختلف ہیں اسی طرح ان کے ناولوں کے کردار بھی جدا جدا خصلتوں کے حامل ہیں نیز ان میں فطری پن بدرجہ اتم موجود ہے۔ مرزا رسوا نے اپنے ناولوں میں معاشرے کی حقیقی تصویر کشی کی ہے۔ ان کا ماننا ہے کہ "کسی قصہ کو دل چسپ بنانے کے لیے اصل حقیقت سے دور ہو جانا ایک ایسی غلطی ہے جس سے لکھنے والے کے مذاق کی قلعی کھل جاتی ہے۔ فطرت میں جو چیزیں پائی جاتی ہیں ان سے بہتر عمدہ مثالیں ہم کو مل ہی نہیں سکتیں۔" (ذات شریف، ص ۱)

اختری بیگم کے نسوانی کرداروں میں مہری ہے جو بالکل ابتدا میں خورشید بیگم کا خط لے کر آئی تھی اور خط پا کر خورشید مرزا پرانی یادوں میں کھو گئے تھے۔ اس کے بعد اس کا ذکر نہیں ملتا۔ پھر اختری کی والدہ خورشید بیگم جو تھوڑی دیر کے لیے کہانی میں آتی ہے۔ اس کے علاوہ نوکرانی میں حسینی خانم، کریمن وغیرہ ہیں۔ اہم کرداروں میں جعفری، نادری، ہرمزا اور بوٹن ہیں جو مرکزی کردار اختری بیگم کے ساتھ ہر موڑ پر نظر آتے ہیں۔ نیز مرزائی بیگم جعفری کی پھوپھی اور زینب ایک غریب اور خود دار بوڑھی عورت ہے۔ یہ دونوں اختری بیگم کے احسان اور حسن اخلاق کی گرویدہ اور اس سے بے پناہ محبت کرتی ہیں۔ یہ تمام ذیلی اور ضمنی کردار اختری بیگم کے عادات و اطوار، نیک سیرت اور مثالی شخصیت کو روشن کرتے ہیں۔

مرزا رسوا کا یہ ناول بنیادی طور پر خیر و شر کی کشمکش پر مبنی ہے جس میں آخر کار خیر کی

فتح ہوتی ہے۔ نسوانی کردار ہی اس ناول کا مرکزی کردار ہے اور اسی کے نام پر اس ناول کا نام رکھا گیا ہے۔ مرزا رسوا نے اختری بیگم کی نیک سیرت اور فرشتہ خصلت کو بیان کرنے کے لیے ایک بڑا بیانیہ خلق کیا ہے جس میں نواب خورشید مرزا کو مرکزی حیثیت حاصل ہے۔ نواب خورشید مرزا کی بیوی کے انتقال کے بعد خورشید بیگم کا کردار سامنے آتا ہے جو اختری بیگم کی ماں ہے۔ خورشید مرزا اور خورشید بیگم بچپن سے دوست تھے اور ایک دوسرے سے شادی کی خواہش بھی رکھتے تھے، لیکن ان کے والدین نے پوری نہ ہونے دی۔ دونوں کے والدین نے اپنے اپنے طور پر ان کی شادی کرادی جس کا صدمہ دونوں کو عمر بھر رہا۔ اتفاق یہ ہوا کہ خورشید مرزا کی بیوی اور خورشید بیگم کے شوہر تھوڑے دنوں کے فاصلے پر انتقال کر گئے۔ خورشید بیگم کو اپنے آبا و اجداد سے ترکے میں بہت سے مال و اسباب ملے تھے تاہم وہ کسی سنگین مرض میں مبتلا تھی جس سے بچنا ممکن نہیں تھا۔ لہٰذا وہ اپنی بیٹی اختری بیگم کو خورشید مرزا کی کفالت میں دینے کے لیے لکھنؤ آتی ہے اور خورشید مرزا کے نام وصیت نامہ تیار کروا کر اختری بیگم کو ان کے سپرد کر دیتی ہے۔ اس کے کچھ ہی عرصے بعد اختری بیگم کی والدہ کا انتقال ہو جاتا ہے اور چوں کہ باپ کا انتقال پہلے ہی ہو چکا تھا اس لیے وہ یتیم ہو جاتی ہے۔

نواب خورشید مرزا کی صرف دو بیٹیاں تھیں۔ بڑی کا نام جعفری اور چھوٹی کا نادری تھا اور ان دونوں کے مزاج میں بہت فرق تھا۔ جعفری کی طبیعت میں حسد، جلن، کینہ اور بغض کوٹ کوٹ کر بھرا تھا جب کہ نادری بہت صاف دل کی اور ملنسار طبیعت کی تھی۔ یہی وجہ ہے کہ اختری کے گھر میں آتے ہی جعفری کے ناک بھوئیں چڑھ جاتے ہیں اور وہ اسے جلی کٹی سناتی رہتی ہے، جب کہ نادری اس قدر گھل مل جاتی ہے، گویا دونوں میں برسوں پرانے تعلقات ہوں۔ نواب خورشید مرزا کو چونکہ اختری بیگم کے لیے وصیت کی

گئی تھی کہ اسے کبھی یتیمی کا احساس نہ ہونے دے اور اس راز سے شادی ہونے تک پردہ بھی نہ اٹھائے۔ اس لیے نواب خورشید مرزا نے اپنے گھر میں اسے بڑے اہتمام اور لاڈ پیار سے رکھا تھا جسے دیکھ کر جعفری کے تن بدن میں ہمیشہ آگ لگی رہی۔ حالانکہ اختری بیگم نے کبھی اس کی باتوں کو دل پر نہیں لیا اور وہ ہمیشہ اسے بڑی بہن سمجھتی رہی۔ اختری بیگم کے لیے خورشید مرزا نے بہت اہتمام کیا جو جعفری کو بالکل بھی پسند نہیں آیا۔ اس کا غصہ بھی جائز تھا۔ کیونکہ اس سے پہلے بھی گھر میں کئی مہمان اور رشتے دار آئے لیکن ان کے لیے اتنا اہتمام کبھی نہیں کیا گیا جتنا اختری کی آمد پر ہوا۔ دوسری بات اختری اپنے آپ میں چاہے جتنی بھی نیک اور اچھی ہو جعفری کے لیے اس کی اتنی اہمیت نہیں جتنی اس بات کی ہے کہ اس کے آنے سے گھر کے اخراجات بڑھ گئے۔ چونکہ جعفری کو اس کی حیثیت اور دولت کا کوئی علم نہیں تھا اس لیے اس کے ٹھاٹ باٹ اور اخراجات کو دیکھ کر اسے بہت ملال ہوتا تھا۔ جعفری کے تیور دیکھیں:

"ایک ذراسی لڑکی کے لیے یہ انتظام یہ سامان آج تک خالائیں بھی آئیں پھوپھیاں بھی، اے لو چار دن کا ذکر ہے خدا بخشے نانی اماں سال میں ایک دو دفعہ آتیں کسی کے لیے یہ اہتمام یہ سامان نہیں ہوئے۔ کمرہ خالی کر دو اس میں جھاڑو دلوا دو، سفیدی پھر وادی گئی، دریاں چاندنیاں نکلوائی گئیں، خاص دان اگال دان، تسلہ لوٹے پر نئی قلعی ہوئی یا اللہ! ایسی کہاں سے رنگا کے آئیں گی اور ساری حکومت مجھ پر جیسے میں اختری کی لونڈی ہوں، نا صاحب مجھ سے کسی کی ماما گیری نہیں ہوگی۔ میں باز آئی۔" (اختری بیگم، ص ۴۰-۴۱)

مرزا رسوا نے اختری بیگم کی صورت میں ایک ایسے کردار کی تخلیق کی جو بالکل مثالی ہے۔ ابتدا سے انتہا تک اس کی خوبیاں نمایاں ہوتی جاتی ہیں۔ اس کے اندر نفرت اور برائی کا معمولی سا بھی عنصر نہیں ہے۔ یہی وجہ ہے کہ جعفری کی از حد نفرت کے باوجود کبھی

اس کے حوالے سے اختری کا دل میلا نہیں ہوا۔ یہاں تک کہ ایک بار ایسا ہوا کہ جعفری نے اختری بیگم کو اپنے گھر سے نکال دیا لیکن اس کے باوجود اس نے جعفری کو کبھی برا بھلا نہیں کہا۔ اختری نے ضرورت مندوں کی اس طرح مدد کی کہ اس کی عزت نفس کو بھی کبھی ٹھیس نہیں پہنچنے دی۔ چہ جائے کہ کبھی احسان جتائے۔ غرض کہ حیا، سخاوت، شرافت اور نجابت کی وہ پتلا تھی جس کی زندگی میں برائی کا لفظ ہی نہیں تھا۔ اختری بیگم کی صفات مرزا رسوا کی زبانی ملاحظہ کریں:

"صانع حقیقی نے جہاں کہیں صورت اور سیرت کو کسی آدمی زاد میں خواہ مرد ہو خواہ عورت ایک جگہ جمع کر کے قدرت نمائی کی ہے۔ وہ فطرت کے بہترین نظاروں سے ہے، یہ لڑکی بہ ہمہ صفت موصوف تھی۔ پیاری پیاری صورت کے ساتھ نیک دلی، نیک نیتی، پاکیزہ خیالات، تمیز داری سلیقہ شعار، رحم دلی، خدا ترسی، معصوم صفتیں۔۔۔" (ایضاً، ص ۲۵)

نواب خورشید مرزا چونکہ کاروبار سلطنت دیکھتے تھے اس لیے امور خانہ داری جعفری کے ذمے تھا۔ اشیائے خورد و نوش، نوکروں اور خادماؤں کی ضروریات کا انتظام جعفری ہی کیا کرتی تھی۔ اختری بیگم جب سے گھر میں آئی ہے خورشید مرزا کی توجہ اس پر کچھ زیادہ ہی رہتی ہے اور خرچ میں بھی اضافہ ہو گیا ہے۔ لہٰذا جعفری کو یہ فکر بھی ستائے جا رہی ہے کہ گھر میں عیش و آرام سے رہ کر مفت خوری کر رہی ہے۔ حالانکہ معاملہ اس کے برعکس ہے۔ خورشید مرزا کی مالی حالت انتہائی ابتر ہے۔ مراد علی کی چال بازیوں سے دن بہ دن قرض بڑھتا جا رہا ہے اور پورا کاروبار سلطنت زوال پذیر ہے۔ اگر اختری بیگم کی دولت خورشید مرزا کے تصرف میں نہ ہوتی تو ان کا گھربار نیلام ہو گیا ہوتا۔ ایک عرصے تک یہ بات صیغہ راز میں رہی تاہم جب جعفری پر اختری بیگم کا راز کھلا تب اس کے

آمرانہ رویے میں نرمی آئی۔ لیکن پھر بھی اختری کے لیے اس کے دل میں محبت پیدا نہ ہو سکی۔ ان دونوں کی گفتگو سنیں:

اختری: ماموں جان کے بعد میں آپ کو اپنا بزرگ سمجھتی ہوں، آپ کھایئے پکوایئے مجھ کو بھی جس طرح ہاتھ اٹھا کے دیتی تھیں دیجیے۔ اپنی چھوٹی سمجھیے چھوٹی بہن نہ سمجھیے لونڈی سمجھیے۔ مجھے زندگی بھر عذر نہ ہو گا" کیا کہنا اختری کا۔

جعفری: بس بس آپ کی خوبیوں میں کوئی شک نہیں مجھے یقین ہے کہ جو آپ کہتی ہیں وہی کریں گی، مگر میں اس قابل نہیں ہوں، میں اس درجہ پر رہنا چاہتی ہوں جس درجہ پر خدا نے مجھے رکھا ہے۔ ایسی جھوٹی حکومت مجھ کو منظور نہیں۔ جب میں محکوم ہوں تو حاکم بن کے کیوں بیٹھوں، میں آپ کی اطاعت کرنے کو حاضر ہوں مگر مجھے بنایئے نہیں۔" (ایضاً، ص ۲۱۸)

اس ناول کے نسوانی کرداروں میں اختری بیگم اور جعفری مرکزی حیثیت رکھتی ہیں۔ ان دونوں کی فطرت میں مکمل تضاد ہے۔ لیکن ان میں ایک مشترک بات یہ ہے کہ دونوں ایک ہی حالت پر قائم رہتی ہیں۔ اختری بیگم کی نیک فطرت نے جعفری کے خلاف کبھی بدگمانی پیدا نہیں ہونے دی، وہیں جعفری کبھی اختری کے تعلق سے خوش گمان نہیں ہوئی۔ چنانچہ اختری بیگم کو جعفری نے کبھی دل سے تسلیم نہیں کیا۔ یہی وجہ ہے کہ جس دن سے وہ گھر میں آئی کبھی جعفری نے سیدھے منہ بات نہیں کی بلکہ ہمیشہ اسے جھڑکتی رہی اور کھری کھوٹی سناتی رہی لیکن اس کے باوجود اختری بیگم نے کبھی اسے برا نہیں جانا۔ ہمیشہ وہ اس سے اپنے قریب کرنے کی کوشش کرتی رہی اور طرح سے اس کا دل جیتنے کی کوشش کرتی رہی تاہم جعفری کے دل سے غبار کبھی نہ نکلا: "جعفری کو ملانے کی اس نے از حد کوشش کی وہ کہتی تھی کہ جعفری سے میل کیے بغیر وہ اس گھر میں خوش نہیں رہ

سکتی، دریا میں رہنا اور مگر مچھ سے بیر جعفری کے دل میں خناس گھسا ہوا تھا، نہ نکلا پر نہ نکلا۔"

(ایضاً، ص ۵۵)

مرزا رسوا نے جعفری کی شکل میں ایک ایسے کردار کی تخلیق کی جو انتہائی ضدی اور اپنے فیصلے پر اٹل ہے۔ اس کے اندر انانیت اور خود پرستی کا جنون ہے۔ باپ کی دولت پر ناز بھی اور اسے فضول میں لٹانے پر تکلیف بھی۔ اختری پر جو پیسے خرچ ہوتے تھے وہ جعفری کے لیے انتہائی تکلیف دہ اور ناقابل تسلیم ہے۔ یہی وجہ ہے کہ وہ اختری کے ٹھاٹ باٹ کو دیکھ کر ہمیشہ جلی بھنی رہتی ہے۔ لیکن جب اسے اس بات کا علم ہو گیا کہ نواب خورشید مرزا جو اختری پر خرچ کر رہے ہیں نہ صرف وہ اس کا ہے بلکہ گھر کے اخراجات بھی اسی کے پیسے سے چل رہے ہیں تو وہ فوراً اپنی حد میں آجاتی ہے۔ پھر اختری پر اپنا حکم چلانا بند کر دیتی ہے۔ یہی تھوڑی تبدیلی جعفری میں آتی ہے ورنہ اس کا دل اب بھی اختری بیگم کے حوالے سے صاف نہیں ہے:

"غرض جعفری جس مرتبے کی تھی وہی مرتبہ اس نے اختیار کیا۔ اختری کی دولت منت خوشامد اس کی ضد کے سامنے سب ہیچ ٹھہری، مضبوط ارادے کے لوگ ایسے ہی ہوتے ہیں، وہ اپنی بات کی پکی اور ضد کی پوری تھی۔ جب تک باپ کی دولت سمجھ کے وہ اٹھا رہی تھی۔ اس کو اختری (اس کے خیال میں مفت خوری) کا خرچ فضول معلوم ہوتا تھا۔ اس کو باپ کی تباہی کا قلق تھا وہ سمجھتی تھی کہ باپ کی تباہی کا سبب اختری ہے۔ باپ کے بے ہوش ہوتے ہی اس کی رائے میں اختری کے ساتھ رعایت کرنا گناہ تھا۔ جب سے اس کو معلوم ہوا کہ معاملہ برعکس ہے بلکہ ان کے والد خود اختری کے دست نگر ہیں وہ اختری کی مطیع بن کے رہنا پسند کرتی تھی بے جا حکومت پرائے مال پر اپنا تصرف ناجائز

خیال کرتی تھی وہ اپنی حالت پر بہت جلد راضی ہوگئی۔ وہ اس حال میں اپنی تقدیر پر شاکر تھی۔"

(ایضاً، ص ۲۲۰)

اختری بیگم کے حسن اخلاق اور نیک نیتی نے دن بہ دن لوگوں کو اپنا گرویدہ بنالیا۔ محل کے اندر نوکر چاکر ہوں یا نواب خورشید مرزا کے رشتے دار سبھی کے دل میں اختری بیگم بستی چلی گئی۔ کیونکہ وہ بلند اخلاق و کردار کی مالک تھی اور سخاوت بھی خوب کرتی تھی۔ چنانچہ نواب خورشید مرزا کے ہونے والے داماد حکیم سید جعفر علی اور نواب مرزا کو اختری سے بے پناہ عقیدت ہوگئی۔ یہی وجہ ہے کہ جب مراد علی نے اختری کو زک پہنچانے اور دولت ہتھیانے کی ناپاک کوشش کی تو یہ دونوں ڈھال بن گئے اور اختری بیگم کو اس کے شر سے محفوظ رکھنے کے لیے اپنی جان خطرے میں ڈال دی۔ اسی طرح پڑوس میں رہنے والی ایک غریب سن رسیدہ زینب کو اختری بیگم نے اپنی ماں بنالیا اور ان کی بیٹی ہرمزی کو اپنی بہن۔ ہرمزی ایک اسکول میں نوکری کرتی تھی جس کی آمدنی سے ماں بیٹی کا گزر بسر ہوتا تھا۔ اختری بیگم اکثر ان کے گھر جاکر بوڑھی زینب کے دکھ سکھ میں شامل ہوتی اور مالی معاونت بھی کرنا چاہتی مگر اس غریب کی خودداری بیچ میں حائل ہو جاتی۔ لیکن اس کے باوجود اختری بیگم نے اسے اپنی ماں بنا کر اس طرح مدد کی کہ ان کی عزت نفس مجروح نہیں ہونے دی۔

مرزائی بیگم جعفری کی پھوپھی تھی اور وہ بھی اختری بیگم سے بے پناہ محبت کرتی تھی۔ دراصل جعفری کی پھوپھی نے اس سے کچھ پیسے قرض لیے تھے جسے واپس لینے کے لیے ان کے یہاں گئی تو ساتھ میں اختری بیگم بھی چلی گئی۔ چوں کہ مرزائی بیگم کے پاس قرض چکانے کے لیے پیسے نہیں تھے اس لیے اختری بیگم نے جعفری کی نظروں سے چھپا

کر انھیں اتنے پیسے دیے کہ قرض ادا ہو گیا۔ اس طرح مرزائی بیگم جعفری کے خلوص اور احسان کو دیکھ کر بے حد متاثر ہوئی اور پوری زندگی اختری سے محبت کرتی رہی۔ زینب بیگم کی بیٹی ہرمزی انتہائی نیک، محنتی، سنجیدہ اور تعلیم یافتہ تھی۔ اس کی بوڑھی ماں کے علاوہ گھر میں اور کوئی نہیں تھا لہٰذا ایک اسکول میں پڑھا کر وہ اپنی والدہ کی کفالت کرتی تھی۔ حالانکہ اس کی والدہ کو یہ گوارہ نہیں تھا کہ اپنی بیٹی کو نوکری کے لیے بھیجے لیکن حالات کے آگے وہ مجبور تھی۔

درمیان میں بوٹن کا داخلہ ہوتا ہے جو زینب کے ایک دور کے بھائی محسن علی کی بیٹی ہے۔ دراصل ہرمزی کی طبیعت کی ناسازی اور شہر کی آب وہوا سے تنگ آکر زینب نے رڑکی میں مقیم محسن علی کے یہاں جانے کا قصد کیا۔ یہاں گاؤں کی کھلی فضا میں محسن علی کی بیٹی بوٹن سے ملاقات ہوئی جو انتہائی شوخ اور چنچل تھی۔ ہرمزی سے بے تکلفی بڑھ گئی اور واپسی کے وقت وہ ساتھ آنے کو بضد ہو گئی۔ چنانچہ وہ زینب اور ہرمزی کے ساتھ لکھنؤ آگئی۔ یہاں اس کی ملاقات مراد علی سے ہوئی اور اس کو اپنا دل دے بیٹھی۔ دونوں میں اتنی گہری محبت ہو گئی کہ شادی کرنے اور ساتھ جینے مرنے کا عہد وپیمان بھی ہو گیا۔ اس درمیان مراد علی اختری کی دولت پر نظریں جمائے ہوئے تھا۔ موقع ملتے ہی اس کے زیورات اور مال و دولت لے کر بوٹن کے ساتھ فرار ہو گیا۔ اس کا ارادہ تھا کہ جہاز کے ذریعے ولایت نکل جائے اور وہاں بوٹن کے ساتھ خوش حال زندگی گزارے۔ لیکن چوں کہ حکیم جعفر علی اور نواب مرزا کو مراد علی کی سازشوں کا اندازہ تھا اور اس کے فرار ہونے کی خبر مل چکی تھی اس لیے نواب مرزا اس کے ساتھ سائے کی طرح لگے رہے اور بالآخر ممبئی میں اسے رنگے ہاتھوں دبوچ لیا۔ یہاں پر بوٹن کو بہت سمجھایا گیا کہ وہ اپنے والدین کے ساتھ گھر لوٹ جائے لیکن وہ نہیں مانی۔ بوٹن بھی بہت مضبوط ارادے کی

تھی، ایک بار جب اس نے مراد علی کے ساتھ رہنے کا فیصلہ کر لیا تو پھر کبھی اس نے پیچھے مڑ کر نہیں دیکھا:

"بوٹن کی رخصتی قیامت کا سامنا تھا، ہر مزی، نواب مرزا کی بیوی سب سمجھا کے تھک گئے۔ ماں چیخیں مار مار روئی ہیں۔ سب سے مل کر نہایت بے پروائی کے ساتھ جہاز میں سوار ہو گئی، جہاز میں جا کے وطن، ماں باپ کی عزت، عزیز، کنبہ کی جدائی کا خیال آیا۔ ایک کونہ میں جہاز کے منہ چھپا کے بیٹھ رہی۔ جہاز کا لنگر اٹھا سب ہوٹل کو واپس آئے، کوئی بوٹن کو برا کہہ رہا ہے، کیسے کٹر دل کی ہے، نہ باپ کی قید کا خیال، نہ ماں کے رونے پیٹنے کا، مگر اس کا چلتے چلتے یہی کلام تھا کہ اب تو جو قسمت میں لکھا تھا پورا ہوا، کر کے چھوڑ دینا بہت برا ہے۔ اس کے بعد سنا گیا کہ بوٹن پر سخت مصیبتیں گزریں، مراد علی نے چھوڑا تو نہیں مگر ناداری ایسی تھی کہ صبح سے شام تک دشواری سے پیٹ بھر کے کھانے کو ملتا تھا۔ مگر وہ اپنی قسمت پر شاکر رہی اور وطن کا رخ نہ کیا۔ بری ہو یا بھلی بات کی سچی اور قول کی پوری تھی۔" (ایضاً، ص ۲۳۵)

اس واقعے کے بعد اختری بیگم کی دولت کا شہرہ پورے لکھنؤ میں ہو جاتا ہے اور مختلف نواب اور امرا اس سے شادی کے لیے پیغامات بھیجنے لگتے ہیں۔ یہاں پر ناول کا اختتام ہو سکتا تھا تاہم مرزا رسوا نے ایک نئی جعل سازی کا قصہ شروع کر دیا۔ چوں کہ اس واقعے کے بعد اختری بیگم کی دولت اور حیثیت پورے لکھنؤ میں ظاہر ہو گئی اس لیے دولت کے لالچ میں رشتوں کی لائن لگ گئی۔ اس کا فائدہ خط نویس اور بوا حسینی نے یوں اٹھایا کہ آنے والے خط کا جواب اختری بیگم کی طرف سے خود ہی دینے لگی اور بدلے میں پیسے اینٹھنے لگی۔ حد یہ کہ شہزادی نامی ایک بیوہ کو اختری بیگم بنا کر نواب گوہر مرزا کے گلے پھانس بھی دیا اور بدلے میں انعام و اکرام بھی پالیا: "آج بھی خاطر خواہ روپیہ اٹھا،

نوکروں چاکروں نے انعام پایا۔ بیگم صاحبہ کی فرمائشیں پوری کی گئیں۔ چار تھان ململ کے بھیج دو۔ دو تھان اطلس کے ابھی روانہ کر دو۔" (ایضاً، ص ۲۵۴)

آخر اس جعل سازی کا بھی پردہ فاش ہو جاتا ہے اور ناول کا اختتام ہو جاتا ہے۔ اختری بیگم کے پردے میں مرزا رسوا نے جعل سازوں کا ایسا تانا بانا بنا ہے کہ حیرت ہوتی ہے۔

مرزا رسوا کا کمال یہ ہے کہ وہ جتنی مہارت سے مرد کردار تخلیق کرتے ہیں اتنی ہی ہنر مندی سے نسوانی کردار بھی تخلیق کرتے ہیں۔ انھیں عورتوں کی نفسیات اور فطرت کا بخوبی علم ہے۔ یہی وجہ ہے کہ اختری بیگم میں جتنے نسوانی کردار پیش کیے گئے ہیں ان میں حد درجہ ہنر مندی موجود ہے۔ ان کے مکالمے ہوں یا کہانی ان کے رول میں کہیں کوئی جھول نہیں ہے۔ البتہ اس ناول کا پلاٹ اتنا مربوط اور گٹھا ہوا نہیں ہے۔ اصل کہانی مکمل ہونے کے بعد بھی دوسری کہانی کی پیوند کاری ایک الگ رخ دکھاتی ہے۔ دراصل مرزا رسوا نے لکھنؤ کی جعل سازی کے مختلف پہلوؤں کو اجاگر کرنے کے لیے ایسا کیا ہے۔

غرض کہ اس ناول میں اختری بیگم کے ضمن میں کئی نسوانی کردار سامنے آتے ہیں جن سے ہماری زندگی میں بھی سابقہ پڑتا رہتا ہے۔ اختری بیگم ہی چونکہ مرکزی کردار ہے اس لیے دیگر نسوانی کردار اس کی شخصیت کو ابھارنے اور نکھارنے میں معاونت کرتے ہیں۔ یہ بھی ذہن نشین رہے کہ کردار کا ایک ہی ہیئت اور خصلت پر ابتدا تا انتہا قائم رہنا کردار نگاری کا عیب مانا جاتا ہے۔ اس لحاظ سے اگر اس ناول کے نسوانی کرداروں کو دیکھا جائے تو مرکزی کردار اختری بیگم میں یہ عیب بدرجہ اتم موجود ہے۔ اس کے علاوہ جعفری اور نادری بھی کوئی خاص تبدیلی قبول نہیں کرتیں۔ اس کا جواب یہ دیا جاسکتا ہے کہ حقیقی زندگی میں بھی بعض استثنائی کردار ایسے ہیں جو مثالی ہیں اور زندگی بھر ان

کے رویے نیک ہی رہے۔ اسی طرح بعض برے لوگ ہمیشہ برے ہی رہے۔ مرزا رسوا بھی چوں کہ حقیقت کے ترجمان، دم توڑتی تہذیب کے نوحہ گر اور بہتر معاشرے کے خواہاں رہے اس لیے ان کے یہاں مثالی کردار کے پردے میں معاشرتی کجی اور خامی کا بیان کوئی حیرت کی بات نہیں ہے۔ بقول مرزا رسوا: "ناول نویس ان واقعات کو علی العموم تحریر کر دیتا ہے جو اس نے اپنے زمانے میں دیکھے ہیں۔ یا اسے دوسری عبارت میں یوں کہیے کہ زمانہ کی تصویریں جو اس کے دل و دماغ کے مرقع میں موجود ہیں۔ انھیں کی نقلیں اتار اتار کے ناظرین کو دکھا دیتا ہے۔ مگر یہ ان ناول نویسوں کا ذکر ہے جنھوں نے اس فن خاص میں صرف فطرت کو اپنا معلم بنا لیا ہے۔ جو ناول نویس اس باریکی کو نہیں سمجھتے وہ اکثر دھوکا کھاتے ہیں۔" (ایضاً، ص ۱)

***

انور عظیم کا ناول دھواں دھواں سویرا

فیضان الحق

انور عظیم (۱۹۲۴-۲۰۰۰) چھٹی دہائی کے ایک اہم فکشن نگار ہیں۔ انھوں نے افسانے، ڈرامے اور ناول لکھنے کے ساتھ ساتھ متعدد روسی فن پاروں کا اردو میں ترجمہ بھی کیا۔ صحافت اور ادارت سے بھی ان کا گہرا رشتہ رہا۔ انور عظیم پر گفتگو کرتے ہوئے عام طور پر ان کے افسانوں کا تو ذکر آتا ہے لیکن ان کے ناولوں کا نام نہیں لیا جاتا۔ جب کہ حقیقت یہ ہے کہ انور عظیم نے دو اہم ناول (دھواں دھواں سویرا، پرچھائیوں کی وادی) تخلیق کیے ہیں اور یہ دونوں ناول اپنے موضوع اور فن کے لحاظ سے اردو ناولوں کے سرمایے میں اضافے کی حیثیت رکھتے ہیں۔ اس مضمون میں انور عظیم کے پہلے ناول 'دھواں دھواں سویرا' کا تحقیقی اور تنقیدی مطالعہ پیش کیا گیا ہے۔

یہ مضمون محض ناول کے تجزیے پر مبنی نہیں ہے، بلکہ ایک بڑی غلط فہمی کا ازالہ بھی کرتا ہے۔ غلط فہمی کی وجہ یہ ہے کہ 'دھواں دھواں سویرا' کے عنوان سے پاکستان سے شائع ہونے والا یہی ناول ہندوستان میں 'جھلتے جنگل' کے نام سے شائع ہوا۔ اور کسی طرح کی وضاحت نہ ہونے کے سبب یہ غلط فہمی پیدا ہو گئی کہ یہ دونوں الگ الگ ناول ہیں۔ لیکن اس ناول کا تجزیہ کرتے ہوئے میں نے ناول کا ہندوستانی اور پاکستانی دونوں نسخہ سامنے رکھا۔ تاریخ اشاعت کے ساتھ ساتھ ناول کے متن کا تقابلی مطالعہ کرتے ہوئے میں اس

نتیجے پر پہنچا کہ در اصل یہ دونوں ناول ایک ہی ہیں۔

انور عظیم کا یہ ناول اس اعتبار سے غیر معمولی اہمیت کا حامل ہے کہ اس میں آزادی سے قبل ہندوستان کی سیاسی اور سماجی صورت حال کا نقشہ کھینچا گیا ہے۔ ناول نگار کے مطابق اس نے یہ ناول اپنی یادوں کے سہارے تیار کیا ہے۔ انور عظیم کا بچپن بہار کی دیہی زندگی میں گزرا تھا اور انھوں نے جاگیر دارانہ نظام کو قریب سے دیکھا تھا۔ اس لیے یہ ناول زمین دارانہ نظام کے ظلم وستم کی داستان بھی بیان کرتا ہے۔ ناول کی ایک خاص بات یہ ہے کہ اس میں شروع سے آخر تک ایک کشمکش کی صورت بنی رہتی ہے۔ یہ کشمکش کبھی ناول میں موجود کرداروں کی اپنی ذات سے ہوتی ہے اور کبھی اپنی مخالف طاقتوں سے۔ فطرتی مناظر کی عکاسی، موسموں کی تبدیلی اور مکالموں کی خوبی اس ناول کو قاری کے لیے دلچسپ بنا دیتے ہیں۔

کلیدی الفاظ

انور عظیم، دھواں دھواں سویرا، ناول، پلاٹ، تھیم، کردار، منظر نگاری، زبان و اسلوب، ڈاکٹر، جاوید، عبد الجبار، ہسپتال، حویلی، گھوڑا، سکینہ، کرن سنگھ، ڈاک بابو، کرار خاں، فخر الدین، در گا پرشاد، گلبیا، ہوڑہ، کلکتہ، شکر مل، جنگل، شکار وغیرہ

پانچویں دہائی کے بعد کے فکشن نگاروں میں انور عظیم ایک اہم نام ہے۔ انور عظیم ابتدا میں بحیثیت ایک افسانہ نگار کے ادبی حلقے میں مشہور ہوئے۔ کچھ سالوں بعد انھوں نے ناول نگاری کی جانب بھی توجہ دی اور دو ناول تخلیق کیے۔ ان کی ادبی زندگی کا آغاز ۱۹۴۶ میں ہی ہو گیا تھا، جب ان کا پہلا افسانہ 'چکر آئے ہوئے' ماہنامہ 'افکار' (بھوپال) میں شائع ہوا تھا۔ اس کے بعد مسلسل ان کی کہانیاں متعدد رسائل و جرائد کا حصہ بنتی رہیں،

لیکن کتابی شکل میں شائع ہو کر منظر عام پر آنے والا ان کا پہلا کارنامہ افسانوی مجموعہ نہیں بلکہ ایک ناول تھا۔ یہ ناول 'دھواں دھواں سویرا' کے نام سے ۱۹۶۴ میں مکتبۂ افکار، کراچی سے شائع ہوا۔ ناول کی تخلیق اور اشاعت میں ایک بڑا وقفہ حائل ہے۔ اس ناول کو انور عظیم نے ۱۹۵۸ میں ماسکو میں قیام کے دوران ہی مکمل کر لیا تھا، لیکن اس کے منظر عام پر آتے آتے قریب چھ سال گزر گئے۔ ناول کا انتساب دیکھیے:

"اس حسین معصوم، شکست نا آشنا دل کے نام جسے میں نے زندگی کے برفانی طوفانوں سے ہنس ہنس کر لڑتے اور ڈوب ڈوب کر ابھرتے دیکھا اور آج بھی منوں مٹی کے بوجھ تلے دھڑک رہا ہے اور مر کر بھی جینے والوں کو طوفانوں میں جینے کا سلیقہ سکھا رہا ہے۔ اس دل کا نام ہے محیؔ۔"[۱]

بعد میں یہی ناول ایک طویل عرصے کے بعد ہندوستان میں بھی شائع ہوا۔ اس بار 'تخلیق کار پبلشرز (لکشمی نگر، دہلی) نے اس ناول کو ۱۹۹۹ میں 'جھلستے جنگل' کے نام سے شائع کیا۔ اس وقت انور عظیم باحیات تھے، لیکن اس ناول کا نام 'دھواں دھواں سویرا' سے بدل کر 'جھلستے جنگل' کس نے رکھا؟ اس کی وضاحت کہیں موجود نہیں ہے۔ ناشر یا مصنف کا کوئی وضاحتی نوٹ بھی اس میں شامل نہیں ہے۔ اس کے علاوہ ناول کے شروع میں مصنف کی تصنیفات کی جو فہرست دی گئی ہے اس میں بھی 'دھواں دھواں سویرا' کا ذکر مفقود ہے۔ اس فہرست کی شروعات 'پرچھائیوں کی وادی" (۱۹۷۰) سے ہوتی ہے، جب کہ اس سے چھ سال قبل ۱۹۶۴ ء میں ہی انور عظیم کا ناول شائع ہو چکا تھا۔ اس کے علاوہ "جھلستے جنگل" کے عنوان سے شائع ہونے والے ناول کا انتساب بھی 'دھواں دھواں سویرا' سے مختلف ہے۔ 'دھواں دھواں سویرا' میں انتسابی کلمات کے بعد مصنف کا دستخط بھی شامل ہے، جب کہ 'جھلستے جنگل' اس سے خالی ہے۔ انتساب ملاحظہ کیجیے:

"ان ان گنت کرداروں کے نام۔۔۔جنھوں نے زندگی کے جنگل کو / اپنے غم، سوز و درد / نارسائیوں / اور ناسوروں کے شعلوں سے / روشن کیا / اور جو آگ کے کانٹوں پر / چل کر / اپنے سفر ناتمام / کے قصے سلگنے اور جلنے کے لیے / وقت کے سیل میں چھوڑ گئے"۲ے

طرز تحریر سے اندازہ ہوتا ہے کہ یہ جملے انور عظیم کے ہی ہیں۔ کیوں کہ اخیر عمر میں ان کی کالم نگاری کا انداز بالکل ایسا ہی، نثری نظم کا حامل ہو گیا تھا۔ لیکن یہ سوال بہر حال قائم رہتا ہے کہ مصنف یا ناشر نے اس کی وضاحت کیوں نہیں کی؟ 'جھلستے جنگل' میں کہیں اس طرف اشارہ بھی نہیں ملتا کہ یہ ناول پہلے کسی اور نام سے شائع ہو چکا ہے۔ جہاں تک اس ناول پر 'نظر ثانی اور کسی قدر تراش و خراش' کا مسئلہ ہے، وہ بہت ہی معمولی اور خال خال نظر آتے ہیں۔ اس سے محض کچھ جملوں کی ساخت میں فرق واقع ہوا ہے، باقی نہ تو ناول کے کسی حصے میں تبدیلی کی گئی ہے اور نہ ہی کچھ اضافہ کیا گیا ہے۔ یہاں دونوں ایڈیشن کے چند جملے ملاحظہ کیجیے:

"اس نے آہستہ سے لگام کو جنبش دی۔ گھوڑا فوراً منزل کی طرف مڑ گیا۔ لیکن سوار نے ایک ٹھنڈی سانس لی اور گھوڑے کا رخ (جو برق پارے سے کم نہ تھا) ندی کی طرف پھیر دیا۔"۳ے

یہی عبارت معمولی تبدیلی کے ساتھ 'جھلستے جنگل' میں کچھ اس طرح نظر آتی ہے:

اس نے آہستہ سے لگام کو جنبش دی، ایک ٹھنڈی سانس لی اور برق رفتار گھوڑے کا رخ ندی کی طرف پھیر دیا۔"۴ے

ایک مثال اور دیکھیے:

"اس نے ہسپتال کے زینے پر قدم رکھنے سے پہلے اپنی دائیں بائیں طرف مریضوں

کی گھیر اڈالتی ہوئی تجسس بھری نظریں دیکھیں۔"۵ے

"اس نے ہسپتال کے زینے پر قدم رکھنے سے پہلے ہی اپنی دائیں بائیں طرف مریضوں کی منتظر اور تجسس بھری نظریں دیکھیں۔"٦ے

اس سے معلوم ہوتا ہے کہ پرانا ناول ہی ہندوستان میں نظر ثانی کے بعد نئے نام سے شائع کیا گیا۔ لیکن پرانے ایڈیشن کی طرف کوئی اشارہ نہ ہونے کے سبب ایک غلط فہمی یہ پیدا ہو گئی کہ انور عظیم نے تین مکمل ناول تخلیق کیے ہیں۔ جب کہ حقیقت یہ ہے کہ ان کے مکمل ناول صرف دو ہیں۔ ایک 'دھواں دھواں سویرا' یا 'جھلستے جنگل' اور دوسرا 'پرچھائیوں کی وادی'۔ یہاں ناول کا تجزیہ کرتے ہوئے میں نے پہلے ایڈیشن 'دھواں دھواں سویرا' کو ہی سامنے رکھا ہے۔ اس لیے بطور حوالہ پیش کی جانے والی تمام عبارتیں اسی ایڈیشن کے مطابق ہیں۔

'دھواں دھواں سویرا' پچیس ابواب پر مشتمل ایک طویل ناول ہے، جو ۵۱۲ صفحات پر پھیلا ہوا ہے۔ یہی ناول جب 'جھلستے جنگل' کے نام سے شائع ہوا تو جدید تکنیکی طباعت کے سبب محض ۲۷۲ صفحات میں سمٹ گیا۔ البتہ ابواب کی تعداد اس میں بھی پچیس ہی ہے۔ اور دونوں ایڈیشنوں میں 'ناول کے بعد' کے عنوان سے انور عظیم کی ایک تحریر اخیر میں شامل ہے، جس میں انھوں نے اس ناول کو تخلیق کرنے کے اسباب و محرکات کے ساتھ ساتھ اپنے فن پر بھی روشنی ڈالی ہے۔ ایک طویل عرصے کے بعد ناول کو تخلیق کرنے کے محرکات پر روشنی ڈالتے ہوئے وہ لکھتے ہیں:

"ہوا کچھ یوں کہ میں اپنے وطن سے ہزاروں میل دور ایک اجنبی دیار میں اچانک دل کا مریض بن بیٹھا۔ یہ دل کی بیماری تھی، عشق و عاشقی نہیں۔ جب ذرا جان میں جان آئی اور ڈاکٹروں سے اٹھنے بیٹھنے کی اجازت مل گئی تو میں سکون اور تنہائی سے بڑا

اکتایا۔۔۔۔ سمندر کی سانس اور منڈلاتے ہوئے سمندری بگلوں کی پرواز میری روح کو وہاں سے اڑا کر، ہزاروں میل دور، برسوں ادھر لے جاتی، یادیں، یادیں، یادیں۔۔۔ وقت کے پیچ وخم اور حالات کے گرد و غبار میں کھوئے کھوئے رنگ، آوازیں، خوشبوئیں، چہرے، دھندلے دھندلے خطوط ابھرتے، ہنستے ہوئے ہونٹ اور لہو روتی ہوئی آنکھیں۔۔۔۔ یہ سارے خطوط جھلملاتے اور مجھے دور سے پکار کر صبح کے اجالے میں گھل جاتے یا شام کے دھندلکے میں کھو جاتے اور میرا جی چاہتا، میں بھی انھیں دھندلکوں اور روشنیوں میں کھو جاؤں۔

کبھی کبھی میرا دل کہتا ان یادوں میں کیا رکھا ہے؟ بہت جی تڑپا کہ ایسے سناٹے اور تنہائی میں اپنا ناول 'خزاں کی موت' جو برسوں سے ادھورا پڑا تھا مکمل کر لوں، لیکن مسودہ کہاں تھا کہ اور چھور کا پتا پاتا۔ ڈائری لکھنے لگا جو ایک بیمار اور مایوس انسان کی جذباتی اور رومانی خود کلامی بن گئی۔ اس دھندے سے بھی جی اکتا گیا۔ اس جنجال سے نکلا تو پھر یادوں کے سوتے پھوٹے اور میں یادوں کے منھ زور ریلوں میں بہہ گیا۔

گنّے کے کھیتوں، دھان کی پکی ہوئی سنہری فصلوں، چھوٹے چھوٹے نالوں اور ندیوں، مسجد کے گنبدوں اور میناروں، کائی بھرے تالابوں، حویلیوں اور درباروں کی پرچھائیوں سے انسان ابھرنے لگے۔ دوسری عالمگیر جنگ سے پہلے کے انسان، جن کو میں نے لڑکپن میں دیکھا تھا، جن کے درمیان پلا تھا، ایسے دیہاتوں، جنگلوں اور پہاڑی علاقوں میں، جہاں دور سے ریل کی پٹریاں تلوار کی طرح چمکتی نظر آتی تھیں اور ڈاک بابو بہت بڑا افسر معلوم ہوتا تھا۔ وہاں رات کو شیروں کی گرج اور گیدڑوں کی چیخیں سنائی دیتی تھیں اور کھڑکیوں سے دور، اور اندھیرے پہاڑوں پر جنگل جلتے ہوئے دکھائی دیتے تھے۔ جہاں گاؤں کا زمیندار اڑتے ہوئے کبوتروں پر بندوق کا نشانہ آزمایا کرتا تھا۔ جہاں

ایک امرود یا شریفہ چرانے کے جرم میں کمیروں کی کھال جوتوں سے ادھیڑ دی جاتی تھی۔ جہاں، جہاں۔۔۔ یہ پرچھائیاں زندہ ہوگئیں، پرچھائیاں جو لڑکپن میں محض پرچھائیاں تھیں۔ اب زندگی اور سماج کے بہت سے راز لے کر سامنے آگئیں اور میں ان کی افسانوی دنیامیں کھوگیا۔ اس طرح میں نے یہ ناول لکھناشروع کیاجو اس وقت آپ کے ہاتھ میں ہے۔"ے

انور عظیم کی درج بالا باتوں پر غور کرنے سے یہ نتیجہ نکلتا ہے کہ انھوں نے اپنے بچپن اور گاؤں دیہات کی یادوں کو اس ناول کے ذریعے کہانی کی شکل دینے اور تحت الشعور میں محفوظ کچھ شخصیتوں کے دھندلے نقوش سے کردار ابھارنے کی کوشش کی ہے۔ انھوں نے یہ بھی واضح کر دیا ہے کہ ناول کی فضا گاؤں دیہات کی علاقائی طرز معاشرت ہے اور وہیں کی مٹی کی خوشبو اس میں بسی ہوئی ہے۔

ہماری تنقید میں یادداشت پر مبنی شاعری، افسانہ نگاری اور ناول نگاری کا کافی ذکر موجود ہے۔ خاص طور پر تقسیم ہند کے بعد تخلیق کیے جانے والے ادب میں اس کی مثالیں مل جاتی ہیں۔ انور عظیم کا اپنے ناول کے متعلق یہ کہنا کہ "میں یادوں کے منہ زور ریلوں میں بہہ گیا" اپنے آپ میں بڑی معنویت رکھتا ہے۔ یادداشت پر مبنی ادب پارے کی تخلیق ایک ہنر ہے اور یادداشت کو تخلیقی واردات کے طور بھی استعمال کیا جا سکتا ہے۔ لیکن اصل چیز یہ ہے کہ ان یادوں کو کس حد تک دوسروں کے لیے بھی اہم بنایا جا سکتا ہے۔ یادیں کئی طرح کی ہوتی ہیں، ان میں سے بعض یادیں صرف اپنی ذات تک محدود رہتی ہیں اور بعض یکساں طور پر سب کے لیے اہم ہو جاتی ہیں۔ یہیں سے تاریخ اور یادداشت میں بھی ایک رشتہ بنتا نظر آتا ہے۔ ناول میں تاریخ کے ساتھ یادداشت بھی آ جاتی ہے اور اکثر ایسا ہوتا ہے کہ ہم یادداشت کو تاریخ سے الگ نہیں کر پاتے۔ البتہ جن

ناولوں کو تاریخی کہا جاتا ہے یا تاریخ سے ان کا کوئی رشتہ قائم ہوتا ہے، یہ ضروری نہیں کہ ان میں یادیں بھی ہوں۔ جیسا کہ وہ تاریخی ناول جن کا تعلق ناول نگار کے عہد یا اس کے ماضی قریب سے نہیں ہے۔ یادداشت تاریخ کے ساتھ وہاں آ جاتی ہے جہاں فکشن نگار اپنے زمانے یا قریب ترزمانے کے کسی مسئلے کو موضوع بناتا ہے۔

یہاں یہ بات تو واضح ہے کہ انور عظیم نے اس ناول میں اپنے عہد اور بچپن کے زمانے کو موضوع بنایا ہے، اس لیے اس میں یادوں کا شامل ہو جانا کوئی تعجب کی بات نہیں۔ اور چوں کہ اس کا موضوع بھی تاریخی نہیں ہے اس لیے تاریخ کے ساتھ یادداشت کے گھال میل کا بھی شائبہ نہیں۔ لیکن اصل مسئلہ یہ ہے کہ مصنف اپنی یادداشت کو ناول کے پیرائے میں ڈھالنے میں کتنا کامیاب ہوا ہے اور ان یادوں کو وہ دوسروں کے لیے کتنا مفید بنا سکا ہے۔

ناول کا تھیم

اس ناول کو لکھنے کا بنیادی مقصد جیسا کہ انور عظیم نے خود لکھا ہے، اپنے بچپن کے ماحول، شخصیات اور واقعات کو یاد کرنا ہے۔ یہاں جب انور عظیم اپنے بچپن کی طرف اشارہ کرتے ہیں تو اس سے وہ پورا عہد جاگ اٹھتا ہے جس میں ان کا بچپن گزرا۔ ان کی پیدائش (۱۹۲۴) سے لے کر قریب انیس، بیس سال آگے یعنی ۱۹۴۴ تک کے زمانے کو ہم ان کے بچپن کا عہد کہہ سکتے ہیں۔ یہ وہ زمانہ ہے جو نہ صرف اردو ادب کی تاریخ میں ایک خاص اہمیت رکھتا ہے، بلکہ ہندوستانی اور عالمی تاریخ میں بھی اسے تبدیلیوں کا دور کہا جا سکتا ہے۔ ان کے مطابق اس کے کردار دوسری جنگ عظیم سے پہلے کے کردار ہیں۔ ہندوستان میں نیشنل کانگریس کا قیام عمل میں آ چکا تھا اور تحریک آزادی کی سر گرمیاں تیز ہو چکی تھیں۔ انگریزوں کی ظلم و زیادتی کی کھلے عام مخالفت کی جا رہی تھی اور ہر طریقے

سے ان سے مقابلہ کرنے کی تیاری ہو رہی تھی۔ یہ لڑائی جہاں ایک طرف جابر و ظالم انگریز حکمرانوں سے تھی وہیں اس وقت کے جاگیر داروں اور زمین داروں سے بھی تھی۔ ترقی پسند تحریک کے وجود میں آنے کے بعد جاگیر دارانہ نظام کی خباشتوں کو بے نقاب کرنے کی کوششیں کی گئیں۔ ایسا اس لیے بھی ضروری ہو گیا تھا کہ وہ عہد جاگیر داری کی انتہا پسندیوں سے واقف ہونے لگا تھا اور اس کے خلاف آواز اٹھانے کی جرأت بھی پیدا ہو گئی تھی۔

'دھواں دھواں سویرا' کا اصل موضوع جاگیر دارانہ نظام کی کھوکھلی دیواروں کو ڈھانے اور اس کی برائیوں کو بے نقاب کرنے سے تعلق رکھتا ہے۔ ساتھ ہی ساتھ یہ ناول اس عہد کے فرد اور معاشرے کے تعلق کو بھی بیان کرتا ہے۔ یہ حقیقت ہے کہ جاگیر داری کا زیادہ چلن گاؤں ہی میں رہا، اور انور عظیم کا بچپن بھی بہار کے دیہی علاقے میں گزرا تھا۔ انھوں نے ظلم و زیادتی پر مبنی اس نظام کا بہت قریب سے مشاہدہ اور تجربہ کیا تھا۔ ناول کی پوری فضا دیہی طرز زندگی اور علاقائی طرز معاشرت پر مبنی ہے اور اس ماحول کو پیش کرتی ہے جس میں جاگیر دارانہ نظام سانس لیتا ہے۔ ہر نظام کی کچھ اپنی خصوصیات ہوتی ہیں، اسی طرح یہ نظام بھی اپنی الگ پہچان رکھتا ہے۔ اس کی حویلی سے لے کر حویلی کے مالک تک ایک الگ شان میں نظر آتے ہیں۔ ان کی رہائش گاہ عام لوگوں سے کافی مختلف اور پر تکلف ہوتی ہے۔ جسے بعض لوگ 'دربار' اور بعض 'سرکار کی حویلی' کے نام سے پکارتے ہیں۔ یہاں ایک الگ دنیا آباد کی جاتی ہے جو باہر کی دنیا سے بہت مختلف ہوتی ہے۔ انور عظیم نے اس نزاکت کو اچھی طرح محسوس کیا ہے اور اسے اپنے ناول کا حصہ بنایا ہے۔

اسی طرح سرکار عبد الجبار کی تصویر کشی میں بھی انور عظیم نے باریک بینی سے کام

لیا ہے۔ اس سے ایک جاگیر دار کی ایسی تصویر ابھرتی ہے جو اپنی جسامت اور قد و قامت کے ساتھ نگاہوں میں ناچنے لگتی ہے۔ وہ لکھتے ہیں:

"آرام کرسی میں گوشت کا ایک پہاڑ دھرا تھا۔ اس کا رنگ آبنوسی تھا۔ آنکھیں اس کے بالوں سے بھی زیادہ کالی تھیں۔ چہرہ بالکل گول تھا اور اس پر ناک بالکل اوپر سے رکھی ہوئی معلوم ہوتی تھی۔ اس کی مونچھیں بہت چھوٹی چھوٹی تھیں مگر اوپر کے لب پر ایک کنارے سے دوسرے کنارے تک پھیلی ہوئیں تھیں اور ان کی چمک اس کے چہرے کی سیاہی پر حاوی تھی۔ اس کے بندھے ہوئے ہاتھ موٹر کے کٹے ہوئے ٹائروں کی طرح معلوم ہوتے تھے وہ ململ کا ایک پستئی کرتا اور پاجامہ پہنے ہوئے تھا۔" یہ آدمی کھڑا کیسے ہوتا ہوگا؟" یہ عجیب اور دلچسپ خیال جاوید کے ذہن میں گونج گیا۔"[۸]

سرکار عبدالجبار اور اس کی حویلی کے علاوہ اس ناول میں ان تمام چیزوں کو بھی پیش کرنے کی کوشش کی گئی ہے جو جاگیر دارانہ نظام کو تقویت بخشتی ہیں۔ حویلی کی طرز معاشرت، سرکار کے کارندے اور کمیرے، اس کی چاپلوسی کرنے والا داروغہ اور اس سے تجارتی منفعت کی غرض سے وابستہ افراد بھی اس ناول میں موجود ہیں، جو سرکار عبدالجبار کی شان و شوکت بڑھانے میں برابر کے شریک نظر آتے ہیں۔ اس کے ایک ایک اشارے پر کانپ اٹھتے ہیں اور اس کا حکم سر آنکھوں پر رکھے سرپٹ ادھر ادھر دوڑتے نظر آتے ہیں۔

یہ ناول عبدالجبار کی جاگیر داری سے بڑھ کر اس کی خود غرضی، لالچ اور حب جاہ کو اپنا موضوع بناتا ہے۔ عبدالجبار ایک انا پرست، حریص، ہوس کا پجاری اور مفاد کو پیش نظر رکھنے والے زمین دار کی شکل میں سامنے آتا ہے۔ یہی وجہ ہے کہ وہ اپنے کالے دھندے کو فروغ دینے اور شکر مل لگانے کی خاطر اپنی معصوم بہن سکینہ کی شادی ایک

ایسے لڑکے سے طے کرتا ہے جو کسی بھی طرح سکینہ کا خاوند بننے کے لائق نہیں۔ سکینہ سے عبدالجبار کا رشتہ بھی ایک جاگیرادارانہ اور تجارتی ذہنیت کا معلوم ہوتا ہے۔ جس کی حقیقت صرف ایک جملے سے سمجھی جاسکتی ہے:

"اس نے بہن کے سر پر ہاتھ پھیرا سکینہ کے پورے جسم میں ایک جھرجھری دوڑ گئی، جس طرح قصائی کے ہاتھ کے لمس سے بکری کانپ جاتی ہے۔"۹

عبدالجبار کی انانیت اس حد تک بڑھی ہوتی ہے کہ وہ ڈاکٹر جاوید کی ایمانداری اور انصاف پسندی سے بھی پریشان رہتا ہے اور اس کی خودداری کو اپنے خلاف بغاوت تصور کرتا ہے۔

ناول میں ضمنی طور پر ایسے بہت سے واقعات اور مناظر پیش کیے گئے ہیں جو دیہی تہذیب سے تعلق رکھتے ہیں۔ اس سلسلے میں گھوڑے کی سواری، مدرسے کی تعلیم، مولوی، ماسٹر، ڈاک بابو اور مزدوروں کی عورتیں، ہولی کا منظر، مزار پر سالانہ عرس، دعا تعویذ کے ذریعے بھوت پریت بھگانے کی کوشش، مچھلی اور جانوروں کا شکار، شادی کی رسومات وغیرہ کو دلچسپ طریقے سے بیان کیا گیا ہے۔ خاص طور پر ہولی اور عرس کا ذکر کافی تفصیل سے کیا گیا ہے جس میں تخلیق کار کے گہرے مشاہدے کا عکس نظر آتا ہے۔

پلاٹ پر ایک نظر

ناول کا پلاٹ غیر روایتی ہوتے ہوئے بھی کسی حد تک سپاٹ نظر آتا ہے۔ ممکن ہے اس میں غیر منطقیت کو برتنے کی انور عظیم نے شعوری کوشش کی ہو۔ ناول پڑھتے ہوئے قاری کی دلچسپی تجسس میں بہت کم تبدیل ہوتی ہے۔ اس لیے اگر قاری میں تحمل نہ ہو اور کردار کی نفسیاتی پیچیدگیوں سے دلچسپی نہ لے ہو رہا ہو تو اکتاہٹ کا شکار ہو سکتا ہے۔ جاوید اس ناول کا مرکزی کردار ہے اور کہانی اسی کے ارد گرد گھومتی نظر آتی ہے۔ لیکن

مرکزی کردار کی شخصیت سے متعلق واقعات میں کوئی نمایاں تبدیلی یا غیر یقینی بدلاؤ نظر نہیں آتا۔ تمام واقعات فطری انداز میں واقع ہوتے ہیں۔ کہانی کی شروعات جاوید کی گھڑ سواری سے ہوتی ہے، جہاں وہ نئے ہسپتال کی سمت جا رہا ہوتا ہے۔ یہاں ایک تجسس یہ ضرور پیدا ہوتا ہے کہ جاوید کون ہے؟ کہاں سے آیا ہے؟ اور اسے اتنی اجنبیت کیوں محسوس ہو رہی ہے؟ ہسپتال پہنچنے پر مولوی صاحب، ماسٹر شاہ عالم، کمپونڈر درگا پرشاد اور ڈاک بابو نریش کی صحبت اور ان کی خوشگوار باتیں ناول میں ظرافت کا پہلو پیش کرتی ہیں۔ یہاں سے پلاٹ ماضی کی طرف رخ کرتا ہے اور پرانے خطوط اور ڈائری کے ذریعے جاوید اور اس کی پچھلی زندگی سے قارئین کو واقف کراتا ہے۔ یہیں پر جاوید کے والد کی جفاکشی اور قربانی کا پورا قصہ بیان کیا جاتا ہے کہ انھوں نے کس طرح جاوید کو پڑھا لکھا کر ایک ڈاکٹر بنایا۔ جاوید کے ماضی کی صورت حال سامنے آنے کے بعد قاری اپنے آپ کو جاوید سے قریب محسوس کرنے لگتا ہے اور پھر جاوید اور سرکار عبدالجبار کے درمیان کشمکش کی کہانی شروع ہو جاتی ہے۔

پلاٹ کی سادگی کا یہ عالم ہے کہ ناول اپنے عروج پر پہنچتے ہی ختم ہو جاتا ہے۔ کہانی Climax پر پہنچ کر بھی قاری کے توقعات سے کم دلچسپی پیدا کرتی ہے۔ اس پر مستزاد یہ کہ اخیر میں سلسلہ وقوعات اتنا تیز ہے کہ ناول نگار عجلت کا شکار نظر آتا ہے۔ ایسا لگتا ہے ناول نگار اب کہانی کو جلد سے جلد سمیٹنا چاہتا ہے۔ اس کی یہ کوشش ناول کے شروعاتی بیانیے کو کافی مجروح کرتی ہے، کیوں کہ ابتدا میں انور عظیم نے جو تفصیلی اور وضاحتی بیانیہ اپنایا ہے، وہ آخر میں اشاریت اور اختصار میں بدل جاتا ہے۔ مثلاً سکینہ کی بیماری سے لے کر اس کی شادی کی تمام رسومات تک جس ٹھہراؤ اور جزئیات نگاری سے کام لیا گیا ہے وہ آگے چل کر بالکل اخباری بن جاتا ہے۔ شادی کے بعد اچانک سکینہ کہانی سے غائب ہو

جاتی ہے اور اس کی محض خبر کچھ اس طرح سنائی جاتی ہے کہ اس پر سسرال والوں نے بہت ظلم کیا اور واپس گھر بھیج دیا۔ جہاں اس کا ایک بچہ بھی انتقال کر گیا۔ اور وہ پھر تنہا اسی حویلی میں محصور ہوگئی۔ یہ سانحہ اتنا دردناک تھا کہ اسے تھوڑی تفصیل سے بیان کرنے پر سکینہ کی زندگی کو پوری طرح اجاگر کیا جاسکتا تھا۔ اسی طرح عبد الجبار کی پشیمانی، کرن سنگھ سے اس کا تصادم اور سمدھی ڈپٹی نصیر الدین سے قطع تعلقی وغیرہ کی محض ایک دو صفحے میں خبر دی جاتی ہے۔ یہ کب اور کیسے واقع ہوئے؟ کیا اسباب بنے؟ اور اس کا ردعمل کس طرح سامنے آیا؟ یہ سارے سوالات کہیں نہ کہیں ذہن کے دریچوں میں الجھے رہ جاتے ہیں اور قاری اپنے اعتبار سے ان کی تاویلیں کرتا رہتا ہے۔

جاوید جب کلکتے کا سفر کرکے روز سے ملنے پہنچتا ہے تو پردے کے پیچھے سے روز اور اس کے دوستوں کے درمیان گولی۔۔۔بم۔۔۔ وغیرہ جیسے الفاظ سن کر کسی سازش کو محسوس کرتا ہے۔ لیکن ناول میں اس سازش کا پردہ فاش نہیں ہو پاتا۔ اور نہ ہی یہ معلوم ہو پاتا ہے کہ جاوید کے ایک پرانے دوست رگھوناتھ نے جیوتی / سلیم کا خفیہ طریقے سے علاج کیوں کرایا؟ سلیم کی شخصیت پوری کہانی میں مشکوک رہتی ہے اور پھر روز کے ساتھ اس کے تعلقات روز کی زندگی کو بھی مشکوک بنادیتے ہیں۔ ناول نگار نے اس ابہام کو دور کرنے کی کوشش نہیں کی ہے اور اس کی تعبیر قاری پر چھوڑ دی ہے۔

کہانی میں ٹکراؤ کے کئی امکانات پیدا ہوتے ہیں، لیکن ایسا نہ ہو کر کہانی اشاراتی اور کنایتی انداز میں آگے بڑھ جاتی ہے۔ ایک موقعے پر ایسا لگتا ہے کہ عبد الجبار اور پرمیشور سنگھ کے بیچ زبردست ٹکراؤ ہوگا اور وہیں سے عبد الجبار کی قلعی کھلتی نظر آئے گی، لیکن صحت یاب ہونے کے بعد وہ کہانی سے تقریباً غائب سا ہو جاتا ہے اور موقع کی تلاش میں رہتا ہے۔ ایک دن اچانک کچہری میں آگ لگنے کی خبر آتی ہے، اور پتا چلتا ہے یہ پرمیشور

سنگھ کی انتقامی کارروائی ہے۔ پر میشور سنگھ نے بدلہ تو لے لیا لیکن کھلے عام اس کی وہ ہمت اور بہادری ظاہر نہیں ہوتی جس کا ذکر پہلے کیا جا چکا ہے۔ کبھی ایسا بھی لگتا ہے کہ داروغہ کرن سنگھ، جاوید کی انصاف پسندی کا قائل ہو کر عبدالجبار کے خلاف قانونی کارروائی کرے گا، لیکن ایسا بھی نہیں ہوتا، کیونکہ وہ اپنی فطرت سے مجبور ہے اور وہ اب کسی دوسرے کی چوکھٹ پر سر جھکائے کھڑا ہے۔

ناول پڑھتے ہوئے ایک لمحے کو ایسا لگتا ہے کہ کہانی کا اختتام 'روز اور جاوید' یا 'سکینہ اور جاوید' کے ملن پر ہو گا۔ لیکن یہاں بھی قاری کی تمام قیاس آرائیاں غلط ثابت ہوتی ہیں۔ روز کے تعلقات جیوتی سے ہو جاتے ہیں اور سکینہ کی شادی فخر الدین سے ہو جاتی ہے۔ اخیر میں روز اور سکینہ دونوں کی زندگی اجڑ جانے کے بعد پھر ایک بار یہ امکان پیدا ہوتا ہے کہ جاوید سکینہ کو اپنا لے گا اور ایک نئی زندگی کا آغاز کرے گا۔ لیکن جاوید ایسا نہیں کرتا اور وہ جنگل کی راہ اختیار کر لیتا ہے۔

جاوید کو کسی خاص منزل تک نہ پہنچانے میں بھی ناول نگار کی دانشمندی نظر آتی ہے۔ کیوں کہ ناول نگار کا مقصد زندگی کے مسائل کا حل پیش کرنا نہیں، بلکہ مسائل کی طرف توجہ دلانا ہے۔ اگر جاوید کسی کے ساتھ اپنی دنیا بسا لیتا تو کہانی وہیں پر ختم ہو جاتی، لیکن اس نے ایسا نہ کر کے کہانی کو اور آگے بڑھا دیا ہے اور زندگی میں کچھ اور ہونے کے امکانات پیدا کر دیے ہیں۔ مزید یہ کہ اس کی لڑائی ایک جاگیر دار سے تھی، جسے اس نے کسی حد تک شکست دے دی تھی، گرچہ پوری طرح اسے بدل نہیں سکا تھا۔ اس طرح جاوید کے اندر ظاہری اور باطنی کشمکش برقرار رہتی ہے اور وہ اسی کشمکش کے ساتھ جنگل کی طرف نکل جاتا ہے۔

کرداروں کا مطالعہ

اس ناول میں متعدد کردار موجود ہیں، لیکن ان میں سے کچھ کردار ایسے ہیں جن کی شخصیت ظاہر و باطن کی پیچیدگیوں کے ساتھ سامنے آئی ہے۔ زیادہ تر کردار کچھ دیر کے لیے کہانی میں داخل ہوتے ہیں اور پھر غائب ہو جاتے ہیں۔ البتہ اتنا ضرور ہے کہ یہ کردار علاقائی تہذیب و معاشرت کی نمائندگی کرتے ہیں۔ انور عظیم اپنے کرداروں کے متعلق بیان کرتے ہوئے ناول کے اخیر میں لکھتے ہیں:

"میں صرف اتنا جانتا ہوں کہ میں نے کردار اور واقعات زندگی کے تجربوں سے لیے ہیں اور ایک خاص ماحول میں، ان کے آپسی رشتوں، ان کے باہمی عمل اور رد عمل کی مدد سے ان کو ابھارنے کی کوشش کی ہے۔ یہ انسان نہ تو بالکل 'سفید' ہیں اور نہ بالکل 'سیاہ'، لیکن انسان کو پرکھنے میں میرے اس رجحان کا اس ناول میں محض آغاز ہوا ہے۔" ۱۰؎

زندگی کے تجربوں سے واقعات اور کرداروں کا انتخاب جتنا سہل ہے اتنا ہی مشکل بھی۔ یہ کردار ہماری زندگی کے آس پاس بکھرے ضرور ہوتے ہیں، لیکن ان کا انتخاب اور پھر ایک فنی کاریگری سے ان کی پیکر تراشی نہایت مشکل عمل ہے۔ ساتھ ہی ساتھ فنکار پر یہ ذمے داری بھی عائد ہوتی ہے کہ وہ کہانی میں ان کرداروں کو فٹ کر سکے یا کہانی ان کرداروں کے ذریعے فطری طور پر آگے بڑھ سکے۔

اس ناول کا مرکزی کردار 'جاوید' ہے۔ جاوید جاگیردارانہ سماج کا ایک ایسا نوجوان ہے جو نئی فکر کا حامل ہے۔ اس کے بچپن سے ہی اس کی ذات میں ایک کشمکش شروع ہو جاتی ہے، جس کی شروعات ڈاکٹری کی تعلیم حاصل کرنے کے دوران ہوتی ہے۔ جہاں گاؤں کے کچھ شریر اسے بہکاتے ہیں اور اسے والد کی غربت کا احساس دلا کر حوصلہ شکنی کرتے ہیں۔ لیکن جب جاوید کے والد اپنی بیوی کے انتقال کا دلدوز واقعہ سناتے ہیں تو

جاوید ایک ڈاکٹر بننے کا عزم مصمم کر لیتا ہے۔ اس طرح اس کی پہلی لڑائی اس نظام سے شروع ہوتی ہے جہاں علاج و معالجے کا حق صرف طبقۂ اشرافیہ کو حاصل تھا اور ڈاکٹر و حکیم امرا کی غلامی کر رہے تھے۔ جاوید کے والد سمجھاتے ہوئے کہتے ہیں:

"میں چاہتا ہوں جب تم کسی سے بیاہ کرو اور جب تمہارے باپ بننے کا وقت آئے تو ایسا نہ ہو کہ تم ڈاکٹر کے پیروں پر گر کر فریاد کرتے رہو اور وہ اپنے پیر کھینچ کر ڈولی میں بیٹھ جائے، کہار تمھاری آنکھوں کے سامنے ہاتھی والے راجہ بہادر کے زکام کا علاج کرنے کے لیے اسے لے کر غائب ہو جائیں اور جب تم گھر آؤ تو۔۔۔۔۔" [11]

"جب تم گھر آؤ تو۔۔" یہ وہ جملہ تھا جس کے آگے بولنے کی نہ اس میں تاب تھی اور نہ ہی جاوید اسے سننا چاہتا تھا۔ اس کے ارادوں کو مضبوط کرنے کے لیے بس اس کے آگے کے منظر کا خوف ہی کافی تھا۔ بالآخر جاوید نے اس خوف کو شکست دی اور کلکتہ شہر سے ڈاکٹری کی ڈگری حاصل کر لی۔

جاوید کی زندگی میں آزمائش کا دور تب شروع ہوتا ہے جب وہ ایک گاؤں میں بحیثیت ڈاکٹر مقرر ہوتا ہے۔ جاوید ایک زمینی شخص ہے، جس نے زندگی کی دھوپ چھاؤں دیکھ رکھی ہے۔ اسے اپنی زندگی کا مقصد بھی اچھی طرح معلوم ہے۔ یہی وجہ ہے کہ جب وہ ایک جاگیر داری والے علاقے میں پہنچتا ہے تو سرکار عبد الجبار سے ایک ٹکراؤ کی کیفیت پیدا ہو جاتی ہے۔ یہ ٹکراؤ محض جاوید کی نہیں بلکہ ایک اونچے طبقے کی نچلے طبقے سے ٹکراؤ ہے۔ سرکار عبد الجبار کو جس چیز نے جاوید کا ضرورت مند بنا دیا ہے وہ اس کی علمی لیاقت اور اس کا ہنر ہے۔ پہلی بات تو یہ کہ طبقۂ اشرافیہ نچلے طبقے کی ترقی دیکھنا نہیں چاہتا، اور اگر کہیں کیچڑ میں کنول اگ بھی آئے تو اسے اپنے قبضے میں کرنے کے لیے بے تاب رہتا ہے۔ یہی صورت حال یہاں جاوید اور سرکار عبد الجبار کے درمیان پیدا ہوتی

ہے۔ سرکار عبد الجبار پہلے تو جاوید کو کچھ اس طرح لبھانے کی کوشش کرتا ہے:

"خیر چھوڑیے، میں تو کہہ رہا تھا یہاں آپ کو بڑا آرام ملے گا۔ دربار سے پچاس روپئے ماہوار تو بندھا ہوا ہے ہی اور بھی راستے ہیں، دلچسپی کا سامان بھی ہے۔ یہ چھوٹی سی جنت ہے، یہاں سب کچھ ہے۔ ضرورت مستعدی اور سوجھ بوجھ کی ہے۔ جس کی آپ میں کمی نہیں معلوم ہوتی۔"۱۲؎

لیکن جاوید نے بھی بغیر کسی لالچ میں آئے اپنا خود دارانہ جواب دے دیا:

"بات یہ ہے کہ میں پہلی بار کسی ہسپتال کا کام سنبھال رہا ہوں۔ میں نے کام کرنے کا ایک خاص تصور قائم کیا ہے۔ چاہتا ہوں کہ اپنے خواب پورے کروں۔ میں اچھا ڈاکٹر بننا چاہتا ہوں۔"۱۳؎

یہیں سے فرد اور معاشرے کے بیچ ایک کشمکش پیدا ہوتی نظر آتی ہے۔ ناول نگار کا بنیادی مقصد معاشرے میں فرد کی صورت حال کو واضح کرنا ہے، اور یہاں ناول نگار نے ایک جاگیر دارانہ ماحول میں جاوید کی زندگی گزارنے کی آزمائش کو بخوبی اجاگر کیا ہے۔

جاوید سرکار عبد الجبار کی نظروں میں کئی وجوہات سے کھٹکتا ہے۔ ایک تو یہ کہ وہ دربار پر ہر روز حاضری دینے نہیں پہنچتا۔ دوسرے یہ کہ عبد الجبار کے سامنے عاجزی اور بے بسی نہیں دکھاتا۔ عجیب بے غرضی اور بے نیازی کا مظاہرہ کرتا ہے، جس سے خوشامد پرست عبد الجبار کو پریشانی ہوتی ہے۔ جاوید، عبد الجبار کی خباثت کو سکینہ کے تعلق سے ہی جان چکا تھا۔ اس کے علاوہ ایک دن جب پر میشور سنگھ پر جان لیوا حملہ ہوا اور جاوید نے اس کے علاج کی ذمے داری لی تب وہ عبد الجبار کی نگاہوں میں اور کھٹکنے لگا۔ کیونکہ پر میشور سنگھ سے عبد الجبار کی ذاتی دشمنی تھی۔ لیکن جاوید نے وہی کیا جو اسے ایک ڈاکٹر کی حیثیت سے کرنا چاہیے تھا۔ یہاں جاوید اور عبد الجبار کی سخت لہجے میں گفتگو سنیے:

"چھوٹتے ہی عبدالجبار نے آنکھیں میچتے ہوئے جاوید سے کہا۔

"ڈاکٹر میں نے تمہاری بڑی شکایت سنی ہے۔"

"شکایت؟"

"ہاں!" اس ہاں میں اس نے چھپی ہوئی دھمکی محسوس کرلی۔

"کیسی شکایت؟" جاوید نے اپنے غصے کو دباتے ہوئے پوچھا۔ اس کا نچلا ہونٹ اور بھی لٹک آیا اور ہونٹ جلنے لگے۔

"میں تو سمجھتا تھا کہ تم ایمانداری سے کام کروگے۔ جوان آدمی ہو۔۔۔"

"عبدالجبار صاحب میں ایمانداری سے کام کرتا ہوں اور میں خود اپنے ضمیر کے سامنے جواب دہ ہوں۔" اس نے رک کر تھوڑی دیر سوچا۔ عبدالجبار اس کے لہجے سے چونک گیا تھا اور اسے زہریلی اور بپھری ہوئی نظروں سے گھور رہا تھا۔

دونوں نگاہوں نگاہوں میں ایک دوسرے کو تولتے رہے۔

"اچھا تم نے پرمیشور سنگھ کے بارے میں غلط رپورٹ کیوں لکھی؟" سرکار نے غرا کر پوچھا۔ جاوید کو لگا کہ سرکار کے جسم میں ہزاروں نیزے اگ آئے ہیں اور اس کی طرف نشانہ باندھ رہے ہیں۔ اس نے دانت پیس کر جواب دیا۔

"میں نے پرمیشور سنگھ کے بارے میں جو ٹھیک سمجھا لکھا۔"

"یہ میرا علاقہ ہے ڈاکٹر۔۔۔۔۔۔ سیکڑوں یہاں میرے ٹکڑوں پر پلتے ہیں۔ دریا میں رہ کر مگرمچھ سے بیر نہیں کرتے۔ یہاں میرے اشارے پر کیا کچھ نہیں ہوسکتا۔"

"عبدالجبار صاحب آپ چٹان پر گولیاں چٹخارہے ہیں۔"

"کیا مطلب! تم اپنے آپ کو سمجھتے کیا ہو۔ میں خاموش رہا۔ سوچتا رہا تم خود ہی راستے پر آجاؤگے۔ لیکن تمہاری خودسری بڑھتی جارہی ہے۔ تم کوئی بھی ایسا قدم نہیں اٹھاسکتے

جس سے دربار پر چوٹ پڑتی ہو۔ یہ ہسپتال میرا ہے۔"

"ہسپتال کسی کا ہو مجھے مطلب نہیں۔ ڈاکٹر لوگوں کا خادم ہوتا ہے۔ کسی دربار کا۔۔۔ ن۔۔۔ اس نے اپنا جملہ بھی ختم نہیں کیا تھا کہ عبد الجبار نے اپنا بھاری ہاتھ میز پر دے مارا۔ پان کی طشتری فرش پر گری اور گلوریاں بکھر گئیں۔ جاوید ایک منٹ کو رکا اور بولا۔" میں کسی سے نہیں ڈرتا عبد الجبار صاحب آپ بھی کان کھول کر سن لیجیے۔ میں موم کی ناک نہیں ہوں۔ میں بھیڑ نہیں ہوں جو ہمیشہ گلّے میں چلتی ہے۔ میں اپنا راستہ آپ بنا سکتا ہوں۔۔۔ اور۔۔۔ یہ دھمکی۔۔۔"

"جاؤ تو بنا لو اپنا راستہ۔۔۔۔۔۔ میں تو تمہارے بھلے کو کہتا تھا۔ میاں یہ پہلا ہسپتال ہے۔ یہاں نام پیدا کرو اپنا مقدر بناؤ۔۔۔ "اس کی آواز نرم پڑنے لگی۔

"مقدر کے نام پر کوئی مجھے خرید نہیں سکتا۔۔۔۔۔۔ "جاوید نے اٹھتے ہوئے کہا

"سوچ لو۔۔۔ اس کا انجام برا ہو گا۔"

"انجام۔۔۔ دیکھا جائے گا۔۔۔ جاوید نے ایک ڈرامائی بے پروائی سے کہا اور عبد الجبار کو بڑی نفرت سے گھورتا ہوا باہر نکل گیا۔"[۱۴]

"مقدر کے نام پر کوئی مجھے خرید نہیں سکتا" یہی وہ انا اور خودداری تھی جو جاوید کی طاقت بن گئی تھی۔ جاوید اپنے جسم سے نہیں، بلکہ اپنی ایمانداری سے عبد الجبار کا مقابلہ کر رہا تھا۔ اس کے ہتھیاروں میں لاٹھی بندوق نہیں، بلکہ مقابلے کی ایک ایسی طاقت ہے جو ہر مغرور کا سر نیچا کر دیتی ہے۔ یہاں جاوید اور پرمیشور سنگھ کے کردار میں ایک مناسبت کی راہ بھی نکلتی دکھائی دیتی ہے۔ اور وہ نقطۂ اتصال یہ ہے کہ دونوں عبد الجبار کی نگاہوں میں کھٹک رہے ہوتے ہیں۔ پرمیشور سنگھ اسی علاقے کا باشندہ ہے جب کہ جاوید اس بستی میں نیا ہے۔ لیکن دونوں کا کام ایک جیسا دکھائی دیتا ہے۔ دونوں ایک ظالم اور

جاگیر دار سے لڑ رہے ہوتے ہیں۔ پر میشور سنگھ اس علاقے میں اپنی قوت بازو کے سہارے زندہ ہے۔ ورنہ عبد الجبار اس کو کب کا نگل گیا ہوتا۔ اسے عبد الجبار ایک ڈاکو بنا کر پیش کرنے پر تلا ہوتا ہے لیکن در حقیقت وہ ایک نیک دل اور بہادر انسان ہے، جو کسی کے آگے سر نہیں جھکاتا۔ پر میشور سنگھ جس نظام سے پہلے سے لڑ رہا ہوتا ہے جاوید کی اسی نظام سے اب لڑائی شروع ہوتی ہے۔ اور عبد الجبار ہر گز نہیں چاہتا تھا کہ اس کے دو مخالف ایک ہو جائیں۔ اسی لیے پر میشور سنگھ کو بدنام کرنے کے لیے وہ کرن سنگھ کا بھی سہارا لیتا ہے اور اسے ایک لٹیرا ثابت کرنے کی کوشش کرتا ہے۔ لیکن جاوید پر اس حقیقت سے پردہ اس وقت اٹھ جاتا ہے جب اس کا دوست نریش اسے پر میشور سنگھ کے بارے میں حقیقت حال کا پتہ دیتے ہوئے کہتا ہے:

"لوگ پر میشور سنگھ کو مار ڈالنا چاہتے ہیں۔ وہ کانٹے کی طرح کھٹکتا ہے۔ وہ بہادر ہے، شیر ہے۔ سر نہیں جھکاتا۔ سر کے بدلے سر کاٹ لیتا ہے یہی اس کا قصور ہے۔"[۱۵]

پر میشور سنگھ کے متعلق اس سچائی کو جاننے کے بعد جاوید کو اس سے ایک خاص ہمدردی بھی ہو گئی تھی۔ یہی وجہ تھی کہ وہ کسی بھی قیمت پر اپنے مریض کے خلاف کوئی کام نہیں کرنا چاہتا تھا اور اس کے لیے سرکار عبد الجبار سے لڑائی مول لے لی تھی۔ یہ دو موافق افکار کا اتصال تھا جو پر میشور سنگھ کو جاوید کے قریب لے آیا۔ جاوید کی ہمت و حوصلہ افزائی کا یہ ایک بڑا سبب بھی معلوم ہوتا ہے، جس نے عبد الجبار سے مقابلہ کرنے کی مزید قوت عطا کی۔ وہ اخیر دم تک کوئی سمجھوتا کرنے پر راضی نہیں ہوا، گرچہ اسے اپنا ہسپتال اور وہ بستی چھوڑ کر جنگل کی راہ لینی پڑی۔ جاوید کا بستی چھوڑ کر جانا بھی پر میشور سنگھ کے مشورے کے مطابق معلوم ہوتا ہے۔ کیوں کہ ایک بار اس نے جاوید سے بڑے دوستانہ انداز میں درخواست کی تھی:

"میں کہتا ہوں ڈاکٹر تم کو گھن لگا گیا ہے چلے جاؤ!"

میں تمھارے بھلے کو کہتا ہوں۔اب اس جنگل میں آگ لگ چکی ہے۔ میں تمہیں ایک بات بتاؤں، جنگل میں جب آگ لگتی ہے تو پھیلتی چلی جاتی ہے۔ جنگل کی آگ سب کچھ جلا دیتی ہے۔ شیشم بھی جلتا ہے اور ببول بھی۔ کچھ بھی نہیں بچتا۔ کچھ بھی نہیں۔ تم دیکھتے نہیں یہاں شکر مل بن رہی ہے۔ عبد الجبار پاگل ہو رہا ہے۔۔۔"[۱۶]

پر میشور سنگھ کے اس مشورے میں خلوص بھی ہے اور ایک سچی ہم دردی بھی۔ اس کا بستی چھوڑ دینے کا مشورہ اس بات کا ثبوت ہے کہ وہ آنے والے حالات کو اچھی طرح بھانپ چکا تھا اور جاوید کو اب اس میں جھونکنا نہیں چاہتا تھا۔ اور اس کا نتیجہ جلد ہی کچھ اس شکل میں سامنے آتا ہے کہ سرکاری کچہری پھونک دی جاتی ہے۔ یہاں جنگل، آگ، شیشم، ببول سب اپنے حقیقی معنوں سے الگ ایک مختلف معنی پیش کر رہے ہیں۔ اور جاوید ان سب استعاروں کو اچھی طرح سمجھ رہا تھا۔ اس طرح جاوید کی شخصیت ہمارے سامنے ایک ایسے انکار کی صورت میں سامنے آتی ہے جو پژمردہ ہو کر بھی مرنے والے کے ہونٹوں پر زندہ رہتا ہے۔

جاوید سسٹم سے لڑنے کے ساتھ ساتھ دل کی لڑائی لڑتا ہوا بھی محسوس ہوتا ہے، جسے انسان کی زندگی سے الگ نہیں کیا جا سکتا۔ وہ عبد الجبار کے مقابلے میں جتنا طاقتور دکھائی دیتا ہے، دل کے معاملے میں اتنا ہی کمزور بھی۔ وہ اپنے جذبات کے مطابق کام کرنے سے ہچکچاتا ہے۔ اس کا المیہ یہ ہے کہ وہ شہر کلکتہ کی اپنی دوست 'روز' کے عشق میں گرفتار ہے اور گاؤں آکر بھی اسے بھول نہیں پا رہا۔ لیکن یہاں سرکار عبد الجبار کی بہن سکینہ کی قابل رحم حالت پر جب سے اس کی نظر پڑی ہے وہ اس کے جوان مگر پژمردہ حسن کا بھی اسیر ہو بیٹھا ہے۔ وہ اپنے آپ کو روز اور سکینہ کے درمیان تقسیم ہوتا ہوا

محسوس کرتا ہے اور کوئی حتمی فیصلہ لینے کی طاقت اس میں نظر نہیں آتی۔ جاوید 'روز' کی دوستی اور محبت میں فرق کرنے سے قاصر ہے اور وہ زندگی کا ایک بڑا وقفہ محض فریب میں گزار دیتا ہے۔ لیکن اس کے بالمقابل ظلم و زیادتی پر مبنی نظام سے لڑتے ہوئے وہ کبھی دھوکا نہیں کھاتا، اور عبدالجبار کے تمام داؤ پیچ سمجھتا ہے۔ ایسے موقعے پر، جب کہ دل اور دنیا کی دو متضاد صورتیں جاوید کے سامنے تھیں، اس کے فیصلوں کو محض بزدلی پر محمول نہیں کیا جا سکتا۔ اس میں کچھ مصلحت پسندی اور دور اندیشی بھی نظر آتی ہے۔ یہی وجہ ہے کہ وہ سکینہ کی محبت پر بھی آنکھ بند کر کے اعتبار نہیں کرتا۔ وہ سوچتا ہے:

"ہو سکتا ہے یہ لڑکی مجھ سے عشق۔۔۔ لیکن یہ کیا بکواس ہے۔۔۔ یہ کیسے ہو سکتا ہے۔ نہیں یہ ناممکن ہے۔ دربار کا سارا خواب۔۔۔ اور میں ایک ڈاکٹر۔۔۔ اور یہ پرمیشور سنگھ۔۔۔ ارے نہیں۔ دربار سے تو میری ٹکر ہو گی۔ اور میں جانتا ہوں میں پاش پاش ہو جاؤں گا۔ لیکن میں ہتھیار نہیں ڈالوں گا۔۔۔" ۱۷

"میں جانتا ہوں کہ دربار سے میری ٹکر ہو گی" یہ جاوید کی دور اندیشی تھی۔ اس نے بہت پہلے ہی یہ محسوس کر لیا تھا کہ اس کے سامنے جذبات میں بہہ جانے کا راستہ مسدود ہے۔ وہ اپنا انجام جانتا تھا اور آنے والے وقت میں اپنا کام بھی طے کر چکا تھا۔ وہ پاش پاش ہونے کے لیے تیار تھا۔ اور ایسے میں سکینہ کو اپنے ساتھ ایک محفوظ مقام پر لے جانے کا خیال اس کے لیے بے معنی تھا۔ یہی وجہ تھی سکینہ کی فرمائش کے باوجود وہ اسے بھگا کر لے جانے سے انکار کر دیتا ہے۔ سکینہ کہتی ہے:

"کیا تم مجھے لے کر کہیں بھاگ نہیں سکتے؟"

"نہیں۔"

"تو پھر تم کیوں آئے ڈرپوک!" وہ اٹھ کھڑی ہوئی۔

جاوید غصے سے کانپ رہا تھا۔

"بھولی ہو سکینہ ۔۔۔"

"ہاں بھولی ہوں۔ جبھی تو تم آئے۔ تم نے مجھے۔۔۔ تم نے مجھے۔۔۔"

سکینہ میں پاگل ہو جاؤں گا۔۔۔۔۔۔ بھاگنا چاہتی ہو؟" اس نے سکینہ کے دونوں ہاتھ تھام لیے۔ سکینہ نے آہستہ سے سر ہلایا۔" ۱۸؎

سکینہ کے ساتھ بھاگنے سے انکار کی ایک وجہ تو دربار سے لڑائی تھی۔ لیکن اس کا ایک دوسرا خفیہ سبب بھی نظر آتا ہے۔ اور وہ ہے 'روز' کا خط۔ ٹھیک انھیں دنوں جب جاوید سکینہ کو لے کر بے قرار رہتا ہے اسے کلکتہ سے 'روز' کا ایک خط موصول ہوتا ہے۔ یہ خط اس کے ارادوں کے بدلنے یا نیا منصوبہ بنانے میں اہم رول ادا کرتا ہے۔ اس میں بہت ساری باتوں کے ساتھ یہ بھی درج ہے:

"بڑا جی چاہتا ہے کہ تم یہاں آتے۔ ذرا گپ شپ ہوتی، ذرا دھوپ چھاؤں میں آوارہ پھرتے۔۔۔ ان ہی جگہوں میں۔۔۔۔۔۔

جب بھی فرصت ملے ضرور آؤ۔ اپنے اس شہر کو مت بھولنا جس نے تمھیں نبض پر انگلیاں رکھنا، زخم پر نشتر چلانا اور ڈوبتی ہوئی کشتیوں کو بچانا سکھایا ہے۔۔۔۔۔۔" ۱۹؎

اس مقام پر جاوید ایک کشمکش کا شکار نظر آتا ہے۔ وہ ایک اندرونی جنگ لڑ رہا ہوتا ہے۔ جاوید کو 'روز' سے عشق ہے اور سکینہ کو جاوید سے۔ جاوید بیک وقت دو کشتیوں پر پیر رکھے ہوئے ہے اور وہ نہیں جانتا کہ اسے کدھر جانا چاہیے۔ وہ سکینہ کے ساتھ بھاگ بھی نہیں سکتا اور روز کو بھول بھی نہیں پا رہا۔ سکینہ اس کی ایسی مریضہ ہے جس نے خود اسے اپنا مریض بنا دیا ہے، اور 'روز' اس کی کلکتہ کی وہ دوست ہے جس کے ساتھ اس نے زندگی کی کئی خوبصورت شامیں گزاری ہیں۔ یہ کشمکش پوری کہانی میں اخیر تک برقرار رہتی

ہے۔اور قاری کے لیے ایک تجسس بر قرار رکھتی ہے۔

کہانی کا دوسرا اہم کردار 'عبد الجبار' ہے۔ اس کردار میں جاگیر دارانہ نظام کے مالک کی تمام صفات بدرجۂ اتم موجود ہیں۔ عبد الجبار وقفے وقفے سے اپنے کمیروں، نوکروں اور ماتحتوں کو ڈانٹ پھٹکار کر اور انھیں مار کر اپنے رعب کا مظاہرہ بھی کرتا رہتا ہے۔ عام جاگیر داروں کی طرح اس کے اندر بھی اخلاقی کجی اور جنسی اشتعال پایا جاتا ہے۔ یہی وجہ ہے کہ وہ اپنے ہی نوکر کرار خاں کی بیٹی 'گلبیا' کو اپنی ہوس کا نشانہ بنالیتا ہے۔ عبد الجبار اپنی ملکیت بر قرار رکھنے کے لیے طرح طرح کے گر اپنانا بھی جانتا ہے۔ داروغہ کرن سنگھ کو اس نے اپنا غلام بنا رکھا ہے۔ اسے لوگوں کو خریدنے کا ہنر آتا ہے۔ وہ اس کے لیے بے دریغ پیسہ خرچ کرتا ہے اور پر تکلف دعوتیں کرتا ہے۔

لیکن جب جاوید جیسے خود دار انسان پر اس کا یہ فسوں چلتا دکھائی نہیں دیتا تو وہ جز بز ہو جاتا ہے۔ یہاں تک کہ جاوید پر جان لیوا حملہ بھی کروا دیتا ہے۔ لیکن جاوید بچ جاتا ہے۔ آخر کار جب عبد الجبار کو اپنی شکست نظر آنے لگتی ہے تو وہ تصوف کا لبادہ اوڑھ لیتا ہے۔ اسے اپنے باپ کو زہر دے کر مار ڈالنے کا خوف ستانے لگتا ہے۔ وہ باپ کے مزار پر عرس کرواتا ہے، اس کے نام سے اسکول اور ہسپتال قائم کرتا ہے اور خود کو علاقے کا ایک ولی اور پیر ثابت کرنے میں لگ جاتا ہے۔ یہ عبد الجبار کی اندرونی شکست کا المیہ ہے۔ وہ نہ تو شکر مل لگا سکا اور نہ ہی جاوید کو اپنا غلام بنا سکا۔ ساتھ ہی جوان بہن کا گھر میں واپس لوٹ آنا اس کی شرمندگی کا سب سے بڑا سبب بن گیا تھا۔

عبد الجبار کی طبیعت میں ایک طرح کی ہوس، ہٹ دھرمی اور لالچ کے ساتھ ساتھ معاملہ فہمی اور حالات کی نزاکت کو سمجھنے کا ہنر بھی پایا جاتا ہے۔ اگر اس مقام پر پہنچ کر عبد الجبار تصوف کا لبادہ نہ اوڑھتا تو یا تو وہ خود کشی کر لیتا یا اپنے دشمنوں کے ہاتھوں قتل کر

دیا جاتا۔ یہ اس کی ہوشیاری ہی تھی کہ اس نے اپنے آپ کو محفوظ کر لیا اور ایک ایسا چولہ زیب تن کیا جس سے لوگوں کو عقیدت ہو جائے اور عوام اس کی خدمت گزار بنی رہے۔

عبد الجبار کے کردار میں ایک تقلیب اور تبدیلی پائی جاتی ہے۔ وہ جمود کا شکار نظر نہیں آتا۔ وہ معاملات کو اپنے مطابق سلجھانے کے لیے کئی داؤ پیچ اپناتا دکھائی دیتا ہے۔ یہی وجہ ہے کہ وہ کچھ لوگوں کے لیے مسیحا بھی ہے۔ اس کی سب سے پہلی کوشش یہ ہوتی ہے کہ دولت کے سہارے اپنے مخالفین کو زیر کر لیا جائے۔ اگر وہ اس میں ناکام ہوتا ہے تو پھر ڈرانے اور دھمکانے پر آجاتا ہے۔ اور جب اسے یہاں بھی کوئی فائدہ نظر نہیں آتا تو وہ خون کا پیاسا بن جاتا ہے اور یہ اس کا آخری حربہ ہوتا ہے۔ لیکن اس ناول میں عبد الجبار کا آخری حربہ بھی جاوید اور پرمیشور سنگھ کی مستعدی سے ناکام ہو جاتا ہے۔ اور یہ ناکامی عبد الجبار کی سب سے بڑی شکست اور ہراسانی پیدا کرنے والی ہوتی ہے۔ کیونکہ اس وقت تک اس کا مشیر خاص اور قانونی چارہ ساز 'کرن سنگھ' بھی اس سے منھ موڑ چکا ہوتا ہے۔ لہذا اب وہ ایک ایسا حربہ اپناتا ہے جس سے جان کی امان بھی مل جائے اور علاقے میں عزت بھی بنی رہے۔ لہذا وہ تصوف کو اپنا اوڑھنا بچھونا بنالیتا ہے۔ ناول نگار کے مطابق:

"وہ دیکھتے ہی دیکھتے کہاں پہنچ گیا تھا۔ اس نے اپنے روزہ نماز، اللہ پیر اور دین دنیا کی باتوں سے اپنے چاروں طرف ایک پاک فضا کا جالا سا بن دیا تھا۔"[۲۰]

عبد الجبار کو اس لبادے میں بھی کوئی راحت محسوس نہیں ہوتی اور وہ اندر ہی اندر عجیب پریشانی میں مبتلا رہتا ہے۔

عمر تو ساری کٹی عشق بتاں میں مومن
آخری وقت میں کیا خاک مسلماں ہوں گے

اس کی یہ پریشانی ہی اس بات کا ثبوت ہے کہ اس کی عبادت اور دین داری محض

ایک ڈھونگ تھا۔ اس کی حالت یہ ہو جاتی ہے کہ وہ خود ہی کمرے میں بڑبڑاتا رہتا ہے اوراس کا ذہنی توازن بگڑتا دکھائی دیتا ہے۔ ایسے موقعے پر اس کے منھ سے بہت ہی عبرت آموز جملے نکلتے ہیں:

"لوگو مجھے دیکھو اور عبرت پکڑو۔ سارے پاپ کرو مگر اپنے باپ کو زہر نہ دو۔ جتنی چاہو مچھلیاں پیٹ میں اتار لو مگر یاد رہے مچھلی پھنسانے والی بنسی خود نہ نگل جاؤ۔۔۔۔۔۔ بس یہی زندگی کا راز ہے۔ یہی ہے عزت کا مقام!"۲۱؎

عبدالجبار کا تصوف محض ایک دکھاوا تھا، ورنہ وہ اپنی حرکتوں سے اب بھی باز نہیں آیا تھا۔ جس کا ثبوت اس وقت ملتا ہے جب اس کا منشی اس کے آدمیوں کے مارے جانے کی خبر اسے سناتا ہے اور بتاتا ہے کہ "درخت تو سرکار چیر مین کے آدمی کاٹ لے گئے" اور عبدالجبار یہ سن کر اپنی تسبیح فرش پر دے مارتا ہے۔ جو اس وقت بھی اس کے ہاتھ میں لٹکی ہوئی تھی۔ کہانی سے یہ بھی ثابت ہوتا ہے کہ عبدالجبار کی للہی اور خداترسی محض اس لیے تھی کہ وہ دوسروں کو اس کے ذریعے ڈرا سکے۔ یہی وجہ ہے کہ جب اس کے سوتیلے بھائی اپنا حصہ مانگنے کے لیے حاضر ہوتے ہیں تو وہ انھیں ان کی بداعمالیوں سے ڈراتا ہے اور کہتا ہے:

"ابّا نے تمھارے لیے جو چھوڑا تھا وہ تم کو مل گیا اور کیا چاہتے ہو؟ آخر تم لوگوں نے چار چار محل کیوں بسائے۔ یہی نہیں تم لوگوں نے اپنے یہاں کی ماماؤں کے حرامی بچوں سے حویلی کو بھر دیا ہے آخر یہ کیا اندھیر ہے۔۔۔ خدا کو کیا منھ دکھاؤ گے۔۔۔ شرم آنی چاہیے۔"۲۲؎

لیکن عبدالجبار کی یہ ساری نصیحت اس وقت دھری کی دھری رہ جاتی ہے اور اس پر گھڑوں پانی پڑ جاتا ہے جب اس کا بھائی مخدوم پلٹ کر اس سے کہتا ہے:

"سرکار آپ کیا فرما رہے ہیں۔ گلبیا کو مرے ایک سال بھی نہیں ہوا ہے۔ اس کو کہتے ہیں سو چوہے کھا کے بلّی حج کو چلی۔"۲۳

عبد الجبار کے لیے یہ صرف ایک واقعہ نہیں تھا، بلکہ اس کی پوری زندگی پر لعنت تھی۔ یہ اس کے بڑکپن کی توہین، اور اس کی دکھاوے کی خدا ترسی کا بھانڈا پھوڑ تھا۔ پہلی بار کسی اپنے کے سامنے وہ اتنا شرم سار اور ذلیل نظر آیا تھا۔ اور یہی وجہ تھی کہ وہ "اس اچانک حملے سے بالکل چت پٹ ہو کر رہ گیا"۔ اسی ریاکاری کے سبب عبد الجبار کی زندگی کا آخری وقت بہت ہی عبرت ناک ہوتا ہے۔ وہ خود اپنے انجام کو محسوس کرتے ہوئے کہتا ہے:

"یاد ہے یاد ہے ابا۔ اپنا ایک ایک گناہ یاد ہے۔ یہ جہاز ڈوبے گا۔ اس میں ایک ایک ہیرے کے ساتھ سو سو گناہ لدے ہوئے ہیں۔ گناہوں کے اس جہاز کو ڈوبنے سے کون بچائے گا۔ کوئی نہیں!"۲۴

ناول میں 'سکینہ' کا کردار ایک موقع کے علاوہ پوری کہانی میں منفعل نظر آتا ہے۔ وہ ہسٹیریا کی شکار اور محبت کی پیاسی ہے۔ لیکن وہ نہ تو اپنے بھائی سے بغاوت کی ہمت رکھتی ہے اور نہ ہی اپنے اوپر ہو رہے ظلم و ستم کے خلاف کوئی آواز اٹھا سکتی ہے۔ اسے جب جاوید کا ساتھ ملتا ہے تب تھوڑی سی ہمت کا مظاہرہ کر کے بھاگ چلنے کا مشورہ دیتی ہے۔ البتہ وہ زندگی کے مصائب و آلام سے بخوبی واقف ہے اور کانٹوں میں زندگی گزارنے کی اذیت سمجھ چکی ہوتی ہے۔ اس کی باتیں بعض دفع نہایت فلسفیانہ اور فکر انگیز ہوتی ہیں۔ مثلاً اس حویلی میں رہ کر اپنی ذات اور زندگی کے متعلق اس نے جو نتیجہ اخذ کیا تھا وہ کچھ اس طرح سامنے آتا ہے:

"میری تکلیف یہ ہے ڈاکٹر کہ میں ہوا نہیں ہوں"

"ہاں تم ابھی کھڑکی سے باہر دیکھ رہے تھے نا۔ جنگل میں تمھیں کچھ نظر نہ آیا۔ جنگل میں مجھے بہت کچھ نظر آتا ہے۔"

تم درخت سے پھل نوچ سکتے ہو۔اس کی شاخیں توڑ سکتے ہو اور جی میں آئے تو۔۔۔۔۔"

"اور جی میں آئے تو کاٹ کر گرا سکتے ہو۔"

ڈاکٹر ان درختوں میں جو ہوا چیخ رہی ہے کیا تم اس کو اپنی مٹھی میں پکڑ سکتے ہو؟ اس کو تلوار سے کاٹ سکتے ہو۔۔۔۔۔۔؟"

"تکلیف، تکلیف، تکلیف۔۔۔۔۔۔ میں درخت ہوں۔ ہوا بننا چاہتی ہوں۔ درباری باغ کے درختوں میں ہر سال پھل آتے ہیں۔ کچھ پھل کھائے جاتے ہیں۔ کچھ بک جاتے ہیں۔۔۔۔۔۔ درخت بھی بکتے ہیں۔۔۔ لیکن لوگ ہوا کو نہ بیچ سکتے ہیں نہ خرید سکتے ہیں۔۔۔"۲۵

سکینہ کا یہ شعور کہ 'ہوا' درخت کے مقابلے میں زیادہ آزاد ہے اور پھر درخت اور ہوا کے تعلق سے زندگی کو اس طرح جوڑ کر دیکھنے کی کوشش، اس کے اندر چھپی ہوئی ایک تفکرانہ صلاحیت کا پتا دیتی ہے۔ ساتھ ہی ساتھ ان الفاظ میں اس کا درد نہاں بھی جھلکتا دکھائی دیتا ہے۔ اور یہ اشارہ بھی ملتا ہے کہ سکینہ کے ان الفاظ کے پیچھے کہانی کا ایک نیا منظر نامہ چھپا ہوا ہے، جسے علامات واستعارات کے ذریعے سمجھانے کی کوشش کی جارہی ہے۔ اس میں سکینہ کا اپنا درد بیان نہ کر پانے کی کسک بھی دکھائی دیتی ہے۔ جب جاوید کا ساتھ ملنے کی امید ٹوٹ جاتی ہے تو سکینہ خود کلامی کرتی ہے، اس خود کلامی میں آنے والے بیشتر الفاظ گہرے معانی لیے ہوئے ہیں۔ وہ کہتی ہے:

"لو یہ کھیل بھی ختم ہوا۔ کون کس سے کھیل رہا تھا۔ میں کھیل رہی تھی یا ڈاکٹر۔

نہیں میں کھیل رہی تھی۔ میرے دل میں تو چاند توڑ لینے کی تمنا ابھری۔ بیو قوفی: چکور اڑتا ہے، گاتا رہتا ہے اور اڑتا رہتا ہے اور چاند کی گرد کو بھی نہیں پا سکتا۔ صبح ہو جاتی ہے اور چاند روشنی کے سمندر میں ڈوب جاتا ہے: چکور تمھارے پر کترے گئے! لیکن یہ پر تو کب کے کترے جا چکے تھے۔ ان دیواروں اور پنجرے میں فرق بھی کیا ہے۔ تیلیاں نہ ہوئیں دیواریں ہوئیں۔ تیلیوں سے ہوائیں اور روشنی تو چھن کر آتی ہے۔ اور دیواروں سے ہوائیں اور روشنی دونوں سر ٹکرا ٹکرا کر لوٹ جاتی ہیں۔ اب میں دیکھ رہی ہوں۔۔۔

یہ سپنے ہیں یا حقیقت۔۔۔ میں نہیں جانتی۔ کوئی مجھے بتائے۔ میں ساحل ہوں۔ میں کہیں شروع نہیں ہوتی۔ میں کہیں ختم نہیں ہوتی۔ اور یہ خواب یہ بے چین سمندر آتے ہیں مجھ سے ٹکراتے ہیں اور لوٹ جاتے ہیں، ٹکراتے ہیں اور پاش پاش ہو جاتے ہیں۔۔۔ ہائے میرے سہانے خواب! اور اب میں دیکھ رہی ہوں یہ لہریں دور ہوتی جا رہی ہیں، خواب تھک گئے۔۔۔۔ یہ لہریں جس افق سے پھوٹی تھیں اسی افق میں کھو گئیں۔ اندھیرا چھا رہا ہے۔ کسی ان دیکھے مچھیرے نے روشنی کا جال پھینکا اور جب شام ہوئی اپنا جال کھینچ لیا۔ جال خالی ہے۔ ہوا تیز ہے اور اندھیرا گھپ۔۔۔ میں ایسے میں کیا کروں؟"

۲۶

اس اقتباس میں استعمال ہونے والے الفاظ مثلاً: کھیل، چاند، چکور، کترے ہوئے پر، پنجرہ، دیوار، تیلیاں، روشنی، ہوائیں، ساحل، خواب، بے چین سمندر، لہریں، مچھیرا اور جال وغیرہ ایسے الفاظ ہیں جو اپنے حقیقی معنوں سے بہت آگے نکل کر مفہوم بیان کرتے ہیں۔ یہ 'کھیل' کوئی معمولی کھیل نہیں بلکہ زندگی کا رزم نامہ ہے۔ ان الفاظ میں زندگی کے مشکل حالات کو علامتی اور استعاراتی انداز میں پیش کیا گیا ہے۔ اس کے علاوہ ایک فلسفیانہ فکر بھی ہے جو سکینہ کی فہم و فراست کا پتا دیتی ہے۔

سکینہ اپنی ان تمام خوبیوں کے باوجود، جاوید کے منع کرنے کے بعد محض ایک Object کی طرح استعمال کی جاتی ہے۔ اس کی شادی اس کی مرضی کے خلاف کر دی جاتی ہے اور مزاحمت و انکار کا کوئی جذبہ اس کے اندر پیدا نہیں ہوتا۔ وہ داستان کی کتابوں سے شغف رکھتی ہے اور بہادری کے قصے بھی پڑھتی آئی ہے۔ لیکن شاید ان داستانوں سے اس نے شہزادوں کی بہادری کے سبق ہی سیکھے تھے، شہزادیوں کے آہنی فیصلوں کے نہیں۔ یہی وجہ ہے کہ سکینہ اپنی تمام تر ذہانت و فراست کے باوجود ایک مظلوم ہی رہ جاتی ہے۔ اور فخر الدین کے گھر سے واپس بھیج دیے جانے کے بعد پھر اسی حویلی کو اپنا مقدر سمجھ بیٹھتی ہے۔

'گلبیا' جو کہ درباری نوکر کرار خاں کی بیٹی ہے، اس کی کہانی بھی 'سکینہ' کی کہانی سے ملتی جلتی ہے۔ بحیثیت عورت دونوں کا درد قریب قریب یکساں نظر آتا ہے۔ گلبیا ایک کھلتی ہوئی کلی تھی جس پر سرکار کی نظر پڑ گئی اور اس نے اسے دھیرے دھیرے پوری طرح مسل ڈالا۔ لیکن بحیثیت انجام ان دونوں کرداروں میں زمین آسمان کا فرق ہے۔ ایک جاگیر دار کی بہن اور محل کی پروردہ ہے، تو دوسری ایک درباری نوکر کی بیٹی اور جھوپڑی میں پلنے والی غریب لڑکی۔ گلبیا اپنی عصمت لٹا کر بھی زندہ نہ رہ سکی۔ اور سکینہ اپنا سب کچھ لٹا کر اور ایک بچے کو بھی گنوا کر زندہ ہے۔ کیوں کہ سکینہ جس خاندان سے تعلق رکھتی تھی وہاں عزت سے زیادہ زندگی عزیز تھی اور دولت ان سب کا سہارا بن جاتی تھی۔ لیکن گلبیا کا باپ خود اس کا دشمن بن بیٹھا تھا اور اتنی بے عزتی کے ساتھ جینے کی اس میں ہمت نہ تھی۔ اس لیے اس نے زہر کی شیشی اپنے ہونٹوں سے لگا کر ہمیشہ کے لیے خاموشی اختیار کر لی۔ گلبیا کا کردار عبد الجبار کے استحصال اور ظلم کی سب سے دردناک مثال ہے۔ جو عبد الجبار کی ہوس اور مردہ انسانیت کی طرف اشارہ کرتی ہے۔

'کرن سنگھ' نے ایک چاپلوس داروغہ کا کردار بخوبی نبھایا ہے۔ وہ پوری زندگی سرکار کو خوش کرنے اور اس کے ٹکڑوں پر پلنے میں گزار دیتا ہے۔ وہ عبد الجبار کا مشیر خاص بھی ہے اور شریک جرائم بھی۔ ایک موقع پر ایسا بھی محسوس ہوتا ہے کہ عبد الجبار اپنی تمام تر دولت و ثروت کے باوجود کرن سنگھ کا محتاج ہے۔ کرن سنگھ اور عبد الجبار کا رشتہ، دولت و سطوت کا رشتہ ہے۔ یہی وجہ ہے کہ جب حالات بے قابو ہونے لگتے ہیں تو عبد الجبار کرن سنگھ پر برس پڑتا ہے:

"یہ سب کیا ہو رہا ہے کرن سنگھ ------ کیا تمھارا دماغ خراب ہو گیا ہے۔"

"یہ سب کس کی کارستانی ہے بولتے کیوں نہیں۔ سانپ سونگھ گیا ہے۔"

"تمھیں تو ہر وقت اپنی پڑی رہتی ہے--- سوچو یہ دربار کا سوال ہے---"[۲۷]

عبد الجبار کی یہ بوکھلاہٹ صاف اشارہ کرتی ہے کہ اس کی دولت ایک عہدے کے سامنے کم تر درجے کی چیز ہے اور وہ کرن سنگھ کی مدد کا محتاج بھی ہے۔ گرچہ اس کی یہ محتاجگی فقیروں والی نہیں۔ کیوں کہ اس نے کرن سنگھ پر بے دریغ مال خرچ کیا ہے اور یہی وجہ ہے کہ آج اس پر رعب جما رہا ہے۔ کرن سنگھ کی خاموشی ہمیں ایک اور نقطے کی طرف لے جاتی ہے اور وہ یہ کہ دولت مندوں کا احسان لینے کے بعد صاحب منصب کی بھی زبان گنگ ہو جاتی ہے۔ یہاں کرن سنگھ بھی اپنے رسوخ کے باوجود ذلیل ہوتا دکھائی دیتا ہے۔

کرن سنگھ عبد الجبار کا مشیر خاص اور منصوبہ ساز بھی ہے۔ ناول میں تمام بڑے واقعات اسی کی سازش کا نتیجہ ہوتے ہیں۔ یہ عبد الجبار کو مشورہ دیتا ہے اور عبد الجبار کے پالتو کارندے اسے انجام دیتے ہیں۔ ایسے ہی واقعات میں پر میشور سنگھ کو حالت علالت میں زہر دینا اور پھر ڈاکٹر جاوید پر جان لیوا حملہ کروانا بھی شامل ہے۔ عبد الجبار کو مشورہ

دیتے ہوئے وہ کہتا ہے:

"ہوتا سوتا۔۔۔۔۔کیا کیا جا سکتا ہے۔ سوچو بتاؤ۔" سرکار نے سر جھکاتے ہوئے کہا۔

"سرکار" کرن سنگھ کی آواز گلے میں پھنس گئی۔ سرکار۔۔ اگر پرمیشور سنگھ۔۔۔۔۔اس نے ہاتھ اٹھایا اور اشارہ کیا۔ جس کا مطلب تھا قصہ پاک!

"اس کے بعد۔۔ہاں اس کے بعد۔۔۔۔۔میں جاوید کا قصہ پاک۔۔۔۔۔" ۲۸

کرن سنگھ کی اسی سازش کے مطابق آگے واقعات بھی رونما ہوتے ہیں۔ کرن سنگھ ہسپتال کے کمپونڈر درگا پرشاد کو پیسوں کی لالچ دیتا ہے اور سرکار کی دھمکی سناتا ہے جس سے خوف زدہ ہو کر وہ پرمیشور سنگھ کو زہر کا انجکشن لگا دیتا ہے۔ لیکن جلد ہی اسے اپنے گناہ کا احساس ہو جاتا ہے اور وہ دوڑ کر جاوید کے قدموں میں گر کر روتے ہوئے کہتا ہے:

"میں لوبھ میں آ گیا ڈاکٹر صاحب۔۔۔۔۔مجھے بہت ڈرایا تھا کرن سنگھ نے۔۔ اور سرکار نے کہا تھا۔۔"۲۹

لیکن آخر میں کرن سنگھ کی ہوشیاری اسے سرکار کی نظروں سے گرا دیتی ہے اور عبدالجبار اس سے ان بن کر بیٹھتا ہے۔ کرن سنگھ کا کردار کہانی میں واضح نہیں ہوتا۔ البتہ اتنا اندازہ ہوتا ہے کہ اس نے عبدالجبار کے مخالفین سے ہاتھ ملا لیا ہے اور اب انھیں لوگوں کی چینی مل بھی لگ گئی ہے۔ ناول میں کرن سنگھ کے عادات واطوار اور گفتگو سے ایک ایسی تصویر ابھرتی ہے جو تا دیر ذہن میں محفوظ رہتی ہے۔

حاشیائی کرداروں میں 'جاوید کے والد' کی جفاکشی اور قربانی بھی قابل تعریف ہے۔ وہ اپنے بیٹے کو اعلیٰ تعلیم دلانے کے لیے اپنا کھیت تک بیچ دیتا ہے۔ ایک مرتبہ جب

اس کے گاؤں کے مولوی نے بیٹے کی حوصلہ شکنی کرنی چاہی تو اس کا باپ شیر کی طرح بپھر گیا اور اس نے مولوی پر حملہ کر دیا۔ اس کا یہ حملہ دفاعی تھا، کیوں کہ وہ کبھی کسی سے نہیں الجھتا تھا۔ اور نہ ہی کسی سے بلا وجہ کوئی امید رکھتا تھا۔ اس موقعے پر اس کی زبان سے نکلا ایک ایک لفظ قیمتی معلوم ہوتا ہے:

"میں کہتا ہوں جب میں کیچڑ میں ڈھیلا نہیں پھینکتا تو کیچڑ میرے پیروں سے کیوں چپکتا ہے۔ میں کہے دیتا ہوں پھر کسی نے حرامی پن کیا تو خون پی جاؤں گا، مجھے کسی کا ڈر نہیں ہے۔ تمھارے قاضی کا بھی نہیں اور تمہارے باپ انگریز بہادر کا بھی نہیں۔"۳۰

یہ جرأت اور جواں مردی جاوید کے والد میں کہاں سے آئی تھی؟ اس کے پیچھے بھی ایک راز ہے۔ جاوید کے والد کی آنکھوں میں لپکتے ہوئے شعلوں کا دیدار جاوید بہت دنوں سے کرتا آیا تھا، لیکن اس نے اس شعلگی کی وجہ کبھی نہیں جانی تھی۔ یہ شعلہ بھڑکایا ہوا ہے اس نظام کا، جہاں غریب کی بیوی دردِ زہ سے کراہ رہی ہوتی ہے اور ڈاکٹر، جاگیر دار کی آنکھ کا معمولی سا علاج کرنے کے لیے، ڈولی میں بیٹھ کر روانہ ہو جاتا ہے، یہاں تک کہ غریب کی بیٹی پچھاڑیں کھا کھا کر مر جاتی ہے۔ ایسی صورت میں اس کا یہ عہد کرنا کہ اپنے بیٹے کو ڈاکٹر بناؤں گا، ایک نظام کے خلاف بغاوت کی چنگاری کا روشن ہو جانا ہے۔ اس کی آنکھوں کے یہ شعلے بہت کچھ بیان کر رہے ہوتے ہیں اور جہاں بھی اس شعلے کا ذکر آیا ہے ایک عجیب سی علامتی اور استعاراتی کیفیت پیدا ہو گئی ہے۔ مثال کے طور پر یہ چند جملے دیکھیے:

"ایک بار جب اسکول کے ہیڈ ماسٹر نے جاوید کے سر پر ہاتھ پھیر کر اس کی ذہانت اور پڑھنے لکھنے کی تعریف کی، تو اس نے دیکھا کہ اس کے باپ کی انگلیاں کانپ رہی ہیں۔ مونچھیں پھڑک رہی ہیں اور آنکھوں میں وہی شعلہ کوند گیا ہے جس پر وہ جان دیتا

تھا۔ جب ہی تو اس نے اپنے اسکول کے بہت سے ہم عمر لڑکوں کو یہ خبر سنا کر بھونچکا کر دیا تھا کہ "میرے ابّا جادو گر ہیں۔ ان کی آنکھوں میں آگ جلتی ہے۔ ان کو غصہ کبھی نہیں آتا۔ وہ جتنا زیادہ پیار کرتے ہیں یہ آگ اتنی ہی چمکتی ہے۔۔۔۔۔"۳۱

"جاوید نے لالٹین کی زرد روشنی میں اپنے باپ کو دیکھا۔ اس کی آنکھوں میں شعلہ جل اور بجھ رہا تھا۔"۳۲

"ایک گرم ہاتھ نے اس کی پیشانی کو چھوا اور اس کے بال سے کھیلنے لگا۔ اس نے آنکھیں کھول دیں۔ ایک سنہرا شعلہ اندھیرے میں کوند گیا۔" ابّا۔۔۔۔" جاوید اپنے باپ سے لپٹ گیا اور رونے لگا۔"۳۳

یہ شعلہ آخر کیسا شعلہ ہے۔ جس سے خوف تو آتا ہے مگر یہ غصے کی علامت نہیں۔ یہ آگ اس وقت اور چمکتی ہے جب جاوید کا باپ پیار کر رہا ہوتا ہے۔ پیار کے سبب سلگنے والا یہ شعلہ کسی فوری غیظ و غضب کے سبب پیدا نہیں ہو سکتا۔ اس کا رنگ سنہرا ہے اور یہ جاوید کو لبھاتا ہے۔ یہی وجہ ہے کہ جاوید اپنے ابا کو بہت بڑا جادوگر سمجھتا ہے۔ جاوید کے والد کی آنکھوں کا یہ شعلہ دراصل اس آگ کی طرف اشارہ کر رہا تھا، جو ان کے دل میں لگی ہوئی تھی۔ اس آگ کو روشن کرنے میں ایک ایسا دلدوز حادثہ شامل ہے جس میں اس کی بیوی علاج کے لیے تڑپ تڑپ کر مر گئی۔ شعلے میں حرارت ہوتی ہے، جو کہ بغاوت اور زندگی کی علامت ہے۔ یہاں علّامہ اقبال کی شاعری سے شرر اور شعلے کی وسیع معنویت کا اندازہ لگایا جا سکتا ہے۔ چند اشعار پر نظر ڈالیے۔

محبت کے شرر سے دل سراپا نور ہوتا ہے
ذرا سے بیج سے پیدا ریاض طور ہوتا ہے
تری خاک میں ہے اگر شرر تو خیال فقر و غنا نہ کر

کہ جہاں میں نان شعیر پر ہے مدار قوت حیدری
یوں تو روشن ہے مگر سوز دروں رکھتا نہیں
شعلہ ہے مثل چراغ لالۂ صحرا ترا
مجھے سزا کے لیے بھی نہیں قبول وہ آگ
کہ جس کا شعلہ نہ ہو تند و سرکش و بے باک

اقبال نے جس قسم کی شعلگی کا مطالبہ کیا ہے، ویسی ہی شعلگی جاوید کے والد کی آنکھوں میں ہمیں دیکھنے کو ملتی ہے۔ اس میں ظالم کے آشیانے کو پھونکنے کی طاقت بھی ہے اور وہ سوز دروں بھی جو غلامی کی زنجیروں سے باہر نکلنے کے لیے ضروری ہے۔ شاید اسی شعلگی کا نتیجہ تھا کہ ڈاکٹر جاوید کے مزاج میں ہمیں باغیانہ تیور دکھائی دیتے ہیں۔

جاوید کے والد کی شخصیت کا ایک اور پہلو قابل ذکر ہے۔ اور وہ یہ کہ اس کے اندر ایک انسانی ہمدردی اور بلند فکری پائی جاتی ہے۔ وہ تدبر کرنے والا اور رسم و رواج سے اوپر اٹھ کر سوچنے کی صلاحیت رکھتا ہے۔ یہی وجہ ہے کہ وہ نہ صرف اپنی بیوہ بہن کو اپنے گھر میں عزت کے ساتھ رکھتا ہے بلکہ قریب کے ایک رشتے دار کی جوان بیوہ سے شادی بھی کر لیتا ہے۔ اور اس طرح وہ دو دو بیوہ عورتوں کی کفالت کی ذمے داری اپنے سر لے لیتا ہے، بغیر اس فکر کے کہ معاشرہ اسے کیا کہے گا۔ وہ اپنی بیوی سے کہتا ہے:

"یہ الّو کے پٹھے سمجھتے ہیں اگر میں ان کی لڑکیوں سے شادی کر لوں تو وہ کبھی بیوہ ہو ہی نہیں سکتیں۔"[۴۳]

اسی طرح ایک اور موقع پر اس کی فراست دیکھنے کو ملتی ہے۔ جس دن وہ مولوی کی پٹائی کے بعد اپنے آنگن میں لیٹا بیڑی پی رہا ہوتا ہے اسے نیلے آسمان پر بہت سی چیلیں اڑتی ہوئی اور گوشت کا ٹکڑا جھپٹتی ہوئی دکھائی دیتی ہیں۔ اور پھر وہ ایک نہایت بامعنی جملہ

اپنی زبان سے ادا کرتا ہے۔ کہتا ہے:

"آدمی اور چیل میں زیادہ فرق نہیں ہے۔"۳۵

یہ جملہ بہت ہی غور و فکر کے بعد ہی کہا جا سکتا تھا۔ اس سے جاوید کے والد کے اندر موجود اس صلاحیت کا اندازہ ہوتا ہے جو اپنے گرد و نواح کے حالات اور قدرتی مناظر دیکھ کر، معاشرہ اور فرد کے پیچ رشتے کا کوئی نتیجہ اخذ کرتی ہے۔

ان کرداروں کے علاوہ ہسپتال میں جاوید کے دوستوں میں، کمپونڈر درگا پرساد، کلیا، جنگلی، چماری، نریش بابو وغیرہ وفادار اور جاں نثار ساتھیوں کی شکل میں ظاہر ہوتے ہیں، جو ہمہ وقت جاوید کی مدد کو تیار رہتے ہیں اور اس کے اشاروں پر جان چھڑکتے ہیں۔ "پرمیشور سنگھ" جہاں سرکار عبد الجبار کا دشمن نظر آتا ہے وہیں جاوید کی ایمان داری اور اس کی خدمت گزاری کا قائل بھی ہے۔ اس کی باتوں سے ایک معصومیت ظاہر ہوتی ہے جو اسے ایک بہادر اور نڈر نوجوان ثابت کرتی ہے۔ بحیثیت ایک ماں، بہن اور عورت کے، جاوید کی 'بوا' کا کردار قابل تعریف ہے۔ جو خود بیوہ ہوتے ہوئے جاوید کی پرورش کرتی ہے اور اسے ایک ماں کی طرح اپنی جان سے زیادہ عزیز رکھتی ہے۔ اس کی سچائی، خدا ترسی اور خلوص کا یہ عالم ہے کہ اس کی روح جانماز پر نماز پڑھتے ہوئے پرواز کرتی ہے۔

انور عظیم اپنے اسی ناول کے کرداروں پر روشنی ڈالتے ہوئے لکھتے ہیں:

"جب ناول ختم ہوا تو میں نے دیکھا کہ اس ناول کے کردار میری زندگی کا حصہ ہیں۔ اس کی کہانی خود میری زندگی کی دیکھی ان دیکھی کڑیاں ہیں۔ یہ کڑیاں اکثر تحت الشعور میں کھو جاتی ہیں۔ یہی کڑیاں انسان کے سماجی اور نفسیاتی عمل اور رد عمل کی زنجیر بن جاتی ہیں، جن کی جھنکار شعور کے گنبد میں گونج اٹھتی ہے۔ یہ گونج مجھے اس وقت سنائی دی جب

میں نے ناول کا مسوّدہ مکمل ہونے کے بعد دوبارہ پڑھا۔ اور 'بے معنی' کردار اور واقعات، جن کو میں نے بچپن اور لڑکپن میں کبھی حیرت سے اور کبھی ٹھنڈی بے نیازی سے دیکھا تھا، اب ایک نئی اور بھرپور معنویت کے ساتھ ابھر آئے تھے۔"۳۶

انور عظیم کے اس قول سے ان کے ذریعے خلق کیے گئے متن میں نہ تو کوئی کمی واقع ہوتی ہے اور نہ ہی اس کی قدر وقیمت میں اضافہ ہوتا ہے۔ البتہ اتنا ضرور ہے کہ ہم اس اقتباس کے تناظر میں بھی کرداروں کا جائزہ لے سکتے ہیں۔ انور عظیم کے مطابق انھوں نے ان کرداروں کو اپنی 'زندگی کا حصہ 'تسلیم کیا ہے۔ ظاہر سی بات ہے کہ ایک ناول نگار اپنے گردو پیش کے ماحول سے ہی کردار تراشتا ہے۔ اس اعتبار سے انور عظیم نے بھی وہی کیا۔ لیکن قابل غور بات یہ ہے کہ مصنف ان کرداروں میں' تحت الشعور کی کڑیاں ' اور 'سماجی اور نفسیاتی عمل اور رد عمل کی زنجیریں' تلاش کرنے کی کوشش کر رہا ہے۔ اس اعتبار سے اگر دیکھا جائے تو انور عظیم اپنی کوشش میں کسی حد تک کامیاب نظر آتے ہیں اور ان کے کرداروں میں، خواہ ڈاکٹر جاوید ہو یا سکینہ اور عبد الجبار، تینوں کے یہاں نفسیاتی پیچیدگیاں موجود ہیں۔ اور سماجی عمل اور رد عمل بھی دکھائی دیتا ہے۔ اگر عبد الجبار کی شخصیت کو' عمل' اور جاوید کو' رد عمل 'کا نام دیا جائے تو شائد غلط نہ ہو گا۔ انور عظیم ایک ایسی بات بھی لکھتے ہیں جو جاوید کی شخصیت کی تفہیم کا راز پیش کرتی نظر آتی ہے۔ وہ کہتے ہیں:

"میں سمجھتا ہوں کہ انسان کے ظاہر اور باطن کے تاریک اور روشن گوشوں کو سمجھے بغیر اس کی کہانی بیان نہیں کی جاسکتی۔"۳۷

'انسان کے ظاہر اور باطن' گوشوں کی تفہیم کی جاوید سے بہتر اور کیا مثال ہو سکتی ہے۔ جہاں پورا کا پورا ناول جاوید کو دو طرفہ کشمکش کا شکار ثابت کرتا ہے۔ ظاہری کشمکش کا

سراعبدالجبار ہے اور باطنی کشمکش جاوید کی اپنے دل سے ہے۔ اس میں سکینہ اور روز بھی شامل ہیں۔ شہر اور گاؤں کی دو مخالف تہذیبیں بھی ہیں اور کچھ آدھی ادھوری اور کھوئی ہوئی یادوں کے سلسلے بھی۔ دراصل ہر انسان کا یہی المیہ ہوتا ہے کہ وہ بیک وقت دو سطحوں پر زندگی گزار رہا ہوتا ہے۔ اس میں سے ظاہری سطح سب کو نظر آتی ہے جب کہ باطنی سطح پوشیدہ رہتی ہے۔ فن کار کا کمال یہ ہے کہ وہ انسان کے ظاہر کو اجاگر کرنے کے ساتھ ساتھ اس کے باطن کا بھی سراغ لگائے۔ اس اعتبار سے جاوید کی زندگی کے دونوں پہلو ہمیں اس ناول میں دیکھنے کو ملتے ہیں۔

منظر نگاری کا جائزہ

انور عظیم کو فطرت کی تصویر کشی اور منظر نگاری پر عبور حاصل ہے۔ اس ناول میں انھوں نے وقت کے ساتھ موسم کی تبدیلیوں اور ان کے اثرات کو بھی بیان کیا ہے۔ ناول کی شروعات موسم سرما سے ہوتی ہے۔ اور پھر کہانی کے آگے بڑھنے کے ساتھ ساتھ موسم بھی بدلتا رہتا ہے۔ کبھی گرمی کا موسم آتا ہے، کبھی برسات کا موسم اور کبھی پھر سردی لوٹ آتی ہے۔ انور عظیم واقعات کے مزاج کے موافق موسم کی تصویر کشی کرکے اس کے تاثر میں اضافہ کر دیتے ہیں۔ جس سے ماحول کی عکاسی کے ساتھ ساتھ فضا سازی میں بھی مدد ملتی ہے۔ موسم سرما کی صبح کی منظر کشی وہ کچھ یوں کرتے ہیں:

"پو پھٹ چکی تھی۔ فضا کی پر اسرار دھند پگھل رہی تھی، اور افق پر روشنیوں کے سرخ پھول کھلنے لگے تھے۔ ان کے رنگین عکس سے گھاس اور پودوں پر جمی ہوئی شبنم کے موتی بھی جھلملانے لگے۔ مانگ سے افشاں جھڑ گئی اور ندی کے پیچ و خم میں بجلیاں کو ندنے لگیں۔۔۔" ۳۸

موسم گرما کے بعد برسات کا سہانا موسم آتا ہے اور ہر طرف ہریالی ہی ہریالی پھوٹ

پڑتی ہے۔ مصنف اس خوبصورت موسم کا باریکی سے جائزہ لیتے ہوئے کچھ یوں تذکرہ کرتا ہے:

"برکھارت آئی۔ امڈ کے گھٹائیں چھائیں۔ جنگلوں اور پہاڑوں پر نم نم سا خنکی بھرا سکون چھا گیا۔ شکری ندی میں بھی گہری نیند کے بعد توڑی ہوئی انگڑائی کا سحر پیدا ہو گیا۔ شیشم، گولر، پیپل، برگد، امرود اور آم کے درختوں پر ان دیکھے جھولے پڑ گئے اور ان میں ان دیکھی اپسراؤں کے آنچل سرسرانے اور ایک عجیب سی بھینی بھینی خوشبو بکھیرنے لگے۔"۳۹

اس طرح انور عظیم نے اس ناول کو وقت اور زمانے کے اعتبار سے تبدیل ہوتے موسموں سے ہم آہنگ کر کے، فطرت اور زندگی سے قریب ایک فن پارہ بنا دیا ہے۔ ان کی یہ کاریگری ناول کے پس منظر کو اور تقویت فراہم کرتی ہے، جو کہ سراسر ایک علاقائی تہذیب اور دیہات کی سرزمین سے تعلق رکھتا ہے۔ انور عظیم کی فطرت نگاری ان کے گہرے مشاہدے اور گاؤں سے قریبی رشتے کی گواہی دیتی ہے۔ جہاں موسموں کی تبدیلیوں کا اثر آس پاس کے ماحول، پیڑ پودوں، اور کام کاج پر بھی پڑتا ہے۔ یہی وجہ ہے کہ ناول میں لوگ رات کو مچھلی کا شکار کھیلنے جاتے ہیں، جہاں کوئی چراغ یا لالٹین روشن نہیں ہوتی بلکہ چاند کی فطری روشنی بکھری ہوتی ہے۔

زبان و اسلوب

'دھواں دھواں سویرا' کی زبان عام طور پر وہی ہے جو مصنف کے افسانوں میں دکھائی دیتی ہے۔ یعنی کہانی کو آگے بڑھاتے ہوئے کچھ علامتی، استعاراتی اور کنایتی الفاظ کا بھی سہارا لیا گیا ہے۔ اس کی پہلی مثال ناول کا نام 'دھواں دھواں سویرا' ہے۔ یہاں دو متضاد صورتوں کو ایک ساتھ جمع کر دیا گیا ہے۔ 'سویرا' اپنے آپ میں روشن اور چمک دار

ہوتا ہے۔ لیکن یہاں اسے 'دھواں دھواں' سے متصف کیا گیا ہے۔ فیض احمد فیض نے اسی قسم کا مفہوم ادا کرنے کے لیے 'داغ داغ اجالا' کی ترکیب وضع کی تھی۔ اگر دیکھا جائے تو 'دھواں دھواں سویرا' اور 'داغ داغ اجالا' کے ایک ہی معنی نکلتے ہیں، اور دونوں تخلیق کار صبح کی رنگت سے نالاں نظر آتے ہیں۔ ناول کی کہانی اور نام میں انطباق کی صورت کچھ یوں نظر آتی ہے کہ جاوید ایک ایماندار ڈاکٹر ہونے کے باوجود اطمینان و سکون کی زندگی نہیں گزار پاتا۔ وہ نئے نئے مسائل و مشکلات سے دوچار رہتا ہے۔ جاگیر دار کی بہن سکینہ کا بھی یہی حال ہے۔ اور یہی المیہ ایک مخالف اور مشکل فضا میں جینے کی جدوجہد کرتے دوسرے کرداروں کا بھی ہے۔ 'دھواں دھواں سویرا' کی ترکیب ناول میں موجود جاں فشاں کرداروں کی علامت بن گئی ہے۔ ناول کا دوسرا نام "جھلستے جنگل" بھی انھیں کرداروں کا استعارہ ہے۔ جنگل اپنے آپ میں شادابی اور اطمینان و سکون کی جگہ ہے اور نافعیت اس کی پہچان ہے۔ لیکن جنگل کا سب سے بڑا دشمن آگ ہے۔ یہی آگ جنگل کے لیے تمام قسم کی منفی طاقتوں کی علامت بھی ہے۔ 'جھلسنا' جلنے کی پہلی منزل ہے۔ لہٰذا ناول نگار نے 'جھلستے جنگل" کو اپنے کرداروں کا استعارہ بنا کر ان کی غیر محفوظ زندگیوں کی طرف اشارہ کیا ہے۔

قابل ذکر بات یہ ہے کہ ناول نگار نے علامت کی توضیح یا استعارہ سازی کو اپنا ہدف نہیں بنایا ہے۔ کہانی کے تمام کردار اور واقعات حقیقی زندگی سے لیے گئے ہیں۔ البتہ بیانیہ کو دلچسپ بنانے کے لیے بعض مقامات پر شاعرانہ تخیل، ڈرامائی کیفیت اور علامت و استعارہ کا سہارا لیا گیا ہے۔ زاہدہ زیدی نے بھی اس ناول کے اسلوب کے متعلق کچھ ایسا ہے نتیجہ اخذ کیا ہے۔ وہ لکھتی ہیں:

'جھلستے جنگل' اسلوب کے اعتبار سے حقیقت نگاری، ڈرامائی طرز اظہار، اور تخیل

آفریں شاعرانہ انداز کا ایک مناسب امتزاج ہے جس میں نادر پیکر تراشی سے بھی کام لیا گیا ہے۔ اور اس کی فطرت نگاری اور شاعرانہ اور ڈرامائی انداز اکثر نفسیاتی بصیرتوں اور علامتی معنویت سے بھی گراں بار ہے۔[۴۰]

یہاں انور عظیم کے علامتی و استعاراتی انداز نگارش کی صرف ایک مثال ملاحظہ فرمائیں۔ عبد الجبار محسوس کرتا ہے:

"اس کو اپنی زندگی ایک بڑے سے جہاز کی طرح نظر آئی۔ سمندر میں طوفان آ گیا تھا۔ کالی کالی موجیں منھ پھاڑے ہوئے اژدہوں کی طرح جھپٹ رہی تھیں۔ آسمان میں ایک ستارہ نہ تھا۔ یہ جہاز ہیرے جواہر اور نہ جانے دنیا کی کیسی کیسی دولتوں سے لدا ہوا تھا۔ جہاز ڈوب رہا تھا۔"[۴۱]

اس اقتباس میں جہاز، سمندر، طوفان، موجیں، اژدہے اور ہیرے جواہر وغیرہ ایک علامت اور کنایے کے طور پر استعمال ہوئے ہیں۔ یہ الفاظ اپنے حقیقی معنوں سے بلند ہو کر عبد الجبار کی زندگی کی پوری کہانی بیان کرتے ہیں۔ اسی طرح جاوید کا ہسپتال چھوڑ کر اپنے گھوڑے کے ساتھ جنگل کی طرف نکل جانا بھی اس کے اصل کی طرف لوٹ جانے کی علامت ہے۔ ناول میں 'شکری ندی' کا کردار بھی علامتی نظر آتا ہے، جو وقت اور موسم کے مطابق تبدیل ہوتی رہتی ہے۔ دریا کی روانی، اس کا ٹھہراؤ، چاندنی رات میں اس کی سطح کا چاندی کی طرح چمکنا یا اس کا سوکھ جانا اصل کہانی کے اتار چڑھاؤ کے مطابق معلوم ہوتا ہے۔ جب جب ندی کی روانی و سرشاری کو دکھایا گیا ہے، کہانی میں بھی کوئی خوشگوار موقع رہا ہے۔ اور جب ندی میں ٹھہراؤ آیا ہے تو کہانی بھی متاثر ہو گئی ہے۔ جاوید کا 'گھوڑا' بھی بہادری اور شجاعت کی علامت معلوم ہوتا ہے۔ زاہدہ زیدی نے 'گھوڑے' کو باقاعدہ ایک کردار تسلیم کیا ہے۔ اس سلسلے میں وہ لکھتی ہیں:

"یہاں مناظر فطرت، جاوید اور اس گلہ بان لڑکے کے علاوہ جو جاوید کو ایک اجنبی کی طرح دیکھتا ہے، ایک اور اہم کردار بھی موجود ہے جس کو نظر انداز کر دینا تنقیدی کم مائیگی بلکہ بے صبری کے مترادف ہو گا اور یہ اہم کردار ہے جاوید کا گھوڑا جو اس کے جنم مرن کا ساتھی ہے اور مختلف موقعوں پر مختلف رول ادا کرتا ہے۔"۴۲

انور عظیم نے اس ناول میں گاؤں دیہات کی منظر کشی کے باوجود وہاں کی علاقائی زبان کا استعمال نہیں کیا ہے۔ گاؤں کے تمام حالات اور مناظر کی تصویر کشی چھوٹے چھوٹے، رواں اور سبک جملوں سے کی گئی ہے۔ البتہ ایک دو مقامات پر چرواہے یا نشیڑی کی زبان سے ایسے جملے نکلتے ہیں جو سوقیانہ ہیں اور مغلظات کے درجے میں آتے ہیں، لیکن اس کے باوجود کرداروں کے حسب حال معلوم ہوتے ہیں۔

'دھواں دھواں سویرا' ایک ایسے ناول کی شکل میں ابھرتا ہے جس کا پس منظر دیہات ہے۔ یہ جاگیردارانہ نظام اور طبقاتی ناہمواری کو اپنا موضوع بناتا ہے۔ لیکن ساتھ ہی ساتھ اس میں فرد اور معاشرے کی کشمکش بھی دیکھنے کو ملتی ہے۔ یہ ناول ایک ایسے ایماندار کی کہانی ہے جو روایتی غلامی سے نکلنے کے لیے مزاحمت کرتا ہے اور اپنی خودداری سے اس کی زنجیروں کو پاش پاش کر دیتا ہے۔ اس ناول میں ہم کرداروں کی ظاہری اور باطنی صورت حال سے آگاہ ہو کر ان کے تحت الشعور تک پہنچنے کی کوشش کرتے ہیں۔ یہی وجہ ہے کہ جاوید کے رد عمل کے پیچھے معاشرتی مسائل کا ایک طویل سلسلہ نظر آتا ہے۔ یہ ناول ہمیں جاگیرداری کے فرسودہ نظام کی قباحتوں، بدعنوانیوں اور ظلم سے آگاہ کرنے کے ساتھ ساتھ خود احتسابی اور خود اعتمادی کا بھی سبق دیتا ہے۔ اور سب سے بڑھ کر انسان کو اپنے کام اور پیشے کے تئیں ایمانداری کا جذبہ بیدار رکھنے کی ترغیب دلاتا ہے۔

***

ناول 'کہانی کوئی سناؤ متاشا' کا تجزیاتی مطالعہ
ڈاکٹر صابرہ خاتون حنا

ناول 'کہانی کوئی سناؤ متاشا' ڈاکٹر صادقہ نواب سحر کا پہلا ناول ہے جس کی اشاعت ۲۰۰۸ میں ہوئی اور اب تک اس کے تین ایڈیشن (دوسرا ۲۰۱۳ اور تیسرا ۲۰۲۱) میں شائع ہو چکے ہیں جو اس ناول کی مقبولیت کی دلیل ہے۔ کہا جاتا ہے کہ ناول ایک ایسا آئینہ خانہ ہے جس میں زندگی کے سارے روپ دیکھے جا سکتے ہیں۔ ایچ جی ویلز کے مطابق 'اچھے ناول کی پہچان حقیقی زندگی کی پیشکش ہے۔' اس تناظر میں زیر نظر ناول کا جائزہ یہ بتاتا ہے کہ حقیقی زندگی میں بطور خاص متوسط طبقہ کو جس طرح کے حالات سے نبرد آزما ہونا پڑتا ہے اس ناول میں اس کی خاطر خواہ عکاسی کی گئی ہے۔ اس کا پلاٹ بہت ہی گتھا ہوا اور بیانیہ مضبوط ہے اور ایک کے بعد ایک قصّے کو اس طرح ترتیب دیا گیا ہے کہ کہیں بھی کسی جوڑیا پیوند کاری کا احساس تک نہیں ہوتا، واقعات بڑے ہی فطری اور منطقی انداز میں تسلسل کے ساتھ آگے بڑھتے ہیں، حالانکہ یہ کہانی بظاہر ایک کردار متاشا کی ہے مگر اس متاشا کی زبانی اڑیسہ، کولکاتا، علی گڑھ، الہ آباد، بمبئی، پونے اور کئی چھوٹے چھوٹے قصبوں اور شہروں کے ساتھ ساتھ بے شمار کرداروں کی کہانیاں بھی زیبِ داستاں ہو گئی ہیں جس کی وجہ سے پلاٹ بھی اکہرا یا سادہ نہیں بلکہ مرکب ہو گیا ہے پھر بھی فاضل مصنفہ نے اس مرکب پلاٹ کو بھی بہت ہی کامیابی سے برتا ہے اور اس کی

فنکارانہ ترتیب میں کامیاب رہی ہیں - جہاں تک ناول کے ایک اور جز قصہ یا کہانی کا سوال ہے تو یہ قصہ کہانیوں سے ہی بنا ہوا ناول ہے جنھیں چھوٹے چھوٹے عنوانات کے ذریعہ جوڑ کر اس ناول کی تکمیل کی گئی ہے بلکہ اگر عنوانات پر ہی غور کریں تو کم و بیش ہر ایک کے بطن سے ایک کہانی کا جنم ہوتا نظر آئے گا۔ پہلے ہی عنوان 'شاستری' کو دیکھیں 'میرے پر دادا کے پر دادا جگن ناتھ پوری مندر میں شاستری تھے' اور 'نانیہال' کا ابتدائی جملہ کچھ اس طرح ہے کہ 'میرے نانا کے پر نانا قنوج کے برہمن تھے اور زمیندار بھی' پورا منظر نامہ آنکھوں کے سامنے گھوم جاتا ہے۔ ایک طرف اڑیسہ اور دوسری طرف مغربی بنگال، پھر دونوں خاندانوں میں دھرم پریورتن، برہمن سے عیسائی بننے کا دورانیہ، اسباب، نتائج، زمینداری کا خاتمہ، کاروبار اور پھر متاشا کے دادیہالی اور نانیہالی خاندان جو دو مختلف تہذیبی دھاراؤں کے امین ہونے کے باوجود ایک خاص نقطہ پر ایک دوسرے سے مل کر سمبندھی بن جاتے ہی اور اس فطری سنگم کے بعد ان کے یہاں پہلی اولاد متاشا ہوتی ہے، بس یہیں سے اس بھرے پُرے اور بظاہر مہذب خاندان کی قلعی کھل جاتی ہے، جب بیٹی کی پیدائش پر ناول نگار کے قلم سے یہ جملہ خون بن کر ٹپکتا ہے۔ 'میرے پاپا کو لڑکیوں سے بڑی نفرت تھی۔' اور اس کے بعد سے ہی اصل کہانی کی ابتدا ہو جاتی ہے جو قدرتی بہاؤ کے ساتھ بڑی ہی خوبصورتی سے کچھ اس طرح آگے بڑھتی ہے کہ پڑھنے والوں کو اس پر سچ کا گمان ہونے لگتا ہے، حالانکہ زندگی میں پیش آنے والے واقعات ہی دراصل کسی بھی کہانی کے محرک بنتے ہیں لیکن ان واقعات میں رنگ آمیزی اور حقیقی مشابہت کی ذمہ داری فنکار کی ہوتی ہے۔ متاشا کی یہ کہانی درد سے عبارت ہے مگر اس درد کو سینے میں چھپائے وہ زندگی کے ہر میدان میں بلا خوف و خطر دوڑتی ہے یا یوں کہیں کہ ہر طرح کے مسائل کا مردانہ وار مقابلہ کرتی ہے۔ اب اس کی ذات کے گرد گردش

کرتے یہ لوگ اور پھر ان لوگوں کی اپنی اپنی کہانیاں یہ سب مل کر ناول کی دلچسپی میں اضافے کا سبب بنتی ہیں اور قاری بغیر رکے تجسس کے ساتھ ناول کی قرأت میں مصروف رہتا ہے۔ صادقہ نواب نے بلاشبہ اس ناول میں افسانویت یا کہانی پن پر خصوصی توجہ دی ہے اور اسے برقرار رکھنے میں کامیاب ہیں۔ بقول سلام بن رزاق:

"میریز دیک فکشن کی پہلی شرط اس کا مطالعاتی وصف ہے اور یہ وصف 'کہانی کوئی سناؤ متاشا' میں بدرجۂ اتم موجود ہے۔ اپنے تخلیقی اظہار، رواں دواں بیانیہ اور حقیقی کردار نگاری کے سبب یہ ناول شروع سے آخر تک قاری کو نہ صرف باندھے رکھتا ہے بلکہ ورق ورق اس کے اندر ایک دبی دبی سی کسک کا احساس بھی پیدا کرتا ہے، ناول کا مرکزی کردار 'متاشا' پورے ناول میں لہر لہر ڈوبتی اور گھاٹ گھاٹ ابھرتی ہے۔ ناول ختم ہو جاتا ہے مگر 'متاشا' قاری کے ذہن پر دیر تک دستک دیتی رہتی ہے"

(بحوالہ کتاب 'کہانی کوئی سناؤ متاشا' کے بیک کور کی رائے)

واقعی 'تخلیقی اظہار، رواں دواں بیانیہ اور حقیقی کردار نگاری' اس ناول کی جان ہیں۔ یہی وجہ ہے کہ ناول ختم ہو جاتا ہے مگر 'متاشا' قاری کے ذہن پر دستک دیتی رہتی ہے۔ دراصل 'متاشا' ہمارے سماج کی صد فیصد نہ سہی نوے فیصد عورتوں کی مماثل ضرور ہے۔ صادقہ نواب نے بڑی ہی چابک دستی سے اس کردار کو خلق کیا ہے۔ وہ بچپن ہی سے مظلوم ہے، باپ کی نفرت اور ماں کی مار کھا کھا کر بڑی ہوئی ہے، اس کی خوبصورتی کی وجہ سے دادی کا پیار اس کے حصے میں آتا ہے مگر وہی خوبصورتی اس کے لیے دشواریوں کے پہاڑ بھی کھڑے کرتی ہے اور کبھی وہ سڑک چھاپ مجنوؤں کے رکیک ریمارک کا سامنا کرتی ہے تو کبھی اپنے باپ کے دوست موریشور کاکا کی ہوس کا نشانہ بنتی ہے، یہی نہیں وہ یوراج اور بھرت سے شادی نہ کرنے کا اصرار کر کے اپنے باپ کے ہاتھوں ذلیل وخوار

بھی ہوتی ہے اور ماں سمیت گھر بدر بھی ہو جاتی ہے، اس کا عاشق پر بھاکر بھی اس سے نفرت کرنے لگتا ہے اور وہ لوگ دربدر کی ٹھوکریں کھاتے بالآخر علی گڑھ پہنچتے ہیں جہاں اس کا اپنا 'سوریہ کاکا' ہی اس کی عزت کے درپے ہو جاتا ہے۔ گھر اور بچوں کی کفالت کے لیے ماں سلائی کرنے لگتی ہے تو متاشا بھی ایک اسکول سے جڑ جاتی ہے لیکن بدقسمتی وہاں بھی پیچھا نہیں چھوڑتی اور آخر وہ اپنے بھائی پرساد کے ساتھ ممبئی ایک رشتہ دار کے یہاں ٹھہر کر نوکری کی تلاش میں لگ جاتی ہے کچھ دنوں بعد رشتہ داروں کے یہاں سے بھی نکال دیا جاتا ہے اور وہ دونوں بھائی بہن اسٹیشن پر پناہ لینے پر مجبور ہو جاتے ہیں۔ کئی بار نوکری ملتی اور کسی نہ کسی بہانے چلی جاتی، اسی طرح ڈوبتے ابھرتے پانچ بچوں کے باپ گوتم سے ملاقات ہوتی ہے جو کسی مسیحا کی طرح اس کے سامنے آتا ہے۔ دونوں کے درمیان ایک دوسرے کے خاندان کو سنبھالنے کے وعدے ہوتے ہیں، قسمیں کھائی جاتی ہیں، بالآخر متاشا اس ادھیڑ عمر شخص سے شادی کر لیتی ہے اور ایک بچے دیپیش یا دیپو کو جنم دیتی ہے۔ یہ گوتم کے پانچ بچوں اور اس کے بھانجوں کو بھی سنبھالتی ہے جبکہ گوتم وعدے کے مطابق اس کے بھائیوں کی تعلیم اور پھر ان کے روزگار پر دھیان دیتا ہے، سب کچھ ٹھیک چل رہا ہوتا ہے کہ درمیان میں 'موریشور' وہاں پہنچ کر اس کا گھر توڑنے کی کوشش کرتا ہے مگر تھوڑی تلخی کے بعد سب کچھ ٹھیک ہو جاتا ہے۔ بالآخر چند برسوں کے بعد گوتم کی موت واقع ہو جاتی ہے اور متاشا کے سوتیلے بچے، اس کے اپنے بھائی بھاوج، سبھوں کا رویہ اس کے ساتھ ظالمانہ ہونے لگتا ہے اور وہ پھر سے اسی مقام پر آ جاتی ہے جہاں سے اس نے زندگی کی شروعات کی تھی، دکھوں کی اتھاہ گہرائی اسے ہر طرف سے گھیر لیتی ہے مگر وہ ہمت نہیں ہارتی اور اپنی بچی کھچی طاقت کو مجتمع کر کے ایک بار پھر اٹھ کھڑی ہوتی ہے، سوتیلے بیٹے انکت اور اپنے بھائی کے ساتھ مل کر گوتم کے کاروبار کو سنبھالنے کی

کوشش کرتی ہے مگر انکت کے مکر و فریب اور اس کے ظلم و ستم سے تنگ آکر اپنے بیٹے دیپو کے ساتھ دور ایک گاؤں میں چلی جاتی ہے حالانکہ ابھی اس کے امتحان کے دن باقی تھے دیپو غلط صحبت میں پڑ کر نونیتا کو بن بیاہی ماں بنا دیتا ہے اور خود نشہ کرتے ہوئے سخت بیمار پڑ جاتا ہے۔ نونیتا روتی ہوئی اس کے پاس آتی ہے جسے دلاسہ دے کر اس کے بچے کی پرورش کی ذمہ داری بھی وہ خود ہی لے لیتی ہے تاکہ وہ آزادانہ طور پر کسی اور کے ساتھ اپنا گھر بسا سکے۔ یہاں ناول اپنے اختتام کو پہنچتا ہے مگر اس کا اختتامی جملہ 'اب کیسے جاؤ گی دادی'، ان ان دیکھی بیڑیوں کی طرف اشارہ کرتا ہے جن کی وجہ سے متاشا کو پھر سے زندگی کی طرف لوٹنا پڑتا ہے اور وہ اپنے بھائیوں، سوتیلے بچوں، بھانجوں اور اپنے بیٹے دیپو کی پرورش کرنے کے بعد اس کے بچے کی پرورش کا بار بھی اٹھانے کو تیار ہو جاتی ہے۔ متاشا کی شکل میں ناول نگار نے ایک بہت ہی فعال، متحرک اور پیچیدہ کردار کی تخلیق کی ہے جو ہمیشہ تغیر پذیر ہے، وہ متاشا جو چاع سال کی عمر میں ہی مار پیٹ کے ڈر سے جھوٹ بولنا شروع کرتی ہے اور زمانۂ طالب علمی میں اسی کے سہارے اپنی کئی غلطیوں کی پردہ پوشی کرتی ہے، وہ بالآخر عمر پختہ ہونے پر اس جھوٹ سے اپنا پیچھا چھڑا لیتی ہے، اس طرح وہ بزدل لڑکی دھیرے دھیرے اتنی سخت جان ہو جاتی ہے کہ زندگی کے سرد و گرم کا بڑی ہی ہمت اور استقلال کے ساتھ سامنا کرتی ہے اور حرف شکایت تک زبان پر نہیں لاتی یہ اور اس طرح کی ڈھیروں تبدیلیاں اس کے اندر رونما ہوتی رہتی ہیں جو اس کردار کے ارتقائی سفر کی دلیل ہیں اور یہ ثابت کرتی ہیں کہ یہ کردار جامد نہیں۔ کچھ ایسے بھی کردار ہیں جو وقت کے ساتھ تبدیل تو نہیں ہوتے مگر اپنی خصوصیات کے ساتھ پوری کہانی میں اپنی موجودگی کا ثبوت دیتے ہیں جیسے 'موریشور کاکا' کا کردار جو اپنی خباثت کے ساتھ آخری حد تک چلا جاتا ہے اور ممبئی کا ہوائی سفر صرف اس لیے کرتا ہے تاکہ وہ متاشا کا ماضی سامنے

لا کر اس کے بسے بسائے گھر کو برباد کر سکے۔ متاشا کی ماں کا کردار بھی اپیل کرتا ہے، وہ شروع ہی سے سخت جان تھی، اس کے والد کی ڈانٹ، جھڑکی، غصہ اور مار پیٹ کا شکار ہوتی مگر اُف نہ کرتی، شوہر کی اطاعت اور ساس کی خدمت کو اپنا وطیرہ جانتی، تین سال کی عمر سے ہی بیٹی پر طرح طرح کی پابندیاں عائد کر دیں، ضرور تاً پٹائی بھی کرتی مگر پربھاکر والے معاملے میں جب شوہر کے ظلم اور بیٹی کی مظلومیت کا اندازہ ہوا اور بھرت جیسے بے جوڑ شخص سے جب شادی کی بات آئی تو متاشا کی مرضی کے خلاف جانے سے انکار کر دیا اور نیتجتاً ساس اور بچوں سمیت گھر چھوڑنے پر مجبور ہو گئی، وہیں سے اس کا رشتہ متاشا کے ساتھ سہیلیوں جیسا ہو گیا اور آخر آخر تک اس نے متاشا کا ساتھ نبھایا۔ متاشا کے باپ کا بھی رویہ عجیب تھا، بیٹی سے نفرت کی تو اس قدر کہ ساری زندگی اس کے خلاف رہا اور اس پر طرح طرح کی الزام تراشیاں کیں، یہاں تک کہ جان بوجھ کر ایسے حالات پیدا کیے کہ وہ موریشور کی ہوس کا شکار ہو گئی، پربھاکر کو بھی اس سے بدظن کر دیا اور مرنے سے پہلے جب اپنی غلطی کا احساس ہوا تو بیٹی کے آگے ہاتھ جوڑ لیے۔ غرض کرداروں کی اس بھیڑ میں بڑے سے بڑے اور چھوٹے سے چھوٹے کردار کی نفسیات پر بھی مصنفہ کی گہری نگاہ ہے، دادی جیسی مادر مہربان کی محبت اور خودداری کے مختلف رنگ، یوراج، پربھاکر، منجیت اور سمیر وغیرہ کے عشق کی نیرنگیاں، زندگی کے مشکل ترین دور میں متاشا کے ساتھ اس کے بھائیوں کی مشترکہ جدوجہد، نوکری کی تلاش، رشتہ داروں کی بے حسی، شادی کے بعد بھائیوں کے مزاج میں تبدیلی، بھابھیوں کے بدلتے رویے، کم عمری میں سوتیلے بچوں کا متاشا کے لیے پیار اور احترام مگر باپ کی موت کے بعد ان کا ظالمانہ سلوک بطور خاص بڑے بیٹے انکت کی مار پیٹ، گوتم اور بے بی جیسے کردار، بیٹے دیپو اور اس کے دوستوں میں آستا اور نونیتا کا کردار، پھوپھا جی اور رونق، اروی اور بلبل، بھرت اور سوریہ

کاکا یہاں تک کہ اسٹیشن کے لاکر میں سامان رکھوانے والی آیا اور بیلن سے شوہر کو پیٹتی وہ دیدی بھی اپنا اپنا تاثر قائم کرنے میں کامیاب ہیں۔ ان سارے کرداروں کی نفسیات پر گہری نگاہ رکھتے ہوئے مصنفہ نیا نہیں خلق کیا ہے اور تمام ہی کردار جگہ اور ماحول کے حساب سے بالکل فٹ اور پرفیکٹ ہیں۔ افتخار امام صدیقی کے مطابق:

"کسی بھی ناول میں بہت سارے کردار ہوں تو ان کی پوری نفسیات کو شروع سے آخر تک برقرار رکھنا پڑتا ہے اور یہ آسان کام نہیں۔"

(بحوالہ 'کہانیوں سے بنا ناول' مشمولہ کتاب 'کہانی کوئی سناؤ متاشا' ص:۱۱)

اس کے علاوہ یہ رائے بھی دیکھیں:

"پورے ناول کی فضا میں بہت ساری سانسیں جی رہی ہیں اور ہر ایک کی اپنی کہانی ہے۔" (ایضاً)

غرض ان سارے کرداروں کی زندگی کے نشیب و فراز بیان کرنے کے لیے مصنفہ نے خود بھی ان کی زندگیوں کو جیا ہے، اپنے کاندھے پر ان کا سر لٹا کر سوچا ہے، اپنے سینے میں ان کا دل رکھ کر محسوس کیا ہے تب جا کر ان کی نفسیاتی گرہیں کھل پائی ہیں اور یہ کردار ہمیں زندہ جاوید اپنے آس پاس چلتے پھرتے نظر آسکے ہیں۔ کرداروں کی نفسیات اور ان کی ذات کے اظہار کے لیے مکالمے بھی بڑی ہی چابک دستی سے استعمال کیے گئے ہیں اور ایسا لگتا ہے کہ مصنفہ کو مختلف علاقوں کی زبان اور ان کے روز مرّہ سے گہری واقفیت ہے، مثال کے طور پر بمبئی سینٹرل اسٹیشن پر جب وٹینگ روم کی آیا سے متاشا وہاں پیسے دے کر رکنے کی بات کرتی ہے تو وہ کیا کہتی ہے دیکھیں:

"چلے گا۔ اس نے کہا"

"سامان کہاں رکھوں؟"

"لفٹ لاکیج میں رکھنے کا۔ ایک دن کا ایک روپیہ لگتا ہے۔"

"یہ چلے گا۔"

"اور لفٹ لاکیج میں رکھنے کا"

یہ بمبئی کی عام لوگوں کی زبان ہے اور اسے عام طور پر وہاں کم پڑھے لکھے لوگ بولتے ہیں کیونکہ اسی طرح باندرہ کی وہ عورت بھی جب اپنے شوہر کو مارتی ہے تو متاشا کے سوال کے جواب میں کچھ اس طرح کے جملے ادا کرتی ہے: "آدمی کو ایسے ہی سدھارنے کا" مطلب آدمی کو ایسے ہی سدھارا جاتا ہے۔

علی گڑھ کی خالص اردو زبان اور وہاں کی تہذیب سے کون واقف نہیں جب متاشا اپنے کلیگ میڈم صدیقی سے ملنے ان کے گھر جاتی ہے اور ان کی تین سال کی بچی اپنے ہاتھوں کو پیشانی تک لے جاکر جب یہ کہتی ہے:

"آداب، آیئے تشریف رکھیے، ٹھنڈا لیں گی یا گرم" تو متاشا حیران رہ جاتی ہے اور مسٹر صدیقی کو جب متاشا 'صدیکی صاحب، آداب" کہتی ہے تو وہ کہتے ہیں 'محترمہ متاشہ صاحبہ !صدیکی مت بولیے۔ حلق سے بولیے۔۔۔ بولیے قاف "اسی طرح کولم میں آشو کے ماما کی زبان سے ادا کیے گئے ان جملوں میں وہاں کا مقامی رنگ کیسے جھلکتا ہے دیکھیں۔
"

"اور دندا (دھندا) کرنا ہے تو بورڈ ملیالم میں بنانا۔ دوسری باشا (بھاشا) میں لگائے تو توڑ کے پھینکتے سو۔"

غرض اس ناول میں مصنفہ نے کم و بیش جن جن علاقوں کا تذکرہ کیا ہے، وہاں کی زبانوں پر بھی بطور خاص نگاہ رکھی ہے اور اس پر بھی کہ ان مکالموں کی ادائیگی کا پس منظر کیا ہے؟ مکالمہ کب، کہاں اور کس کی زبان سے ادا ہو رہا ہے؟ زماں اور مکاں کا بھی خاص

خیال رکھا ہے۔ ناول میں بیسویں صدی کی آخری دو دہائیوں کے واقعات و حالات کی منظر کشی کی گئی ہے اور اسی زمانے کے اعتبار سے مختلف علاقوں کے رسم و رواج، تہذیب و تمدن، زبان و بیان اور رہن سہن پر بھی خصوصی توجہ دی گئی ہے۔ جزئیات نگاری میں تو مصنفہ کو ملکہ حاصل ہے، اعلیٰ ذات کے ہندوؤں کے رہن سہن، پہناوا اور مزاج کے ساتھ ان کی پوجاپاٹ کے طریقے، ویشنوی سماج کی رسمیں، ان کے طور طریقے، ان کے حالات، عیسائیوں کی تعلیمات اوران کی عبادتوں کے طریقے اور رسم ورواج کی اس طرح سے تصویر کشی کی ہے کہ سارا منظر نگاہوں کے سامنے تو پھر تا ہی ہے، مصنفہ کی معلومات پر بھی ذہن عش عش کر اٹھتا ہے۔ مثال کے طور پر لوہانہ ویشنوی سماج میں گوتم کی موت کے ساتویں اور تیرہویں دن ہونے والے کاموں کی تفصیلات دیکھیں:

"ساتویں دن ناسک میں گوتم کا پنڈ دان ہوا۔ تیرہویں دن گھر پر بھی برہمنوں کو کھلا یا گیا۔ یہاں بھی ساتویں دن ہی کی طرح پانچ کلو چاول، گیہوں، ایک ایک کلو دالیں وغیرہ تیل، گھی، میدہ، روا، آلو، ایک گاؤں جوتے چپل، لالٹین، لاٹھی، پی نٹ، شرٹ، لنگی، کرتا، گدّا، سونے کا سواستک اور انگوٹھی، لاکیٹ، سورگ میں جائیں، اس لیے چاندی کی سیڑھی جس میں سات پائیدان تھے، یہ سب چیزیں برہمن مردوں اور عورتوں کو دان میں دی گئیں۔"

(بحوالہ 'کہانی کوئی سناؤ متاشا'، ص: ۱۷۲)

غرض مصنفہ نے بڑی عرق ریزی اور ایمانداری کے ساتھ مختلف مقامات اور سیاسی، سماجی، معاشی و جغرافیائی حالات اور انسانی نفسیات سے خاطر خواہ واقفیت کے بعد ہی اس ناول کی تخلیق کی ہے، ان کے اسلوب میں بے ساختگی اور دل پذیری ہے، چھوٹے چھوٹے جملے اور عام مکالمے ناول کی دلچسپی کو برقرار رکھنے میں کامیاب ہیں۔ اس پورے

ناول میں مصنفہ کا نقطۂ نظر بھی بالکل واضح اور صاف وشفاف ہے کئی مقامات پر بطور خاص مرکزی کردار متاشا کی زبان سے ادا ہونے والے جملوں سے بھی نقطۂ نظر کی وضاحت ہو جاتی ہے۔ اس ناول کی تانیثی حیثیت بھی اپنی جگہ مسلّم ہے۔ پورا ناول عورت کی مظلومیت کی داستان ہے لیکن کہیں بھی زندگی سے فرار نہیں ہے۔ پیدائش سے بچپن، لڑکپن، جوانی اور عمر کی پختگی تک ہر پل استحصال کا شکار ہوتی متاشا کو مرد ذات سے نفرت ہوگئی ہے مگر اسے 'ممی اور بھائیوں کے لیے جینا تھا۔

آگے چل کر اسے اپنے شوہر، سوتیلے بچوں اور اپنے بیٹے کے لیے جینا پڑا اور آخر میں دیپو کی ہونے والی اولاد کی پرورش کے لیے اس نے جینے کا فیصلہ کیا، ستم ظریفی حالات نے اسے پل پل مارا مگر اس نے ہار نہیں مانی اور یہی کہتی رہی: "ہار کے نہیں جاؤں گی، میں جاؤں گی مگر ہاروں گی نہیں" (بحوالہ 'کہانی کوئی سناؤ متاشا'، ص:۸۸) یہ اور اس طرح کے ڈھیروں پیغام ناول کے بطون میں موجود ہیں جو بدترین حالات میں بھی زندگی جینے کا حوصلہ اور سلیقہ دیتے ہیں، انسانیت کی خدمت کا سبق پڑھاتے ہیں اور امید کی شمع روشن رکھنے کی ترغیب دیتے ہیں۔ بلاشبہ ناول نگاری کی تمام تر خصوصیات سے مزّین یہ ایک کامیاب ناول ہے جسے ڈاکٹر صادقہ نواب سحر نے بڑی ہی کامیابی سے پایۂ تکمیل تک پہنچایا ہے۔

***

ہند اسلامی تہذیب و ثقافت اور فاروقی کا ناول 'کئی چاند تھے سر آسماں'
نورین علی حق

اکیسویں صدی کے اوائل میں شائع ہونے والے ناول 'کئی چاند تھے سر آسماں' نے گزشتہ دو صدیوں یعنی اٹھارہویں اور انیسویں صدی کی ہندوستانی تہذیب و ثقافت اور فکری نہج کو اپنے پیمانے میں سمیٹ لیا ہے اور مذکورہ ان دو صدیوں کے گلاس میں باقی ماندہ تہذیبی تلچھٹ کے اثرات بیسویں صدی پر بھی تھے، جو دیگر ادبی شاہپاروں اور ناولوں میں نظر آتے ہیں، کئی چاند تھے سر آسماں پر اکثر تنازعے ہوتے رہے ہیں، فاروقی کے مخالفین کئی چاند تھے سر آسماں کو نصف تاریخی تو کچھ تاریخی ناول قرار دیتے ہیں۔ شاید فاروقی کو موجودہ عہد کے ادبی رویوں کا احساس پہلے سے تھا اس لیے انھوں نے خود اپنے ناول کے اظہار تشکر کے باب میں رقم کیا ہے کہ:

"یہ بات واضح کر دوں کہ اگرچہ میں نے اس کتاب میں مندرج تمام اہم تاریخی واقعات کی صحت کا حتی الامکان مکمل اہتمام کیا ہے، لیکن یہ تاریخی ناول نہیں ہے۔ اسے اٹھارویں۔ انیسویں صدی کی ہند اسلامی تہذیب اور انسانی اور تہذیبی و ادبی سروکاروں کا مرقع سمجھ کر پڑھا جائے تو بہتر ہو گا۔" (ص ۸۵۰)

فاروقی کا یہ بیان سو فیصد درست ہے کہ 'کئی چاند تھے سر آسماں' بنیادی

طور پر اٹھارویں اور انیسویں صدی کا تہذیبی مرقع ہی ہے۔ حالانکہ فاروقی یہ بات کہنے کے لیے بڑا عاجزانہ اسلوب اختیار کرتے ہیں، لیکن اس حقیقت سے انکار نہیں کیا جاسکتا کہ اردو ناول کی تاریخ میں کئی چاند تھے سر آسماں کے علاوہ کوئی دوسرا ایسا ناول نہیں، جو اٹھارویں اور انیسویں صدی کی ہند اسلامی تہذیب اور اس کے عبرت ناک زوال کو اس قدر مفصل اور مبسوط انداز میں بیان کرتا ہو۔ ناول میں اٹھارویں اور انیسویں صدی کی تہذیب و ثقافت، طرز فکر، شاعری، تصوف، فن موسیقی، فن عروض، سیاست، حکمرانی، ہندوستان سے مغل حکمرانی کے خاتمے کی جھلکیاں سب کچھ موجود ہے۔ حیرت ہوتی ہے کہ اتنے وسیع کینوس کا ناول فاروقی کس طرح لکھ سکے۔ شاید یہ ان کے لیے اس لیے ممکن ہو سکا کہ انھوں نے اپنی پوری زندگی ادب اور ادبی مطالعے میں صرف کی ہے۔

ناول کئی چاند تھے سر آسماں ہندوستان کی تہذیب و ثقافت کو پیش کرتا ہے۔ ناول کے بیانیے اور اس کی جزئیات نگاری میں تہذیبی عکاسی کا بھرپور خیال رکھا گیا ہے اور اسی لیے کئی چاند تھے سر آسماں کو دیگر ناولوں پر تفوق و امتیاز حاصل ہے۔ ناول کے مطالعے سے اٹھارویں اور انیسویں صدی کی طرز بود و باش، رہن سہن، کھان پان، چلت پھرت، آداب مجلس، آداب مے نوشی، آداب آمد و رفت، آداب گفتگو، چھوٹوں پر شفقت اور بڑوں کی عزت، ملازمین اور نوکروں کے آداب، خواتین کے سفر کا طریقہ، نوابوں اور بادشاہوں کی نشست و برخاست کا طریقہ یہ سب اس ناول کا اختصاص ہیں۔ نواب شمس الدین احمد خان جب وزیر خانم کے گھر پہنچتے ہیں تو وزیر کس طرح استقبال کرتی ہے۔ ملاحظہ کریں۔

"نواب صاحب پوری شان سے اترے، صدر دروازے پر وزیر نے خود تعظیم کی، جھک کر مبارک سلامت کہا، چاندی کے گلاب پاش سے ان کے کپڑوں پر ہلکے عطر کی

پھوار ڈالی، گلے میں ہار ڈالا اور کہا: اے آمدنت باعث دل شادی ما۔ زہے نصیب کہ آپ کے قدم اس حقیر کفش خانے تک پہنچے، ہم تنہانشینوں کا نصیبہ جاگا۔ بسم اللہ تشریف لائیے۔" (ص ۲۷۰)

استقبال کا یہ طریقہ ناول میں متعدد جگہ مل جائے گا۔ ولیم فریزر کے گھر مشاعرے میں جب وزیر خانم پہنچتی ہے تو ولیم فریزر بھی اس کا استقبال 'اے آمدنت باعث دل شادی ما' کہہ کر کرتا ہے۔ یہ طریق کار خالص ہند اسلامی تہذیب کا حصہ تھا۔ مسلم حکمرانی کے زوال پذیر عہد کے آداب پڑھ کر دل خوش ہو جاتا ہے۔ اس عہد کے آمد و رفت کے آداب سے انسان متاثر ہوئے بغیر نہیں رہتا۔ مرزا فخرو وزیر خانم کی تصویر دیکھنے کے بعد امام بخش صہبائی کو طلب کرتے ہیں۔ طلب کرنے کا انداز بھی نرالا ہے اور اس میں بھی ہند اسلامی تہذیب کی ندرت نمایاں ہے۔

"اگلی صبح کو مولوی صہبائی ابھی چاشت کی نماز سے فارغ ہوئے ہی تھے کہ صاحب عالم و عالمیان کا ایک چوبدار ایک کوزے میں ٹھنڈا دودھ اور ایک کوری ہانڈی میں گرم گلاب جامنیں اور دوسری ہانڈی میں مال پوے لے کر مولوی صاحب کے دروازے پر پہنچا کہ صاحب عالم نے ناشتہ بھجوایا ہے اور ارشاد فرمایا ہے کہ مولانا صاحب بشتاب حویلی مبارک میں صاحب عالم و عالمیان مرزا محمد سلطان غلام فخر الدین بہادر کے ایوان خاص میں تشریف لے آویں۔ چوبدار کو تو انعام دے کر رخصت کیا گیا اور صہبائی دو گھڑی بعد بر آمد ہو کر قلعے کے لیے سوار ہوئے۔" (ص ۲۲۷)

بادشاہ زادے کا اس طرح صہبائی صاحب کو طلب کرنا نہ صرف یہ بتاتا ہے کہ صاحب عالم اور مولانا صہبائی میں کتنی قربت تھی اس اقتباس سے یہ بھی ظاہر ہوتا ہے کہ اٹھارویں اور انیسویں صدی میں کسی شخص کو اپنے کسی کام کے لیے طلب کرنے کا طریقہ

کیا تھا۔ لین دین کا یہ سلسلہ ناول میں بیشتر مقامات پر مل جائے گا۔ اس اقتباس میں مولانا صہبائی کے لیے ہی صرف ناشتہ نہیں آیا بلکہ ناشتہ لانے والے چوبدار کو مولانا صہبائی انعام سے بھی نوازتے ہیں۔ ناول کا ہر صفحہ ہند اسلامی تہذیب کا عکاس ہے۔ جگہ جگہ تہذیبی رفعت نظر آتی ہے۔ ناول کی قرأت سے اٹھارویں اور انیسویں صدی کی طرز معاشرت کا بخوبی اندازہ ہو جاتا ہے۔ قلعہ معلی سے لے کر شاہ جہاں آباد کے عوام وخواص کی معاشرت آنکھوں میں سما جاتی ہے۔ ایک طرف ناول جہاں بادشاہ اور نوابوں اور عملی طور پر ہندوستان کے حکمراں انگریزوں کی زندگی کو بیان کرتا ہے تو دوسری جانب عوام اور پیشے کے اعتبار سے نچلے طبقے کے یوسف سادہ کار اور ان کے خاندان کو بھی بیان کرتا ہے۔ وزیر خانم کے لیے مرزا فخرو کا رشتہ لے کر مولانا صہبائی جب مولوی محمد نظیر رفاعی مجددی یعنی وزیر خانم کے بہنوئی کے گھر پہنچتے ہیں تو وہاں کس طرح پردے کا خیال رکھا جاتا ہے۔ وہ قابل ذکر ہے۔

"بندگی سرکار۔ پردہ کرالیں۔ مولانا صہبائی صاحب اور ان کی بیگم تشریف لائے ہیں۔ بڑی بیگم کچھ گھبرا کر اٹھیں۔ مولوی صہبائی صاحب کی بیگم تو بہت کم کہیں آتی جاتی تھیں، آج کوئی خاص بات ہو گی۔ انھوں نے نواب مرزا سے کہا: بیٹے تو جلد دیوان خانے میں مولوی صاحب کو بٹھا، ان کی خوب تعظیم کیجو۔ تیرے خالو صاحب شاہ صاحب کے یہاں گئے ہیں، آتے ہی ہوں گے۔ اتنے میں تو مولوی صاحب سے باتیں کر، میں ابھی بھنڈا اور پان بھیجتی ہوں اور چل، تو جلد یہاں سے ہٹ کہ میں پردہ کراؤں۔

نواب مرزا تو ٹوپی، کرتا، درست کرتا ہوا بھاگ کر مردانے دروازے پر گیا اور مولوی صاحب کو سلام کر کے ہوادار سے اتار کر بصد تکریم دیوان خانے میں لے آیا۔ اس درمیان اندر سے آواز آچکی تھی کہ پردہ ہے اور بیگم صہبائی صاحب کی پالکی

زنانہ دروازے پر لگادی گئی تھی اور چادر کا پردہ چاروں طرف کھنچوادیا گیا تھا۔ ڈیوڑھی کے پردے کے پیچھے بڑی بیگم نے ان کا استقبال کیا، اہتمام کے ساتھ آنگن کے پار اندرونی دالان میں لائیں اور انھیں صدر میں بٹھایا۔ تشریف آوری کی غایت پوچھنا خلاف تہذیب تھا۔ مہمان کو اظہار مدعا میں کتنی ہی دیر لگتی، میزبان کو انتظار کرنا پڑتا اور بظاہر وہ مہمان کی غیر متعلق باتوں پر اس قدر متوجہ رہتا گویا مہمان کی آمد صرف معمولی ملاقات اور دیدوادید کی غرض سے ہے۔" (ص ۷۵۰-۷۵۱)

اقتباس میں ہند اسلامی تہذیب کی کئی جھلکیاں موجود ہیں کہ خواتین پالکی میں ہی چلتی تھیں، چھوٹی بیگم بڑی بیگم یا منجھلی بیگم کو بھی ایک دوسرے کے گھر آنا جانا ہوتا تو وہ بھی پالکی کا استعمال کرتی تھیں۔ گھر میں آنے والی خواتین کے لیے بھی گھر کے مردوں سے پردہ کرانا لازمی تھا، لڑکوں کا بچپن اور لڑکپن ٹوپی اور کرتے پجامے میں ہی گزرتا تھا۔ گھر میں اگر کوئی بڑا موجود نہ ہو اور کوئی مہمان آن پڑے تو خواتین اس کا استقبال نہیں کرتی تھیں، اپنے بچوں کو نصیحت کرکے مہمان کے استقبال کے لیے انھیں بھیجتیں، مہمان سے آمد کا مقصد دریافت کرنا خلاف تہذیب تھا۔ یہ وہ تہذیبی رفعتیں ہیں، جو اس عہد کو موجودہ عہد سے ممتاز کرتی ہیں۔

کئی چاند تھے سر آسماں کی ایک اہم خصوصیت یہ بھی ہے کہ یہ ناول تہذیبی جھلکیاں اور جزئیات نگاری کے کسی موقع کو ہاتھ سے جانے نہیں دیتا، لیکن تہذیبی جھلکیوں کی بھرپور عکاسی اور جزئیات نگاری کی بہتات کے باوجود ناول کے اصل قصے پر کوئی منفی اثر بھی نہیں پڑتا۔ مولوی محمد نظیر رفاعی مجددی کا تعارف کراتے ہوئے فاروقی سلسلہ رفاعیہ کے راتب اور رسوم کو بھی بیان کرتے ہیں۔ ناول میں جس طرح اٹھارویں اور انیسویں صدی کے تمام اہم شعرا کا تذکرہ ہے اسی طرح مذکورہ دو صدیوں میں پائے

جانے والے صوفیا اور ماقبل کے بھی اہم ہندوستانی صوفیا کا بھرپور تذکرہ ہے۔ کئی جگہوں پر حضرت خواجہ معین الدین چشتی، حضرت خواجہ قطب الدین بختیار کاکی، حضرت بابا فرید الدین گنج شکر اور خواجہ نظام الدین اولیا کا بھی ذکر آیا ہے۔

ولیم فریزر کے گھر پر منعقد شعری نشست میں مرزا غالب کی غزل پر داد کی برسات دیکھ کر فینی پاکس سوچتی ہے کہ "میرے ملک میں تو شیکسپیئر کے ڈرامے پر بھی لوگوں کی یہ حالت نہیں ہوتی۔ سچ ہے اہل ہند کی تہذیبی بنا ہی شاعری پر قائم ہے۔" (ص ۲۵۹)

اس فکر کی تصدیق کرتے ہوئے فاروقی نے پورے ناول میں جگہ جگہ شعری اہمیت کا احساس کرایا ہے کہ ہندوستانی سماج، معاشرے اور اس کی تہذیب میں شعری جڑیں کافی گہرائی تک پیوست ہیں۔ اٹھارویں اور انیسویں صدی کے اکثر قابل ذکر شعرا کا کسی نہ کسی طور ذکر اس میں موجود ہے۔ وزیر خانم، نواب شمس الدین احمد خان اور ان کے بعد آغا مرزا تراب علی اور نواب مرزا داغ کی آپسی گفتگو میں عموماً شعری ذوق کی پختگی کا احساس ہوتا ہے۔ ان کے مابین شعر پیش کرنا ایک عام بات ہے۔ اس طرح اس ناول میں سیکڑوں فارسی اور اردو کے کلاسکی اشعار بھی درج ہیں۔ وزیر خانم اور شاہ نصیر کی استادی و شاگردی کے مناظر کو پیش کرتے ہوئے فاروقی نے عروضی بحثیں بھی کی ہیں۔

ناول میں ہندو مسلم اتحاد اور یگانگت کو بھی دکھایا گیا ہے۔ ہندو مسلم اتحاد اور آپسی بھائی چارہ اور محبت کا ایک منظر دل و نظر میں کھب جاتا ہے، جہاں وزیر خانم شمس الدین احمد خان کی طرف پیش رفت سے پہلے پنڈت نند کشور کو اپنے گھر مدعو کرتی ہے اور ان کی تشریف آوری کا بہترین انتظام کرتی ہے، جب وہ آتے ہیں تو وہ اس معاملے میں لسان الغیب حافظ کے دیوان سے فال نکالتے ہیں۔ سکھ مسلم اتحاد کا مظاہرہ اس وقت ہوتا ہے، جب شمس الدین احمد خان کو دہلی طلب کیا جاتا ہے اور ایسا خدشہ درپیش ہوتا ہے کہ وہ

دہلی میں ولیم فریزر کے قتل کے الزام میں گرفتار کر لیے جائیں گے۔ اس وقت پنجاب کا ایک سکھ انھیں کہتا ہے کہ آپ پنجاب چل چلیں وہاں سے آپ کو گرفتار کرنا حکومت انگریز کے لیے آسان نہیں ہوگا۔ کئی چاند تھے سر آسماں بنیادی طور پر تہذیبی ناول ہے، اس میں ایک طرف اتحاد و یگانگت کا مظاہرہ ہوتا ہے تو دوسری جانب ہندوستان کی مغل حکمرانی کے زوال وانحطاط اور ٹوٹتی بکھرتی مغل تہذیب کو بھی پیش کیا گیا ہے۔ زوال آمادہ عہد میں ہندوستانیوں کی فکری سطحیت اور انگریزوں کے بڑھتے قدم بھی قارئین کو پریشان کرتے ہیں۔ ہندوستانی تشخص اور تحفظ کو انگریزوں کی آمد نے پارہ پارہ کر دیا تھا۔ لیو ان ریلیشن کا تصور بھی اس ناول میں موجود ہے۔

اٹھارویں انیسویں صدی کی دلی میں عمومی طور پر گھروں کے باہر چوبدار، لٹھیت، برچھیت اور دربان ملازم ہوتے تھے، جو آنے والوں کی آمد کی اطلاع پہلے گھر والوں کو دیتے اور اجازت ملنے کے بعد انھیں اندورن خانہ جانے کی اجازت دیتے۔ گھروں میں مامائیں، اصیلیں، کنیزیں اور باندیاں بھی ہوا کرتی تھیں، جو گھریلو کام کرتی تھیں۔ آنے والا اگر کوئی خاص مہمان ہو تو اسے ملازم جوتے پہناتے۔ ملازم اپنے مالکوں کو تین اور سات سلام کرتے۔ مہمانوں کی تواضع کے لیے بھنڈے، پان، شربت، عطر وغیرہ کا انتظام گھر میں ہوتا تھا۔ ٹوٹتی پھوٹتی تہذیب اور تہذیبی اثرات کو فاروقی نے کئی چاند تھے سر آسماں میں بڑی خوبصورتی کے ساتھ پیش کیا ہے۔ ایسا لگتا ہے کہ ناول جس عہد کو محیط ہے، اسی عہد کے فاروقی بھی ہیں، اس کے باوجود فاروقی اس عہد کی کسی تہذیبی عکاسی سے چوکتے نہیں۔ فنون لطیفہ سے بھی فاروقی کو بخوبی واقفیت اور دلچسپی ہے۔ وہ مخصوص اللہ کی شبیہ سازی کی باریکیوں اور ندرتوں پر پینی نظر رکھتے ہیں تو مخصوص اللہ کے پوتوں داؤد او ریعقوب کی گائیکی اور موسیقی کو بھی پوری دلچسپی کے ساتھ بیان کرتے ہیں۔ فاروقی شبیہ

سازی، قالین بافی کے فن کو بیان کر رہے ہوں یا موسیقی کے فن کو وہ کسی بھی فن کو چھو کر گزرنے کے قائل نہیں، جس فن کو وہ موضوع بحث بناتے ہیں اس پر تسلی اوراطمینان کی حد تک اپنے علم کا ثبوت پیش کرتے ہیں۔

"اس اثنا میں تینوں سنتور آہستہ آہستہ بجنے لگے تھے۔ بیٹوں نے پھر سے طاؤسوں کو چھیڑا، جب سب سر مل گئے تو دونوں نے سرو قد کھڑے ہو کر حضار محفل کو سلام کیا، باپ کے قدم دوبارہ لیے اور کہا:

عالی جاہا، ہمارے نصیب کی بلندی ہے کہ ایسی والاشان وصفات مجلس میں اپنے والد گرامی کی موجودگی میں کچھ ٹوٹا پھوٹا کہنے کی سعادت حاصل ہو رہی ہے۔ درخواست ہے کہ ہمارے عیوب پر آشفتہ نہ ہوں، بنظر اصلاح ملاحظہ فرمائیں:

"اللہ اللہ، عزیزان گرامی ارشاد فرمائیں۔ سب ہمہ تن گوش ہیں'۔ کسی بزرگ نے جواب دیا۔

بے شک، اب تاب انتظار نہیں۔ بسم اللہ، ایک اور آواز آئی۔

دریں اثناسہ تاروں کی صدامیں سنتور کی گنگناہٹ شامل ہو کر بلند ہوئی۔ محمد داؤد نے راگ چاندنی کدارامیں الاپ شروع کیا۔ پھر یعقوب نے کہا: حضرت سلطان ابوسعید ابی الخیر کی رباعی ہے، گوش ہوش کا متمنی ہوں۔ سب ذرا اور سنبھل کر بیٹھ گئے۔ یعقوب نے گانا شروع کیا۔

جز در رہ عشق تو نہ پوید ہر گز
دل راز ترا بہ کس نہ گوید ہر گز
صحرائے دلم عشق تو شورستاں کرد
تا مہر کسے دگر نہ روید ہر گز

پہلا مصرعہ کہہ کر محمد یعقوب نے توقف کیا، محمد داؤد نے الاپ کو اور اونچا کیا، پھر دوسرا مصرعہ ہلکے سروں میں ادا کیا۔ اب دونوں کی جگل بندی شروع ہوئی۔ عام طور پر جوڑے میں گانے والوں میں ایک کی آواز ہلکی یا پست اور دوسرے کی آواز بھاری یا اونچی ہوتی ہے۔ لیکن یہاں تو معاملہ ہی عجب تھا۔ دونوں کی آوازیں متوسط تھیں اور آپس میں اس قدر مشابہ تھیں اور دونوں کا ریاض اتنا پختہ تھا کہ معلوم ہی نہ ہوتا تھا کہ کس نے الاپ لی اور کس نے انترے سے استھائی میں قدم رکھا۔" (ص ۱۲۴-۱۲۵)

اس اقتباس میں فاروقی نہ صرف یہ کہ آلات موسیقی سے اپنی واقفیت کا اظہار کر رہے ہیں بلکہ الاپ، راگ اور راگوں کی متعدد قسمیں بھی وہ بیان کرتے ہیں۔ دادرا، ٹھمری، خیال، یمن، بسنت، بہار، باگیسری اور کھتریوں اور چرواہوں کی دھنیں جیسے چیتی، بنارسی وغیرہ کا بھی ذکر بڑی بیگم، منجھلی بیگم اور چھوٹی بیگم کے حوالے سے آیا ہے۔

ناول کئی چاند تھے سر آسماں میں تہذیبی جھلکیاں پوری طرح موجود ہیں، ناول نگار کی کوشش کامیاب ہے کہ ان دو صدیوں کی پوری تہذیب، ثقافت، تمدن اور فکری جہتیں نکھر کر سامنے آگئی ہیں۔ ادبی اور سماجی تہذیب سے لیس یہ ناول اپنی مثال آپ ہے۔ اس ناول کا راست تعلق اٹھارویں اور انیسویں صدی کی سیاست، تہذیب، ادب، طرز معاشرت، معاشرت کی بدلتی تصویریں، تبدیل ہوتے ہندوستانی رجحانات و مزاج، ہندوستان سے کمزور ہوتی مغل حکمرانی، اس کے اسباب و علل، انگریزوں کے بڑھتے قدم، ہندوستان پر ان کے مضبوط ہوتے شکنجے، ہندوستانی معاشرت اور تہذیب کے رنگ میں انگریزوں کے رنگنے کی تاریخ، ہندوستانیوں میں انگریزوں کے خلاف باغیانہ تیور، ہوا کا رخ دیکھ کر ادبا کی انگریزوں سے بڑھتی قربت، ہندوستانی سماج و معاشرت کی

تفہیم کے لیے انگریزوں کی کوشش، ہندوستان اور ہندوستانیوں پر عرصۂ حیات تنگ کرنے کے لیے انگریزوں کی سیاسی تدبیر، شاہ اور ولی عہد سے خفیہ معاہدے۔ کئی چاند تھے سر آسماں بظاہر وزیر خانم کی زندگی کے گرد گھومتا اور طواف کرتا ہوا نظر آتا ہے۔ لیکن وزیر خانم کے بہانے مصنف نے اس عہد کے بیشتر قابل ذکر موضوعات کو بصراحت روشن کیا ہے۔

مصنف نے اس عہد کی زبان کو بھی اپنے موضوع کے دائرے میں شامل کر لیا ہے۔ کئی چاند تھے سر آسماں ایک مخصوص عہد کی تاریخ کو پیش کرتا ہے، لیکن یہ ناول تاریخ کے لفظ کو اس کے وسیع تر تناظر میں دیکھتا اور اس عہد کی ہر چیز اور ہر قابل ذکر شے کو موضوع بحث بناتا ہے۔ کئی چاند تھے سر آسماں کے مطالعے سے کسی بھی تاریخی کتاب کی طرح صرف اس عہد کی سیاسی تاریخ کا علم نہیں ہوتا بلکہ اس کے مطالعے سے سیاست، تہذیب، ادب، ادبی تاریخ، ٹھگی، گنگا جمنی تہذیب، مشترکہ ثقافت، سیاسی، تہذیبی، سماجی، مالی و اقتصادی، علمی و فکری عروج سے زوال کی طرف گامزن ہونے کی تاریخ بھی پتہ چلتی ہے۔ بسی بسائی دہلی نو آبادکاروں کے شکنجے سے آزادی کے لیے ۱۸۵۷ میں اجڑ گئی۔ ایسے دہلی کے اجڑنے اور بسنے کی تاریخ بھی عجیب و غریب ہے۔ دہلی عموماً یکساں صورت پر باقی نہیں رہتی۔

اس نقطہ نظر کے ساتھ اگر دیکھا جائے، جس نقطہ نظر کے ساتھ فاروقی دلی کو دیکھتے اور دکھاتے ہیں تو ہمیں یہ ماننا ہو گا کہ دہلی کے اجڑنے کا سلسلہ تو انگریزوں کی عملی حکمرانی اور مغل سلطنت کے عملی زوال کے ساتھ ہی شروع ہو چکا تھا۔ چونکہ دلی صرف ایک شہر نہیں دلی ایک دبستان ہے، دہلی تہذیب کا ایک نمائندہ شہر ہے، دہلوی ثقافت کا انحطاط ہی دراصل دلی کا زوال ہے اور یہ کام انگریزوں کے عملی طور پر ہندوستان کا حکمراں بننے کے

ساتھ ہی شروع ہو چکا تھا۔ ہاتھی گھوڑوں پر مع جلوس گلیوں میں گھومنے کا رواج عموماً مغلوں کے یہاں نہیں پایا جاتا تھا لیکن انگریز ولیم فریزر گلیوں میں ہاتھی پر گھومتے تھے اور کسی وزیر خانم کے گھر پیشگی اجازت کے بغیر ہی پہنچ جاتے تو کبھی بر سر عام نواب شمس الدین سے ان کی بہن کا ہاتھ مانگ لیتے تھے۔ یہ سوچے بغیر کہ ہندوستانیوں کی بھی کوئی عزت اور وقار ہے۔

ایسی زوال آمادہ صورت حال کا استعارہ فاروقی کو وزیر خانم میں اور وزیر خانم کی زندگی کی بے سروسامانی اور بے بسی کا استعارہ مغلیہ سلطنت میں مل گیا، جس طرح وزیر خانم اپنی زندگی اور نصیبے کو بباطن رو رہی تھی، اسی طرح مغل سلطنت بھی اپنے روشن و تابناک ماضی اور ناگفتہ بہ صورت حال پر ماتم کناں تھی۔

"اگلے دن مغرب کے بعد قلعۂ مبارک کے لاہوری دروازے سے ایک چھوٹا سا قافلہ باہر نکلا۔ ایک پالکی میں وزیر، ایک بہل پر اس کا اثاث البیت اور پالکی کے دائیں بائیں گھوڑوں پر نواب مرزا خان اور خورشید میرزا۔ دونوں کی پشت سیدھی اور گردن تنی ہوئی تھی۔ محافظ خانے والوں نے روکنے کے لیے ہاتھ پھیلائے تو میرزا خورشید عالم نے ایک ایک مٹھی اٹھنیاں چونیاں دونوں طرف لٹائیں اور یوں ہی سر اٹھائے ہوئے نکل گئے۔ ان کے چہرے ہر طرح کے تاثر سے عاری تھے لیکن پالکی کے بھاری پردوں کے پیچھے چادر میں لپٹی اور سر جھکائے بیٹھی ہوئی وزیر خانم کو کچھ نظر نہ آتا تھا۔" (ص ۸۴۸)

اس اقتباس کا آخری جملہ بڑا ہی معنی خیز ہے۔ اس کے باوجود یہ کہا جا سکتا ہے کہ وزیر خانم کو کچھ نظر آ رہا ہو یا نہ آ رہا ہو، بہر حال وہ اپنے گھر یعنی نواب شمس الدین کے دیے ہوئے گھر تک تو پہنچ ہی گئی ہو گی لیکن مغل سلطنت جب قلعہ مبارک سے باہر کی گئی

تو اس کے لیے کہیں جائے اماں نہ مل سکی اور بہادر شاہ ظفر، ملکہ اور ان کے صاحبزادگان پیدل ہمایوں کے مقبرے تک پہنچے تھے اور انھیں کچھ بھی کہیں نظر نہ آیا حتی کہ خود آخری مغل تاجدار کو ضعیفی کی حالت میں ننگے تختے پر بیٹھ کر رنگون تک کا سفر کرنا پڑا اور بے بسی و غربت میں کوئے یار میں دو گز زمین کی تمنا لیے جاں جان آفریں کے سپرد کرنا پڑی۔

کئی چاند تھے سر آسماں کا موضوع بظاہر وزیر خانم اور اس کی زندگی ہے لیکن وزیر خانم اور اس کی زندگی کو پیش کرتے ہوئے مصنف نے اٹھارویں اور انیسویں صدی کے پورے ہندوستان، انگریزوں کے خلاف ہندوستانیوں کے جذبے، دہلوی تہذیب و تمدن، مذکورہ دو صدیوں کی کوثر و سلسبیل سے دھلی دھلائی زبان، نوابیت و بادشاہت، ہندوستانیوں کے رنگ و آہنگ، مزاج و اطوار سب کو موضوع بنالیا ہے۔ اس لیے ناول کا کینوس خاصا وسیع اور دلکش ہو گیا ہے۔

کئی چاند تھے سر آسماں اپنے اسلوب اور انداز تحریر کے اعتبار سے بلا مبالغہ اکیسویں صدی کا سب سے اہم اردو ناول ہے۔ اکیسویں صدی کے ہندوپاک میں ایسا اسلوب بس کئی چاند تھے سر آسماں کا یک و تنہا اسلوب ہے اور دور دور تک سناٹا ہے۔ چونکہ ایسے اسلوب کی تخلیق کے لیے قرآن پاک کی آیتوں کا علم، جگر کاوی، دہائیوں پر مبنی اردو، عربی، فارسی اور انگریزی کا مطالعہ، تصوف کے اعلی پائے اور ماخذ کی حیثیت رکھنے والی کتابوں پر گہری نظر، فارسی و اردو کے کلاسیکی شعرا کے دواوین کی قرأت، فن عروض و تقطیع کی مہارت، عربی محاورات سے دلچسپی، صوفیائے کرام کے حالات زندگی اور اقوال پر نظر، ہندستان میں انگریزوں کی تاریخ، اٹھارویں و انیسویں صدی کے ہندوستان کی بھرپور واقفیت، اس عہد کے علما، شعرا، ادبا اور دانش وروں کے تذکروں پر نظر، کم از کم

دہلی کے جغرافیہ کی واقفیت، باڑہ ہندوراؤ، پہاڑی، ہندوراؤ اسپتال اور پرانی دلی کی دیگر گلیوں اور محلوں کا مشاہدہ، خانوادۂ فرنگی محل اور خانوادۂ ولی اللہی اوران خانوادوں کی اہمیت اور علمی فروغ میں ان کے کردار سے واقفیت کی ضرورت ہوتی ہے اور یہ تقاضا فاروقی نے پورا کیا ہے، یہ انسائیکلوپیڈیائی علم اور واقفیت کئی چاند تھے سر آسماں کے اسلوب کو منفرد، ممتاز اور یکتا بناتی ہے اور بات پھر بھی بنتی نہیں کہ جب تک اٹھارویں اور انیسویں صدی کی زبان کی واقفیت نہ ہو۔ مجھے لگتا ہے کہ اس ناول کی زبان سب سے قیمتی شے ہے، جو اسے باقی رکھے گی۔ یہ خوش کن حیرت کی بات ہے کہ دو صدیاں پیچھے جاکر ایک انسان اس سماج، معاشرے اوراس میں رائج زبان کو لکھے۔ کم از کم اردو ناول کی تاریخ میں یہ پہلا واقعہ ہے۔

اس ناول کا بیانیہ رواں دواں اور جدید عہد کی تراکیب سے بنا گیا ہے،اس کی تراکیب کی بنت فارسی تراکیب پر مبنی نہیں ہیں۔ البتہ درمیان میں ایسے الفاظ ضرور آتے ہیں، جن کا رواج اکیسویں صدی میں عمومی طور پر نہیں ہے،وہ اسمائے معرفہ (Proper nouns) جن کا رواج اٹھارویں اورانیسویں صدی میں تھا، لیکن اب یعنی اکیسویں صدی میں نہیں ہے۔ایسے اسما سیکڑوں اور ہزاروں کی تعداد میں آئے ہیں، جن کی توضیحات و تشریحات عام فہم لغات میں میسر نہیں لیکن وہ ناول کی قرأت میں مانع نہیں ہوتے، سیاق وسباق سے مفہوم ادا ہو جاتے ہیں۔ انسانی فہم اپنا کام کر جاتی ہے۔

جیسے بندوقوں کی بہت سی قسموں کا تذکرہ فاروقی نے اپنے ناول میں کیا ہے اوران کی تشریح بھی کر دی ہے، اکیسویں صدی میں لفظ بندوق کے علاوہ بندوقوں کی کسی بھی قسم کا اردو نام شاید ہے ہی نہیں تو ہم ان کی تشریح کو سمجھنے سے بھی عاری ہی رہتے ہیں۔ بہت سے ایسے مقامات ہیں، جہاں فاروقی نے اٹھارویں اور انیسویں صدی میں رائج محاورات کا

استعمال کیا ہے تو اس کی تشریح بھی کر دی ہے، جس سے بیانیے اور مکالمے کی تفہیم آسان ہو گئی ہے۔ ولیم فریزر کی ہفوات کے بعد نواب شمس الدین احمد خان، جب فریزر کی کوٹھی پر پہنچے تو اس وقت کا یہ مکالمہ دیکھیں۔

"ہماری کیا مجال جو پھاٹک نہ کھولیں لیکن صاحب کلاں بہادر سکھ کر گئے ہیں۔ ان کے حکم کے بغیر ہم کسی کو اندر نہ آنے دیں گے۔" (۴۳۷)

اس سے آگے فاروقی بڑے عالمانہ انداز میں سکھ کر گئے ہیں، محاورے کی تشریح بھی کرتے ہیں اور اپنی تشریح کو بیانیے کا جزو بھی بنا دیتے ہیں۔

"سکھ کر گئے ہیں، کا فقرہ شمس الدین احمد کے کانوں میں تیزاب بن کر ٹپکا، 'سو جانے' کے لیے یہ محاورہ صرف بادشاہ ذی جاہ کے لیے بولا جاتا تھا۔ دوسروں کے لیے مناہی نہ تھی، لیکن ایک رسم سی بن گئی تھی اور قلعے کے باہر یہ محاورہ رائج بھی نہ تھا۔ اس دو ٹکے کے مجہول النسب فرنگی کی یہ مجال کہ ہمارے بادشاہ دیں پناہ کے لیے جو فقرہ استعمال ہوتا ہے اسے یہ ہتھیا لے! ملک تو یہ لوگ لیے ہی جا رہے ہیں۔ اب ہمارے خاص روز مرے اور محاورے بھی اپنے اوپر صرف کرنے لگے۔ (ص ۴۳۷)

فاروقی کے اسلوب کی ایک بڑی خصوصیت ناول کئی چاند تھے سر آسماں کے حوالے سے یہ بھی سامنے آئی ہے کہ وہ خود اپنی عبارت کی تشریح بھی ناول کے متن میں داخل اور شامل کر لیتے ہیں۔ ایسا متعدد مقامات پر ہوا ہے۔ لیکن اس کا کوئی منفی اثر ناول کے متن پر نہیں ہوتا۔ فاروقی جتنی توجہ ناول کی قصہ گوئی اور جزئیات نگاری پر مرکوز رکھتے ہیں۔ اتنی ہی توجہ اسلوب اور زبان و بیان پر بھی دیتے ہیں۔ بیک وقت وہ اپنی نگاہیں ناول کے تمام عناصر پر رکھتے ہیں۔ ناول کا کوئی پہلو ان کی توجہ سے محروم نہیں رہ پاتا۔

کئی چاند تھے سر آسماں میں فارسی اور عربی زبان کے بھی کافی اثرات ہیں۔ ناول

میں فارسی کے بہت سے اشعار درج ہیں۔ فارسی میں لکھے گئے خطوط بھی موجود ہیں۔ ناول کے ابواب کے بہت سے عناوین فارسی اشعار کے مصرعوں پر مبنی ہیں۔ آپسی گفتگو کو آگے بڑھانے اور گفتگو کا لطف دوبالا کرنے کے لیے بھی فارسی اشعار کا سہارا لیا گیا ہے۔

اس کے علاوہ قرآن پاک کی بہت سی آیتیں بھی موقع و محل کے مطابق درج کی گئی ہیں۔ عربی محاورات خصوصی طور پر قابل ذکر ہیں، جن کی موجودگی کی وجہ سے فاروقی کا ناولانہ اسلوب مزید نکھر گیا ہے، ناول کے متن میں رنگا رنگی پیدا ہوئی ہے اور خصوصی طور پر ناول کے مکالموں کا معیار قابل رشک ہو گیا ہے، جس سے اس عہد کے لسانی ذوق کا بھی اندازہ ہوتا ہے۔

عربی کے محاورات ایسے نہیں ہیں، جنھیں پڑھ کر کہہ دیا جائے کہ بس کہیں سے مل گیا اور فاروقی نے اپنی عبارت میں چسپاں کر دیا، محاورات ایسے ہیں، جنھیں پڑھ کر اردو، فارسی کے ساتھ فاروقی کی عربی پر عمیق نظر کا اندازہ ہوتا ہے اور ناول کے متن میں جو شگفتگی، شائستگی، لطافت، ندرت اور سہ لسانی مٹھاس پیدا ہوئی ہے وہ تو اپنی جگہ، ناول کی عبارت میں ان محاورات کے استعمال کی برجستگی سے اندازہ ہوتا ہی نہیں کہ جو متن ہم پڑھ رہے ہیں، وہ کسی غیر عربی داں کا ہے، ایسا لگتا ہے کہ ناول نگار نبض شناس مزاج عربی ہے۔

کئی چاند تھے سر آسماں میں صرف قرآنی عربی محاورات نہیں ہیں، ایسے محاورات بھی ہیں، جنھیں عربی کے فکشن نگار اور شعرا استعمال کرتے ہیں۔ لیس بین الموت والفراق فرق (ص ۷۳۰) شبابیات کے شعرا عمومی طور پر اس طرح کے محاوروں کا استعمال کرتے ہیں۔ اس مفہوم کے اردو میں بہت سے اشعار موجود ہیں، لیکن فاروقی نے ان اشعار کا استعمال نہیں کیا، وہ عربی کے محاورات لاتے ہیں اور یہ بتانے کی کوشش

کرتے ہیں کہ اٹھارویں اورانیسویں صدی کے ہند اسلامی معاشرے میں زبان وبیان کے حوالے سے کیا ترجیحات تھیں اوراس سے عوام وخواص دونوں کو کتنی رغبت تھی، ظاہر ہے کہ اس اظہار کے ساتھ فاروقی کے قاری کو لطف زبان سے جس طرح آشنائی ہوتی ہے۔ وہ خود بڑی قیمتی شے ہے۔

اذاحاق القضاضاق القضا

الانتظاراشد من الموت

کل عام وانتم بخیر

البحر لایخاف من السرق

الفضل للمتقدم

نورالقمر مستفید من الشمس

مذکورہ بالا تمام محاورات برجستہ استعمال ہوئے ہیں اور مشرقی شعریات کی عظمت، لسانی خود مختاری وخود انحصاری اور خود مکتفی ہونے پر دال ہیں، ہم محسوس کرسکتے ہیں کہ اگر کسی مستحکم پس منظر رکھنے والے شخص سے ہمیں گفتگو کا موقع مل جائے اوروہ دوران گفتگو فارسی اشعار، اردو و فارسی کے محاورات اوراپنی گفتگو کو آگے بڑھانے کے لیے قرآن پاک کی آیتوں کا سہارا لیتا ہے تو ہم کس طرح کی داخلی وخارجی مسرتوں سے گزرتے ہیں، اسی طرح کا احساس کئی چاند تھے سر آسماں کو پڑھتے ہوئے قاری کو ہوتا ہے۔ اس طرح کی عبارت آرائی اوراسے ۸۴۸ صفحات تک نبھانا بچوں اورعام فہم فکشن نگاروں کا کام تو یقیناً نہیں ہوسکتا، یہ حق فاروقی کا ہی ہے، جو انھوں نے ادا کیا ہے۔

فاروقی اپنے ناول میں جہاں کلاسیکی شعرا کی اردو وفارسی شاعری سے کام لیتے ہیں، وہیں ان کے پیش نظر صوفیا کے حالات اوران کے اقوال بھی ہیں، وہ صوفیا کے

اقوال کو حسب منشا اور حسب ضرورت برجستگی کے ساتھ اپنے بیانیے کا جزو بنا دیتے ہیں، جس سے عبارت خوانی کا لطف دوبالا ہو جاتا ہے اور اگر ناول کے قاری کی نگاہ دوررس اور مطالعاتی مشقتوں کی عادی ہے تو وہ نہ صرف فاروقی کی علمیت اور گہری نگاہ کا قائل ہوتا ہے بلکہ وہ ناقابل بیان حد تک فاروقی کی عبارت سے حظ حاصل کرتا ہے اور اس کی پڑھی ہوئی چیزوں کی بازیابی بھی ہو جاتی ہے۔

ذرا غور کریں کہ ایک ناول نگار ناول لکھنے کے لیے جہاں کلاسیکی اردو فارسی دواوین اور تذکرے کا مطالعہ کر رہا ہے وہیں اس کی نگاہ اس طرح کے قدیم اور معتبر تصوف کے متن پر بھی ہے۔

کئی چاند تھے سرآسماں کے متن کی عظمت، اس کے عروج، اس کی شگفتگی، شائستگی، سنجیدگی، متانت اور عمق کے رازہائے سربستہ چوطرفہ مطالعے اور دہائیوں کے مشاہدے میں پوشیدہ ہیں۔ غور کرنے کا مقام یہ بھی ہے کہ فاروقی حضرت خواجہ نظام الدین اولیا کا نام درج کرتے وقت بھی یہ خیال رکھتے ہیں کہ یہ ناول اٹھارویں اور انیسویں صدی کے دہلوی سماج اور معاشرے کا نمائندہ ناول ہے، اس کی زبان بھی دہلی کی ٹکسالی زبان ہے، اس لیے وہ حضرت کے نام کے ساتھ سلطان جی کا اضافہ کرتے ہیں، چوں کہ پرانی دہلی بلکہ کہنا چاہیے کہ دہلی کے باشندے خواجہ صاحب کی زندگی سے اب تک انھیں سلطان جی صاحب ہی کہتے آئے ہیں۔ زبان و بیان کی باریکیوں اور ندرتوں سے فاروقی کہیں صرف نظر نہیں کرتے۔ امیر خسرو نے بھی کہا تھا

صاحب جی سلطان جی تم بڑو گریب نواج
اپنا کر کے راکھیو تو ہے بانہہ پکڑے کی لاج

کئی چاند تھے سرآسماں کردار کے معاملے میں بھی اکیسویں صدی کا شاندار ناول

ہے، جس نے اردو ناول کو وزیر خانم جیسا تاریخی اور نا قابل فراموش کردار دیا۔اس کے زیادہ تر کردار تاریخی، تہذیبی اور ثقافتی ورثے کا حصہ ہیں، خیالی اور فرضی کردار سازی نسبتاً آسان ہے، لیکن تاریخی کرداروں کو لکھنے اورانھیں پیش کرنے کے اپنے تقاضے ہوتے ہیں،اوران تقاضوں کوفاروقی نے پوراکیاہے۔اس ناول کے زیادہ ترمرد کرداراٹھارویں اورانیسویں صدی کے شناسا کردار ہیں، جن کا تذکرہ تاریخی کتابوں میں موجود ہے۔

ناول کے بیانیہ کاابتدائی تذکراتی اور شجراتی اسلوب شعوری اور تکنیکی وجوہ کی بناپر ہے اورایک بڑی وجہ یہ بھی ہے کہ اس ناول میں بیان کیے جانے والے واقعے کا تعلق چونکہ اٹھارویں اورانیسویں صدی سے ہے اوران صدیوں میں تذکرے کارواج اورخاندانوں کے علم اور شجرے جوڑنے اوربنانے کا رواج کافی تھااور مصنف انہی صدیوں میں ڈوب کرناول تحریر کرناچاہتے تھے،لہذااس کا آغاز تذکراتی اسلوب سے کیاتاکہ زبان اوربیان کے ساتھ اس کاطرزاوراندازبھی اٹھارویں اورانیسویں صدی کاہو اور ناول کا پلاٹ مضبوط و مستحکم اور قاری کے لیے دلچسپ ہو جائے، گوکہ اس طریق کار کی وجہ سے پلاٹ میں پیچیدگی آئی ہے مگروزیر خانم مرکز میں ضرور ہے۔ناول نگار کی جزئیات نگاری میں بھی تذکراتی اسلوب کابڑادخل ہے۔

فاروقی نے ایک ناول لکھتے ہوئے ناول نگاری کے تمام عناصر کو قوت بخشی ہے۔ انھوں نے تہذیبی، فکری، سیاسی، سماجی، موضوعاتی، اسلوبیاتی، کرداری، استعاراتی اور تکنیکی نقطۂ نظر سے ناول کوباندھے رکھاہے اور قاری کی دلچسپی کہیں ختم نہیں ہوتی، پورا ناول پڑھنے کے باوجود اسے تشنگی کا احساس ہوتا ہے۔ چونکہ اس کا اسلوب اور واقعات کی برجستگی اور سماجی حقیقت نگاری خاصے کی چیز ہے، جو قاری کو مطمئن نہیں

ہونے دیتی۔ ناول کئی چاند تھے سر آسماں ہر لحاظ سے قابل ذکر اور ناول نگاری کی روایت اور تاریخ کو مستحکم اور مضبوط کرنے والا ناول ہے۔

***

ابن صفی کا ناول وبائی ہیجان اور کورونا وائرس

حمیرا عالیہ

۱۹۵۸ میں ابن صفی کا ایک ناول 'وبائی ہیجان' کے نام سے منظر عام پر آیا۔ وبائی ہیجان میں ابن صفی نے جس مسئلے کو پیش کیا ہے وہ عالمگیر ہے۔ اس ناول کا تھیم Biological Weapon ہے۔ اس سے مراد ایسا ہتھیار ہے جس میں جراثیم اور زہریلے مادوں کا استعمال کیا جاتا ہو۔ جنگ کے اس طریقۂ کار میں بائیولوجیکل ٹوکسن، بیکٹیریا، وائرس اور فنگی جیسے انفکشنز کا استعمال انسانوں، جانوروں اور نباتات کے خاتمے کے لیے کیا جاتا ہے۔ زندگی اور موت کے اس کھیل میں بڑی طاقتیں حیاتیاتی ہتھیاروں کا استعمال بڑی بے حسی سے کرتی ہیں اور انسانیت کی تمام حدود عبور کر جاتی ہیں۔ بظاہر مہذب نظر آنے والے یہ ممالک اقتدار اور طاقت کی ہوس میں کس حد تک گر سکتے ہیں اس کا اندازہ لگانا مشکل ہے۔ ان ہتھیاروں کا نشانہ زیادہ تر افریقہ اور ایشیاء کے غریب اور پسماندہ ممالک ہوتے ہیں۔ خطرناک وائرس کے ذریعے مصنوعی وبائیں پوری پوری بستیوں میں پھیلا دی جاتی ہیں۔ اور پھر ان کے خاتمے کے لیے انجیکشنز اور دوائیں بھی بھاری مقدار میں تقسیم کی جاتی ہیں۔ گویا خود ہی قاتل خود ہی مسیحا۔

دوسری جنگ عظیم کے بعد چند بڑی طاقتوں نے اپنی تمام تر توجہ ان حیاتیاتی ہتھیاروں پر مرکوز کر دی تھی۔ کیونکہ اس کے ذریعے بڑی سے بڑی آبادی کو بغیر کسی

مزاحمت کے نہایت آسانی سے ختم کیا جا سکتا ہے۔ ویسے بھی زہر دے کر دشمنوں کو ہلاک کرنے کا طریقۂ کار قدیم زمانوں سے رائج ہے۔ اب سائنس اور ٹکنالوجی کی ترقی نے اس میں مزید تباہیاں پیدا کر دی ہیں۔ اس کی حقیقی مثالیں برڈ فلو، پولیو، بلیک ڈیتھ، ہارس پاکس، SARS۔۲،MERS,۰، ایبولا، زی کا اور تازہ ترین نوول کورونا وائرس ہیں۔

ناول 'وبائی ہیجان' میں ابن صفی نے جس جرثومے کو وبا کا ذریعہ بتایا ہے وہ بیکٹیریا ہے۔ وبا پھیلانے کے لیے پانی کو آلودہ کرنے کا طریقہ اپنایا گیا ہے۔ شہر کے کنوؤں اور واٹر سپلائی کے ٹینکوں میں مردہ جانوروں کو پھنکوا کر بڑی آسانی سے وبا پھیلا دی جاتی ہے اور اس کام کے لیے باقاعدہ جراثیم پیشہ افراد کو ہائر کیا جاتا ہے۔ وبا کے نتیجے میں شہر کی نصف آبادی مالیخولیاتی دوروں اور واہماتی تشنج کا شکار ہو جاتی ہے۔ راہ چلتے، زینہ چڑھتے اترتے، گھروں میں رات گئے لوگ یونہی گھبرا کر بے تحاشا نکل پڑتے اور بدحواسی کے عالم میں بسوں، کاروں اور ٹرکوں کی زد میں آکر ہلاک ہو جاتے۔ شہر میں ہنگامی صورتحال پیدا ہو جاتی ہے۔ دفتر کاروبار اور روزمرہ کی زندگی ٹھپ ہو کر رہ جاتی ہے۔ اس لاعلاج وبا کے تدارک کے لیے مختلف ممالک سے طبی مشن آنے لگتے ہیں لیکن کوئی خاطر خواہ نتیجہ نہیں نکلتا۔ ناول میں وبا پھیلنے کی وجوہات اور وائرس کے بارے میں کیپٹن حمید سے گفتگو کرتے ہوئے ڈاکٹر سانگلو کہتا ہے:

"وبائی امراض کے جراثیم مختلف ذرائع سے ہمارے سسٹم پر اثرانداز ہوتے ہیں۔ یا تو وہ فضا میں موجود ہوتے ہیں اور ہوا کے ساتھ ہمارے جسم میں پہنچتے ہیں یا اس پانی میں ان کا وجود ہوتا ہے جسے ہم پیتے ہیں یا پھر کیڑے مکوڑوں کے ذریعے ہمارے جسم میں داخل ہوتے ہیں۔ ہم نے سارے ذرائع چھان مارے لیکن ہمیں نئے قسم کے جراثیم کہیں بھی نہ ملے۔ ایک دن میں تجربہ میں سلائیڈ پر مشتبہ پانی کی چند بوندیں ڈال کر خوردبین سے

ان کا جائزہ لے رہا تھا کہ کسی نے مذاقاً اس پر ایک چٹکی نمک ڈال دیا۔ شاید اس نے ایسا کرتے وقت ڈاکٹر گوہن پر پھبتی بھی کسی تھی لیکن کیپٹن مجھے تو خدا کی قدرت کا تماشہ نظر آ گیا۔ نمک کی چٹکی پڑتے ہی لاتعداد نارنجی رنگ کے ذرات سے نظر آنے لگے لیکن یہ غیر متحرک تھے۔۔۔ بس پھر یہیں سے ہمارے کام کا آغاز ہوا۔ نمک نہ صرف ان کے لیے سم قاتل ہے بلکہ ان کی رنگت بھی تبدیل کر دیتا ہے۔ رنگت تبدیل ہونے سے قبل انھیں خوردبین سے بھی نہیں دیکھا جاسکتا۔ یعنی آپ انھیں صرف مردہ حالت میں دیکھ سکتے ہیں، اگر یہ زندہ ہوں تو دنیا کی طاقتور ترین خوردبین سے بھی نہیں دیکھے جاسکتے۔"

(وبائی ہیجان، ص ٦٦)

ایک دن ڈاکٹر گوہن نام کا ایک مغربی ڈاکٹر مسیحا بن کر نمودار ہوتا ہے اور علاج کے طور پر چائے کے پانی میں نمک ملا کر پینے کا نسخہ پیش کرتا ہے۔ علاج کارگر ہوتا ہے اور گوہن راتوں رات مقبول ہو جاتا ہے۔ بیماری کا زور ٹوٹنے لگتا ہے۔ بظاہر اس ناول کا ولن سانگلو ہے جو محب وطن ہونے کا دعویٰ کرتا ہے اور پس منظر میں رہ کر اتنی خطرناک سازش انجام دیتا ہے لیکن ناول کا ہیرو کرنل فریدی جب اس سازش سے پردہ اٹھاتا ہے تو یہ بات سامنے آتی ہے کہ یہ محض ایک شخص یا گروہ کا کام نہیں بلکہ یہ ایک ایسے ملک کی سازش تھی جو اپنے حریف ملک سے نپٹنے کے لیے ایشیاء کو آلہ کار بنانا چاہتا تھا۔

'وبائی ہیجان' دراصل انسان کے سطح انسانیت سے گر جانے کی کہانی ہے۔ انسان جسے اللہ نے اشرف المخلوقات بنایا ہے جب اپنی حدود سے تجاوز کرتا ہے تو بعض اوقات جنگلی جانوروں سے بھی زیادہ خطرناک ہو جاتا ہے۔ وہ مہذب اقوام جو خود کو امن کی محافظ قرار دیتی ہیں وہی فساد فی الارض کی اصل محرک ہیں۔ ابن صفی نے جس وقت یہ ناول لکھا اس وقت شاید کسی نے اس اہم نکتے پر توجہ نہ دی ہو کیونکہ اس وقت ذرائع محدود تھے۔

سازشوں کی حقیقت سے صرف سیاسی لیڈران اور پڑھا لکھا دانشور طبقہ ہی واقف ہوتے تھے لیکن آج میڈیا کی رسائی دنیا کے ہر شخص تک ہے۔ عوام بھی نسبتاً باشعور ہو چکی ہے۔ لہٰذا ان بڑی طاقتوں کی رذالت سے تقریباً ہر کوئی واقف ہو چکا ہے۔ ناول میں ایک موقعے پر فریدی کہتا ہے:

"دنیا کی وہ بڑی طاقتیں جو اپنے اقتدار کے لیے رسہ کشی کر رہی ہیں اس سے بھی زیادہ گر سکتی ہیں۔ ان کے بلند بانگ نعرے جو انسانیت کا بول بالا کرنے والے کہلاتے ہیں، کتنے زہر آلود ہیں؟ اس کا اندازہ مشکل ہے۔"

(وبائی ہیجان، ص ۴۷)

ناول وبائی ہیجان کے تناظر میں کورونا وائرس کا جائزہ لیا جائے تو یہ شبہ کرنا جائز ہے کہ یہ ایک Man Made Disaster ہے۔ کورونا وائرس کا پہلا معاملہ دسمبر ۲۰۱۹ میں چین کے ہوبئی صوبے کے ووہان شہر میں سامنے آیا تھا۔ وبا کی علامات میں بخار کھانسی اور سانس لینے میں دقت وغیرہ ہیں جو بڑھ کر نمونیہ تک پہنچ جاتی ہیں۔ یہ ایک زونوٹک یعنی جانوروں اور انسانوں کے درمیان منتقل ہونے والا وائرس ہے۔ وبا سے اب تک پوری دنیا میں تقریباً ساڑھے پانچ ہزار افراد کی موت ہو چکی ہے۔ یہ تعداد ۲۰۰۳ میں چین میں ہی پھیلنے والی SARS وبا سے ہلاک ہونے والے افراد کی تعداد سے کئی گنا زیادہ ہے۔ ۱۰۳ سے زائد ممالک میں پھیل جانے والی اس وبا کا علاج اب تک دریافت نہیں کیا جا سکا۔

اب آتے ہیں کورونا وائرس COVID-19 اور بائیولوجیکل ہتھیار کے ہائپوتھیسس کی طرف۔ دنیا کے کئی سائنس دانوں نے شبہ ظاہر کیا ہے کہ کورونا وائرس ایک جان لیوا حیاتیاتی ہتھیار تھا جو تجربے کے مرحلے میں ناکام ہو گیا اور پھر چینی سائنس دانوں کے قابو میں نہ رہا۔

اس شبہ کو یکسر نظر انداز نہیں کیا جاسکتا۔ کیونکہ اب جنگ کرنے کا طریقۂ کار تبدیل ہو چکا ہے۔ اب کھلے میدان میں تلواروں اور تیروں سے شجاعت نہیں دکھائی جاتی بلکہ پیٹھ پیچھے مکاری سے وار کر کے دشمن کو زیر کیا جاتا ہے۔ مذکورہ تمام شبہات آج سے ستر سال پہلے ابن صفی نے ناول 'وبائی ہیجان' میں صاف طور سے ظاہر کر دیے تھے۔

"یہ بڑی طاقتیں اسی طرح تو ایشیاء پر سکہ جما رہی ہیں۔ کہیں غلہ تقسیم ہو رہا ہے، کہیں کپڑے بانٹے جا رہے ہیں اور کہیں کسی وبا کا خاتمہ کرنے کے لیے مفت دوائیں بھاری مقدار میں تقسیم کی جا رہی ہیں۔ جہاں ان چیزوں کی ضرورت نہیں ہوتی وہاں بھی ضرورت پیدا کر لی جاتی ہے۔ مصنوعی قحط پیدا کیے جاتے ہیں۔ مصنوعی وبائیں پوری پوری بستیوں پر دھاوا بول دیتی ہیں اور پھر یہ فرشتے آ کر ہمارے آنسو بھی پونچھتے ہیں اور ہماری دعائیں بھی لے جاتے ہیں۔ کتنا کمینہ ہے آدمی؟۔۔۔ ذرا سوچو تو وہ کیا کتوں کے ساتھ بھی باندھے جانے کے لائق ہیں۔"

(وبائی ہیجان، ص ۷۵)

ماضی میں مختلف اقسام کے حیاتیاتی ہتھیاروں کا استعمال ہوتا چلا آ رہا ہے جو نباتات اور زہریلے مادوں پر مشتمل ہوتے ہیں۔ بیسویں صدی سے قبل ان حیاتیاتی ہتھیاروں کے استعمال کے تین طریقے کثرت سے رائج تھے۔

زہریلے مادوں کے ذریعے غذائی اشیاء اور پانی کو مہلک بنا دینا۔

Microbes نامی جرثومے اور Toxin (زہریلا مادہ) کے علاوہ مردہ جانوروں اور نباتات کو بطور ہتھیار استعمال کرنا۔

انجکشن یا ٹیکہ کے ذریعے زہر کو جسم میں منتقل کرنا (حیاتیاتی زہر) اس تیسرے طریقۂ کار کا ذکر ناول وبائی ہیجان میں کیا گیا ہے۔

لیکن بیسویں صدی میں جدید بیکٹیریا لوجیکل تکنیکوں نے مختلف اقسام کے جرثومے، انفیکشن اور وائرل فیور وغیرہ تیار کر لیے ہیں جو حیاتیاتی جنگوں میں استعمال کیے جاتے ہیں۔ جن میں اینتھراکس، بروسیلا اور ریبٹ فیور اہم ہیں۔

حیاتیاتی جنگوں (Biological Warfare) کی تاریخ قدیم ہے۔ ہومر کی تاریخی رزمیہ ایلیڈ اور اوڈیسی جو کہ ٹرائے کی عظیم الشان جنگ کے پس منظر میں لکھی گئی ہے، اس میں بھی تیر اور بھالوں کو زہر میں بجھانے کا ذکر کیا گیا ہے۔ یونان کی پہلی Sacred War جو تقریباً ۵۹۰ سال قبل مسیح لڑی گئی تھی اس میں Kirra خیرہ نامی گاؤں کی واٹر سپلائی کو زہریلے پودوں کے ذریعے آلودہ کر دیا گیا تھا۔ ۱۷۱۰ میں روس نے سویڈن کے ساتھ جنگ میں طاعون زدہ لاشیں دشمن ملک میں پہنچادی تھیں۔ فرانس نے امریکہ سے جنگ کے دوران خسرہ کے جراثیم سے آلودہ کمبل قدیم امریکی باشندوں (ریڈ انڈین) میں تقسیم کروائے تھے۔ یہ حیاتیاتی جنگیں ہمیشہ کسی قسم کے پرانے زہر، مرض زدہ لاشوں اور جراثیم زدہ نباتات یا کیڑوں کے ذریعے متعارف کروائی جاتی ہیں۔ ویسے بھی جنگ اور وبا کا چولی دامن کا ساتھ ہے۔ موجودہ وقت میں شام اور یمن کی جنگوں میں ان حیاتیاتی ہتھیاروں کا اہم رول رہا ہے۔

مغربی ادب میں بھی حیاتیاتی جنگوں پر مبنی فکشن کی فہرست طویل ہے۔ جیک لندن کی سائنس فکشن (The unparalleled Invasion(1910 میں ویسٹرن یونین کے ذریعے کیے گئے بائیولوجیکل حملے میں چین کا صفایا ہو جاتا ہے۔ اسی طرح ایل رون ہبرڈ کا ناول 'فائنل بلیک آوٹ' (۱۹۴۰)، اسٹیفن کنگ کا 'دی اسٹینڈ' (۱۹۷۸)، ڈین کونٹز کا 'آئیز آف ڈارک نیس (۱۹۸۱)، فرینک ہربرٹ کا 'وہائٹ پلیگ' (۱۹۸۲)، ٹام کلانسی کا 'ایگزیکیٹو آرڈر' (۱۹۹۶)، رچرڈ پریسٹن کا 'دی کوبرا ایونٹ' (۱۹۹۸)، رچرڈ پاور کا

'آرفیو'(۲۰۱۴) اور کرس رائن کا'ہیل فائر'(۲۰۱۵) چند اہم ناول ہیں جن میں بیکٹیریا اور وائرس کو حیاتیاتی جنگوں کا ہتھیار بنایا گیا ہے۔ جہاں تک میری ناقص معلومات ہیں تو اردو ادب میں ابھی تک Biological Weapon کو کسی ناول کی تھیم کے طور پر استعمال نہیں کیا گیا۔ہاں طاعون جیسی قدرتی وبا کو انتظار حسین نے 'بستی' اور انیس ناگی نے "چوہوں کی کہانی (۱۹۹۵) ناول میں موضوع ضرور بنایا ہے۔ لیکن یہ ایک مختلف چیز ہے۔

'وبائی ہیجان' ناول ابن صفی کی مستقبل بینی کا ثبوت ہے۔ وہ جانتے تھے کہ آنے والے پچاس سالوں میں Biological Warfare اتنی ہی آسان بات ہو جائے گی جیسا کہ بم دھماکہ کرنا۔ یہ حیاتیاتی ہتھیار جو انتہائی سرعت کے ساتھ پوری آبادی کو ختم کرنے کی طاقت رکھتے ہیں ان کے استعمال کی نت نئی وجوہات تلاش کر لی جائیں گی۔ جہاں دواؤں کی ضرورت نہیں بھی ہوتی ہے وہاں بھی خطرناک وائرس پھیلا کر ان کی ضرورت پیدا کر لی جائے گی۔ شمالی افریقہ میں پھیلنے والی ایبولا وبا اس کی تازہ مثال ہے جس نے ہزاروں افراد کی جان لے لی تھی۔

ناول میں کئی ایسے مناظر ہیں جو فی الوقت کے ووہان شہر کا حال پیش کرتے ہیں۔ پورے چین میں اس وقت خوف و ہراس کی فضا قائم ہے۔ ووہان کی رونقیں ماند پڑ گئی ہیں اور وہ ایک آسیب زدہ شہر معلوم ہونے لگا ہے۔ لوگ شہر چھوڑ کر بھاگ رہے ہیں۔ اس کے علاوہ دنیا کے کئی ممالک میں قرنطینہ کا نفاذ کر دیا گیا ہے۔ اسکول کالج بند ہو چکے ہیں۔ شہروں میں سناٹا چھا گیا ہے۔ 'وبائی ہیجان 'کا ایک منظر ملاحظہ ہو:

"یہ وبا شہر کے جدید حصے میں بھی پھیلنے لگی اور پھر سڑکیں ویران ہو گئیں۔ نہ جانے کتنے حادثے ہو چکے تھے۔ لوگ چلتے چلتے گاڑیوں سے ٹکراتے اور وہ انھیں کچل کر رکھ

دیتیں۔ لوگ شہر سے مضافات کی طرف بھاگنے لگے۔

ایک ہفتے کے اندر ہی اندر ایسا معلوم ہونے لگا جیسے اساطیری عفریتوں نے کسی قدیم شہر کو تاراج کر دیا ہو۔ حکومت کی ذمے دار شخصیتیں بھی شہر سے ہٹ گئی تھیں اور سارے دفاتر ہٹا دیے گئے تھے۔ اس حیرت انگیز وبا نے ساری دنیا کو چکرا کر رکھ دیا تھا۔ مختلف ممالک سے طبی مشن آنے لگے تھے لیکن خود ان مشنوں کے افراد بھی اس وبا کا شکار ہو گئے۔

ابھی تک حالات پر قابو نہیں پایا جا سکا تھا۔ بڑی بڑی طبی تجربہ گاہیں دن رات کھلی رہتیں۔ اس مرض کے متعلق چھان بین ہوتی لیکن اسے ختم کرنے کا کوئی مستقل ذریعہ ہاتھ نہ آتا نہ اس کے اسباب ہی سمجھ آتے۔"

)وبائی ہیجان ص ۴۹)

کہا جاتا ہے کہ ادیب کا ذہن سائنس داں سے آگے چلتا ہے۔ ناول وبائی ہیجان پڑھ کر ابن صفی کی عصری آگاہی کا معترف ہونا پڑتا ہے۔ اس وقت کورونا وائرس سے ہر طرف افراتفری اور خوف کا ماحول ہے۔ دنیا بھر کے ماہرین اس وبا کا علاج ڈھونڈنے کے لیے نئی نئی تکنیکوں کا استعمال کر رہے ہیں۔ لیکن کسی وائرس کا ویکسین تیار کرنے میں سالوں لگ جاتے ہیں کیونکہ اس میں جانوروں پر آزمائش اور انسانوں پر طبی تجربے اور پھر منظوری کے مراحل بھی شامل ہوتے ہیں۔

لازوال فکشن وہی ہوتا ہے جو ہر دور کے حالات کے مطابق اس کی نمائندگی کرتا ہوا محسوس ہوتا ہے۔ وبائی ہیجان میں ابن صفی نے جس حساس مسئلے کو ادبی پیرائے میں بیان کرنے کی کوشش کی ہے، وہ مسئلہ آج بھی اتنی ہی شدت کے ساتھ موجود ہے۔ جس وقت قرۃ العین حیدر چار ہزار سال پرانی تاریخ لکھ رہی تھیں اس وقت ابن صفی مستقبل

میں پیش آنے والے خطرات سے آگاہ کر رہے تھے۔ جب منٹو اور انتظار حسین تقسیم کی شکست خوردگی کے نوحے پڑھ رہے تھے اس وقت ابن صفی دوسری عالمی جنگ کے بعد پنپنے والی سازشوں کے تئیں عوام میں شعور بیدار کر رہے تھے۔ اس ناول کی قرات کے بعد قاری حالات حاضرہ کی پیچیدگیوں کو سمجھنے کی کوشش کرتا ہے۔ جنگ کے اس مہلک طریقۂ کار کی وضاحت اور اس کے تباہ کن اثرات کا بیان ناول کی صورت میں کر کے ابن صفی نے اردو ادب میں نئی مثال قائم کی۔ اب دیکھنا یہ ہے کہ اکیسویں صدی کے کتنے ابن صفی ہیں جو کورونا وائرس کو فکشن کا موضوع بناتے ہیں۔

***

اردو نثر کی ایک اور تحقیقی تنقیدی ترتیب

فن افسانہ نگاری کے کچھ معروف نام

مرتبہ : مکرم نیاز

بین الاقوامی ایڈیشن جلد منظر عام پر آ رہا ہے